Lucas | E-Commerce

Lucas

E-Commerce

Grundlegende Kenntnisse elektronischer Handel

Key-Facts Onlineshop

Strategien Onlinehandel

Prozesse, Trends und Perspektiven

Merkur Verlag Rinteln

Wirtschaftswissenschaftliche Bücherei für Schule und Praxis
Begründet von Handelsschul-Direktor Dipl.-Hdl. Friedrich Hutkap †

Verfasser:

Karsten Lucas, Dipl.-Hdl., Flensburg

* * * * *

Bildquelle: Haken mit @: Olekcii Mach– www.colourbox.de
Erdkugel: mekcar-www.colourbox
Icons: stock.adobe.com

1. Auflage 2019

Gesamtherstellung:

MERKUR VERLAG RINTELN Hutkap GmbH & Co. KG, 31735 Rinteln

E-Mail: info@merkur-verlag.de
lehrer-service@merkur-verlag.de
Internet: www.merkur-verlag.de

ISBN 978-3-8120-**0640-8**

Vorwort

E-Commerce ist allgegenwärtig und kein Marktteilnehmer kann sich dieser Thematik mehr entziehen. Wer nach Antworten sucht, die sich inhaltlich mit den Fragestellungen im Bereich des E-Commerce beschäftigen, erhält mit diesem Buch einen **kompakten Überblick.**

Dieses Buch richtet sich an Leser, die sich neben den aktuellen Entwicklungen auch über zukünftige digitale Herausforderungen im E-Commerce informieren möchten, sowie an Einsteiger und Start-ups, die ein grundsätzliches Interesse an den Konsequenzen und Perspektiven durch die digitale Veränderung im stationären Handel haben. Viele Inhalte orientieren sich maßgeblich an den Rahmenlehrplänen der Auszubildenden zur/zum Kauffrau/-mann im Einzelhandel (Lernfeld 12) und zur/zum Kauffrau/-mann im E-Commerce (Lernfelder 7, 9 und 10). Ebenso ist dieses Buch für Schulformen geeignet, in denen das Thema E-Commerce unterrichtet wird.

Es ist eine erhebliche Zunahme der weltweiten Vernetzung im E-Commerce und ein großer Einfluss von Social-Media-Kanälen zu verzeichnen. Problem- und Fragestellungen, die sich mit dem Verkauf von Waren und Dienstleistungen über das Internet im klassischen Onlinehandel beschäftigen, sowie neue Trends und praxisorientierte Herausforderungen, die im digitalen Zeitalter durch den technischen Fortschritt einem starken Wandel unterliegen, werden konkret beschrieben und näher analysiert.

Ziel dieses Buches ist es, in kompakter Form einen Überblick zu geben über:

- Entwicklung, Bedeutung und Struktur des E-Commerce,
- Online-Vertriebskanäle im E-Commerce,
- Bezahlsysteme und Versandoptionen im E-Commerce,
- kanalübergreifende Vertriebsstrategien,
- Online-Marketingmaßnahmen,
- Erfolgsmessung im Onlinehandel,
- rechtliche Grundlagen und Datenschutz im E-Commerce.

Dabei werden insbesondere die derzeitigen **Geschäftsmodelle im E-Commerce** und mögliche Systemlösungen für Onlinehändler im B2B- und B2C-Bereich ausführlich dargestellt. Zudem werden dem Leser wertvolle Informationen zur Optimierung und Bewertung wirtschaftlicher Prozesse im Onlinehandel an die Hand gegeben.

Neben zahlreichen **Beispielen, Abbildungen und Statistiken** dienen in besonderer Weise **Infoboxen, Checklisten** und **praxisbezogene Handlungssituationen** der Veranschaulichung und ermöglichen einen leichteren Zugang zu den teilweise komplexen Sachverhalten.

Am Ende des Buches finden sich **umfangreiche Übungsaufgaben mit Lösungen,** um Gelerntes zu festigen und zu vertiefen.

Karsten Lucas

Inhaltsverzeichnis

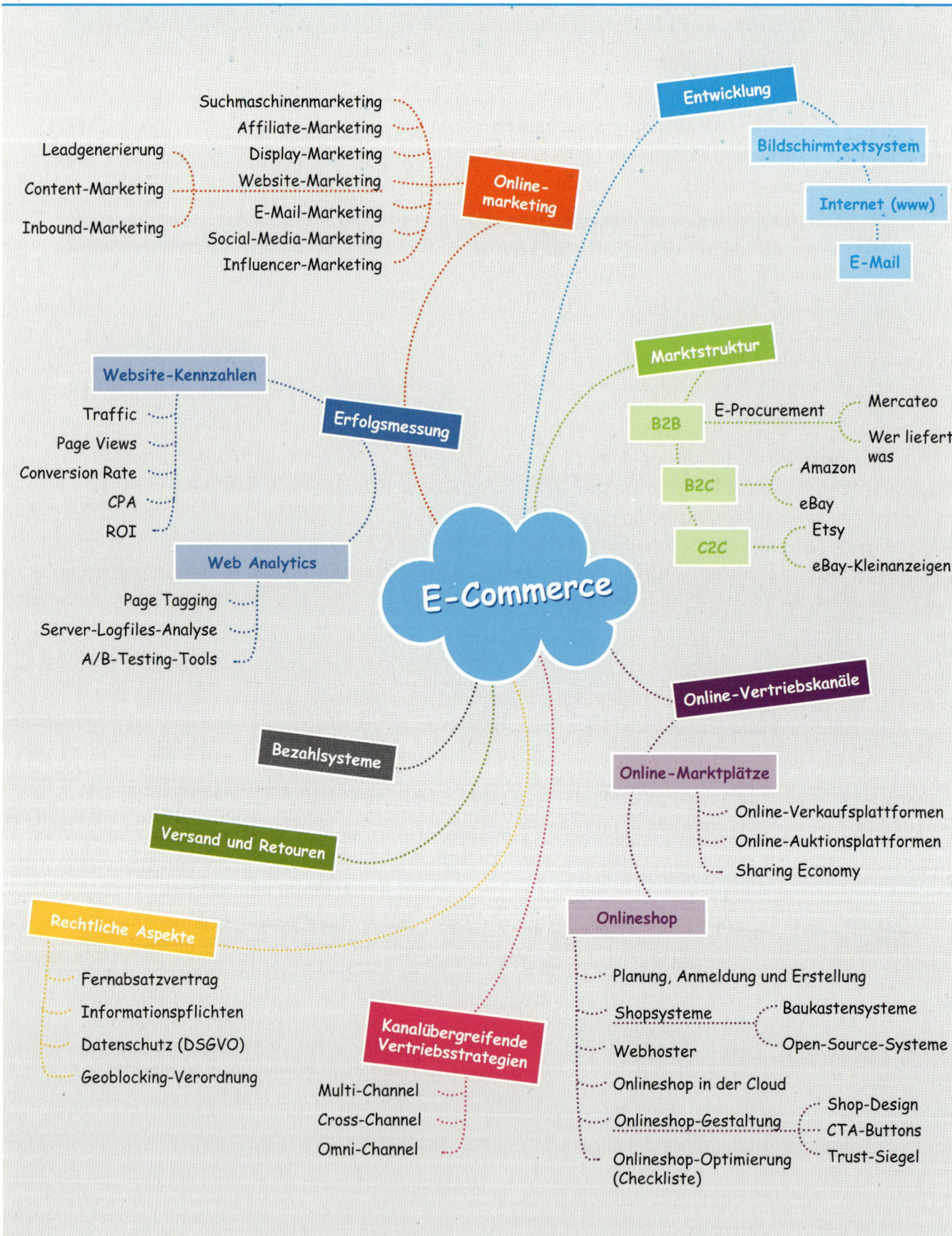
E-Commerce
Onlinemarketing
Suchmaschinenmarketing
Affiliate-Marketing
Display-Marketing
Website-Marketing
E-Mail-Marketing
Social-Media-Marketing
Influencer-Marketing
Leadgenerierung
Content-Marketing
Inbound-Marketing
Entwicklung
Bildschirmtextsystem
Internet (www)
E-Mail
Marktstruktur
B2B
E-Procurement
Mercateo
Wer liefert was
B2C
Amazon
eBay
C2C
Etsy
eBay-Kleinanzeigen
Erfolgsmessung
Website-Kennzahlen
Traffic
Page Views
Conversion Rate
CPA
ROI
Web Analytics
Page Tagging
Server-Logfiles-Analyse
A/B-Testing-Tools
Online-Vertriebskanäle
Online-Marktplätze
Online-Verkaufsplattformen
Online-Auktionsplattformen
Sharing Economy
Onlineshop
Planung, Anmeldung und Erstellung
Shopsysteme
Baukastensysteme
Open-Source-Systeme
Webhoster
Onlineshop in der Cloud
Onlineshop-Gestaltung
Shop-Design
CTA-Buttons
Trust-Siegel
Onlineshop-Optimierung (Checkliste)
Bezahlsysteme
Versand und Retouren
Rechtliche Aspekte
Fernabsatzvertrag
Informationspflichten
Datenschutz (DSGVO)
Geoblocking-Verordnung
Kanalübergreifende Vertriebsstrategien
Multi-Channel
Cross-Channel
Omni-Channel

1 Entwicklung des E-Commerce

1.1 Überblick

Mit einer großen **Multimediawelle** Mitte der 1990er-Jahre, die vor allem durch interaktive und multimediale Systeme geprägt wurde, begann **E-Commerce im Internet** seinen unaufhaltsamen Weg.

Als Vorläufer des heutigen Internets gilt das sogenannte Bildschirmtextsystem (Btx, siehe Kap. 1.3). Die klassischen Btx-Anwendungen, wie das Aufrufen von bestimmten Informationen, Onlinebanking und Onlineshopping, können seit der Öffnung des Internets für die Wirtschaft noch schneller und kostengünstiger durchgeführt werden.

So entstanden 1995 die ersten großen Suchmaschinen und damit auch die ersten bedeutsamen E-Commerce-Unternehmen der Welt. Es herrschte ein immenser „Goldrausch im Netz", an dem fast alle Branchen mit ihren Produktgruppen beteiligt werden wollten.

Beispiele

Bedeutende **Pioniere des E-Commerce** begannen ihre Erfolgsgeschichte:

- Amazon wurde 1994 in Amerika als ein kleiner Online-Buchhandel gegründet.
- eBay entstand 1995 als Online-Flohmarkt, auf dem die Preise für Waren ausgehandelt wurden.

Durch die einfache, sehr offene Struktur des Internets konnte im Grunde jeder Mensch mit relativ wenig Aufwand auf der ganzen Welt seine Produkte anbieten. Heutzutage ist es für Unternehmen selbstverständlich, ihre Geschäfte auf den elektronischen Handel auszuweiten.

1.2 Begriff E-Commerce

- **E-Commerce/Onlinehandel** ist der Einkauf und Verkauf von Waren und Dienstleistungen über **elektronische Medien,** insbesondere das Internet.[1]
- Zum E-Commerce/Onlinehandel gehören auch alle **elektronisch abgewickelten Geschäftsprozesse,** bei denen die Beteiligten auf elektronischem Wege miteinander in Verbindung stehen, beispielsweise im Bereich Kundenservice und Onlinebanking.

1 Die Begriffe E-Commerce und Onlinehandel werden im Folgenden synonym (gleiche Bedeutung) verwendet. E-Commerce (electronic commerce) zu deutsch „elektronischer Geschäftsverkehr" oder „elektronischer Handel".

1.3 Bildschirmtextsystem

Begonnen hat die Erfolgsgeschichte des E-Commerce in Deutschland in den frühen 1980er-Jahren mit dem Bildschirmtextsystem (Btx).

Das **Bildschirmtextsystem** war ein **geschlossener Onlinedienst,** mit dem zentral gespeicherte Informationen über die Telefonleitung abgerufen werden konnten. Die Darstellung erfolgte mittels Btx-Gerät am Fernsehbildschirm oder an einem eigenständigen Btx-Terminal.

Mit dem Btx-System konnten Kunden z. B. Waren bestellen oder sich in diversen Datenbanken über ihr nächstes Reiseziel informieren. Dieser Dienst war auch damals nicht kostenlos, sondern wurde über die Telefonrechnung von den Anwendern bezahlt.

Infobox

Das Bildschirmtextsystem wurde 1977 vom damaligen Postminister Kurt Gescheidle auf der Internationalen Funkausstellung (IFA) in Berlin vorgestellt und am 1. September 1983 bundesweit zur Verfügung gestellt.

Für den Start von Btx hatten sich ca. 300 Firmen aus Deutschland angemeldet. Man erhoffte sich mit seinen Angeboten Millionenumsätze. Auch der OTTO-Versand (heute: OTTO) mit seinem „Telemarkt" kann zu den Pionieren des Bildschirmtextsystems gezählt werden.[1]

Allerdings war die grafische Leistung von Btx in den 1980er- und 1990er-Jahren aufgrund der begrenzten Farbpalette sowie den grobrasterigen Einstellungen sehr eingeschränkt, sodass viele Kunden ihre Waren lieber im Katalog bestellten.

Zudem war Btx in Deutschland zu Beginn nicht gerade günstig: Neben spezieller Hardware (Monitor, Tastatur), die bei der Post gekauft oder gemietet werden musste, kam eine monatliche Grundgebühr hinzu. Jahre später konnte der Kunde den Btx-Dienst zwar über den hauseigenen Fernseher bzw. seinen Computer anwenden, doch die Zahl der Nutzer lag weit hinter den Erwartungen zurück. Aus diesem Grund wurde der Btx-Dienst am 31. Dezember 2001 offiziell abgeschaltet.

1 Für weitere Infos und Beispiele zum „Telemarkt" siehe auch: www.ottogroupunterwegs.com/blog/blog/posts/Als-das-Internet-laufen-lernte-Bestellen-per-Bildschirmtext.php (31.01.2019).

Bildquelle: „Telefon-Btx-Terminal-Kombination" von Michael Gruhl [CC BY-SA 3.0 (http://creativecommons.org/licenses/by-sa/3.0)], via Wikimedia Commons

1.4 World Wide Web

Das World Wide Web[1] (WWW) hat die grundlegende Infrastruktur für den heutigen E-Commerce geliefert.

Infobox

Der britische Physiker und Informatiker Tim Berners-Lee ist der Begründer des World Wide Web. Die erste Website der Welt startete am 6. August 1991. Berners-Lee veröffentlichte sie mit dem Ziel, Forschungsergebnisse und Dokumente zur Informationsbeschaffung möglichst einfach mit Kollegen austauschen zu können.

Im allgemeinen Sprachgebrauch wird das World Wide Web häufig synonym mit dem Begriff „Internet" gleichgesetzt – allerdings stellt das WWW nur eine Nutzungsmöglichkeit des Internets dar.

Das **Internet** stellt folgende **Dienste** bereit:

- Informationsplattform (WWW),
- E-Mail-Kommunikation,
- Datentransfer (Datenübertragungsprotokolle),
- Newsgroups (Internetforen).

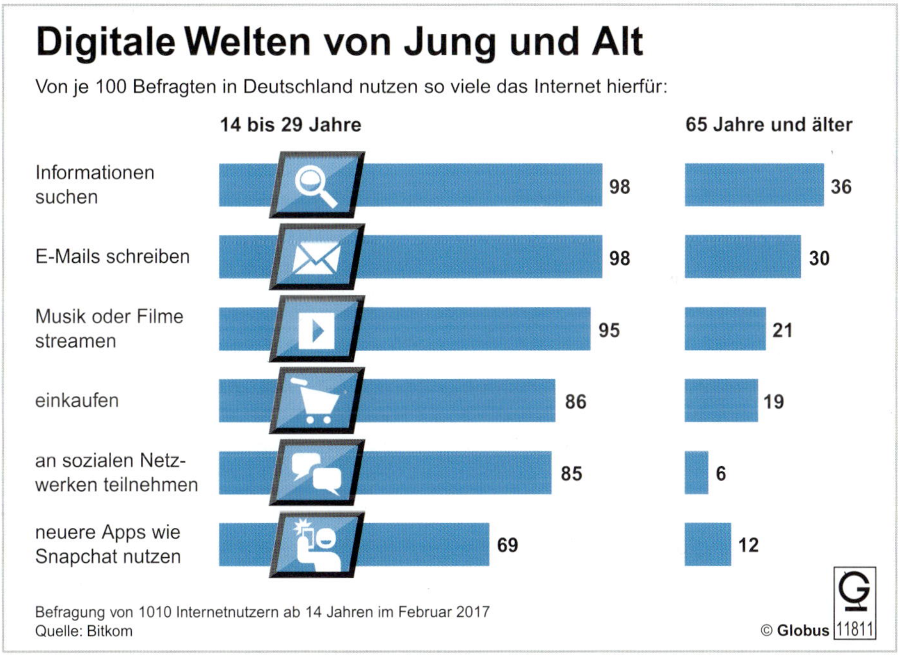

Um Inhalte aus dem World Wide Web mittels Computer oder Smartphone aufrufen zu können, wird ein Webbrowser (z. B. Google Chrome/Internet Explorer) benötigt. Die dort aufgerufenen Websites arbeiten mit dem sogenannten **Hypertext-System** und bilden ein weitverzweigtes Netz aus hinterlegten Daten, in dem sich die Nutzer je nach Interesse bewegen können.

1 **World Wide Web** (engl.) für weltweites Netz, als Kurzform nur „Web" genannt.

(1) Hypertext und Hypermedia

Hypertext und Hypermedia werden in der heutigen Zeit auf den Webseiten im WWW ganz selbstverständlich genutzt.

Hypertext	Hypertext ist ein System, in dem Dokumente durch Verweise (Hyperlinks) zu anderen Texten, die ähnliche bzw. verwandte Textstellen haben, verknüpft werden.
Hypermedia	Hypermedia ist eine Variante des Hypertexts, bei der Texte mit Medien (z. B. Bilder, Videos und Musik) verknüpft werden.

Diese Konzepte funktionieren wie Inhaltsverzeichnisse von Büchern und leiten sich aus deren Funktion ab, sich schnell einen kompletten Überblick über die Inhalte und Themenbereiche der Webseite zu verschaffen.

Beispiel

Im World Wide Web gibt es nicht Seite 1, 2, 3 usw. wie in einem Buch, das man von vorne bis hinten durchliest. Angenommen, Sie lesen sich gerade auf der Startseite einer Webseite einen Artikel durch. Dabei können Sie selbst entscheiden, welchem Link Sie folgen möchten, z. B. zu einem Artikel von „Wikipedia", sodass Sie mit einem Klick die Webseite verlassen.

(2) Hypertext Transfer Protocol

Das **Hypertext Transfer Protocol (http)** ist die Basis für die **einheitliche Übertragung des Datenverkehrs** im WWW zwischen dem Webbrowser und Webserver der unterschiedlichen Nutzer.

Damit ein Datenaustausch zwischen den Servern und Nutzern stattfinden kann, müssen beide „die gleiche Sprache sprechen". Das http-Protokoll kann somit auch als „http-Sprache" bezeichnet werden, um Nachrichten oder Grafiken, die aufgrund unterschiedlicher Betriebssysteme nicht sofort verstanden werden, zu „übersetzen".

Infobox

Es gibt zu http ergänzende und darauf aufbauende Standards wie **https (Hypertext Transfer Protocol Secure)**, um die zu übermittelnden Daten zu verschlüsseln. https wird aus Sicherheitsgründen insbesondere beim Onlinebanking, bei der Eingabe von persönlichen Daten sowie beim Kauf von Waren über das World Wide Web verwendet.

(3) URL

Unter **URL (Uniform Resource Locator)** wird die spezifische **Adresse einer Webseite** im World Wide Web verstanden, auf die über ein Netzwerkprotokoll (z. B. https) zugegriffen werden kann.

Man kann URL etwa mit „einheitlichem Quellenanzeiger" übersetzen, also der eindeutige Verweis beispielsweise auf die Homepage (Startseite) eines Unternehmens (z. B. *https://www.merkur-verlag.de*). Nachdem die Eingabe der URL in die Adressleiste des Browsers erfolgt ist, navigiert dieser direkt zu der gesuchten Seite.

Beispiel:

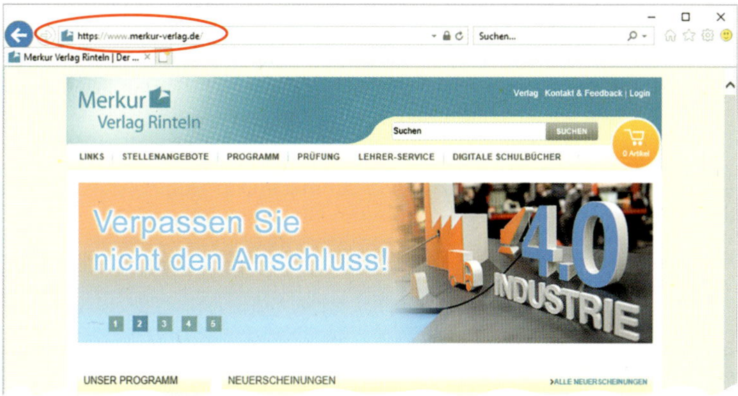

Quelle: www.merkur-verlag.de

Alle Dokumente, die auf Webseiten dargestellt sind, werden auf verschiedenen Servern gespeichert und können jederzeit durch Anklicken der jeweiligen Seiten (beim **Surfen**) von den Anwendern aufgerufen werden.

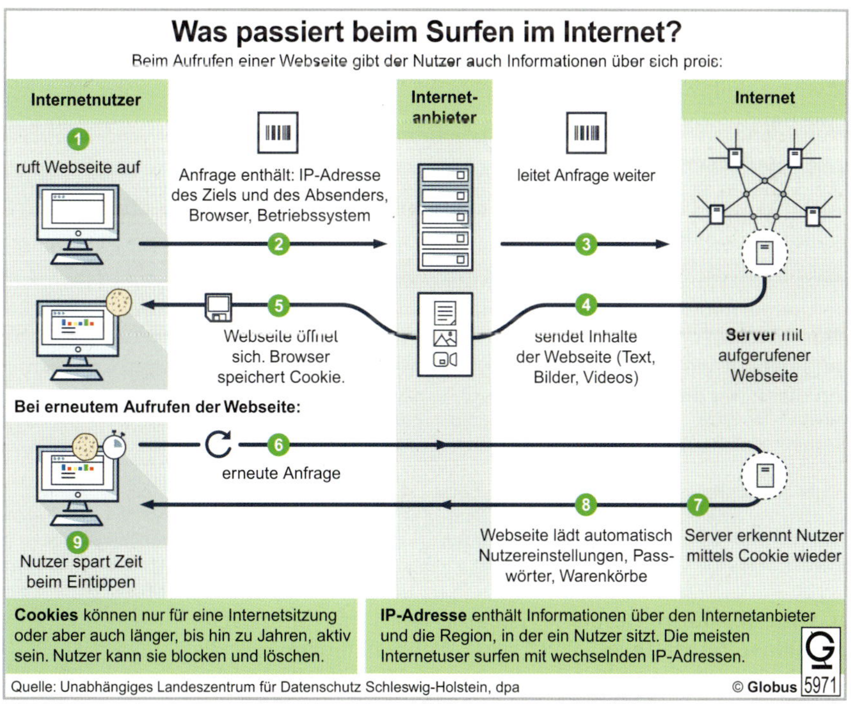

- Das **World Wide Web** ist ein Bestandteil des Internets und besteht aus elektronischen **Hypertext-Dokumenten,** sogenannten Webseiten.
- **http** ist ein Protokoll zur Übertragung von Webseiten.

1.5 E-Mail

Einer der wichtigsten Dienste im Internet ist die E-Mail. Sowohl im geschäftlichen als auch im privaten Bereich sind E-Mails heutzutage nicht mehr wegzudenken. Ohne E-Mail-Postfach funktioniert in der digitalen Welt heute fast nichts mehr. Die Nutzung von E-Mails als Kommunikationsmittel gilt somit als wesentliche Voraussetzung für die Teilnahme am E-Commerce.

Die **E-Mail** (engl. electronic mail, „elektronische Post") ist eine auf elektronischem Weg via Internetdienst überbrachte Nachricht.

1.5.1 Geschichte der E-Mail

Das amerikanische Verteidigungsministerium arbeitete mit vielen Wissenschaftlern Anfang der 1970er Jahre daran, Netzwerke mit unterschiedlichen Computern zu erstellen. Dabei entwickelte der US-amerikanische Informatiker Ray Tomlinson das **E-Mail-Nachrichtensystem.**

Mit der E-Mail konnten Nachrichten von einem Computer zu einem Benutzer eines anderen Computers verschickt werden. Der Empfänger konnte diese Nachricht nicht nur lesen, sondern auch **verändern, speichern** und an den Versender **zurückschicken.**

„Don't tell anyone! This isn't what we're supposed to be working on."

Ray Tomlinson (1941–2016) gilt als Erfinder der E-Mail.

Doch der heutige Nutzen wurde damals von niemandem erkannt. Tomlinsons Arbeit wurde eher als Spielerei gesehen.

Tomlinson schickte seinen Kollegen mithilfe des neuen Programms eine Nachricht, um sie über seine neue Erfindung zu informieren. Dazu kombinierte er den Adressatennamen (Nutzername) und den Datenbankbetreibernamen (Hostname) – so wie es auch heute noch angewandt wird (z. B. Mustermann@t-online.de, Mustermann@gmx.de etc.) – und verband diese mit dem Sonderzeichen @, um Verwechslungen zu vermeiden.

Infobox

- Inhalt der ersten elektronischen Mail soll die Buchstabenreihe „QWERTYUIOP" einer Computertastatur aus den Vereinigten Staaten gewesen sein.
- In Deutschland wurde am 3. August 1984 die erste E-Mail am Institut für Telematik der Universität Karlsruhe empfangen. Diese E-Mail brauchte allerdings fast einen Tag, um im Postfach zu landen – im Vergleich zur heutigen Zeit eine Ewigkeit.

1.5.2 E-Mail-Nutzung

Die Zustellung einer E-Mail dauert heutzutage in der Regel nicht einmal eine Sekunde. Vergleicht man dies mit der Zustellung eines klassischen Briefes, der bis zu zwei Tage zum Empfänger unterwegs ist, wundert es nicht, dass heute in etwa 5 Mrd. Menschen die Kommunikation per E-Mail weltweit nutzen.

(1) E-Mail-Provider

Für die Kommunikation per E-Mail ist ein **E-Mail-Konto** bei einem **E-Mail-Provider** (E-Mail-Anbieter, z. B. web.de, t-online.de) notwendig.

Überblick E-Mail-Anbieter

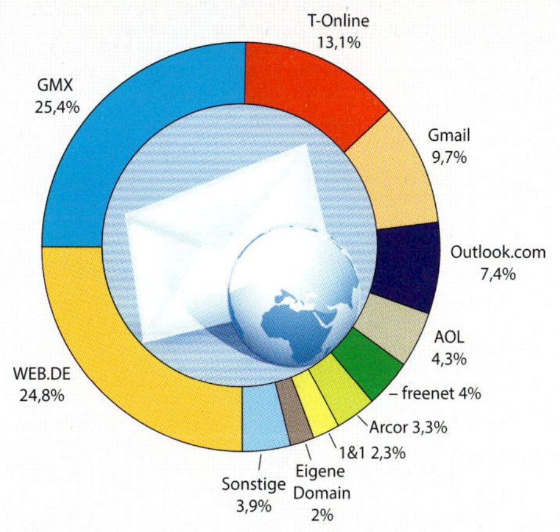

Quelle: Eigene Darstellung; Zahlenquelle: www.convios.com/wp-content/uploads/2017/07/12305-convios-datenschutz-2017-final.pdf (Zugriff: 12.02.2019).

- Wie die Grafik zeigt, hat jeder vierte Deutsche ein E-Mail-Account bei GMX. Mit 25,4 % Marktanteil ist GMX Deutschlands führender Provider knapp vor dem E-Mail-Anbieter WEB.DE (24,8 %).
- T-Online (13,1 %), Google-Mail (Gmail, 9,7 %) und Outlook.com (7,1 %) landen auf den Plätzen drei bis fünf.
- Auffällig ist, dass GMX, WEB.DE und T-Online als die größten Anbieter mit einem Marktanteil von zusammen 63,3 % in Deutschland fast ein Alleinstellungsmerkmal haben. Obwohl vor allem junge Menschen in Deutschland immer häufiger ihre E-Mails auf mobilen Endgeräten abrufen und die Nutzer von Android-Smartphones zwangsläufig einen Account beim Anbieter Gmail haben müssen, liegt der Marktanteil von Gmail mit 6,2 % noch immer deutlich hinter den Marktführern GMX und WEB.DE.

(2) E-Mail-Volumen

In Deutschland hat die E-Mail in der privaten Kommunikation den papiergebundenen Brief nahezu komplett ersetzt. Einen Großteil der E-Mails, die in den Postfächern der Deutschen landen, erhalten sie von Newsletter-Anbietern, Onlineshops und sozialen Netzwerken wie Facebook, Twitter, Instagram und Xing.

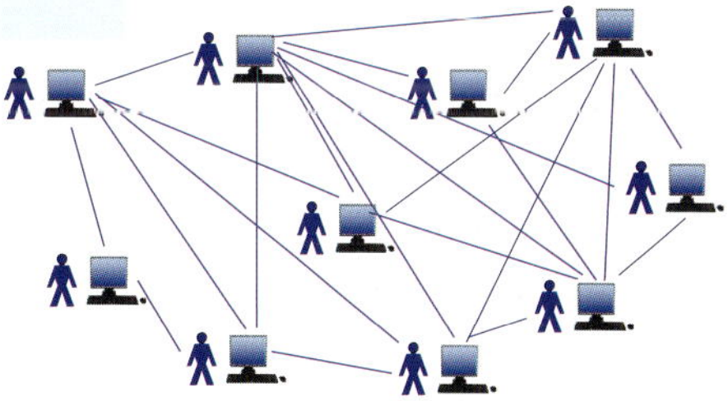

Im geschäftlichen Bereich, so schätzen Experten, nutzen ca. 80 % die Kommunikation per E-Mail. Unternehmen nutzen E-Mails vor allem als Direktkanal zur **Kundenansprache.**

Das E-Mail-Volumen hat in Deutschland einen neuen Rekordwert erreicht und wird Studien zufolge auch in den nächsten Jahren weiter zunehmen.

2 Lucas - ISBN 978-3-8120-0640-8

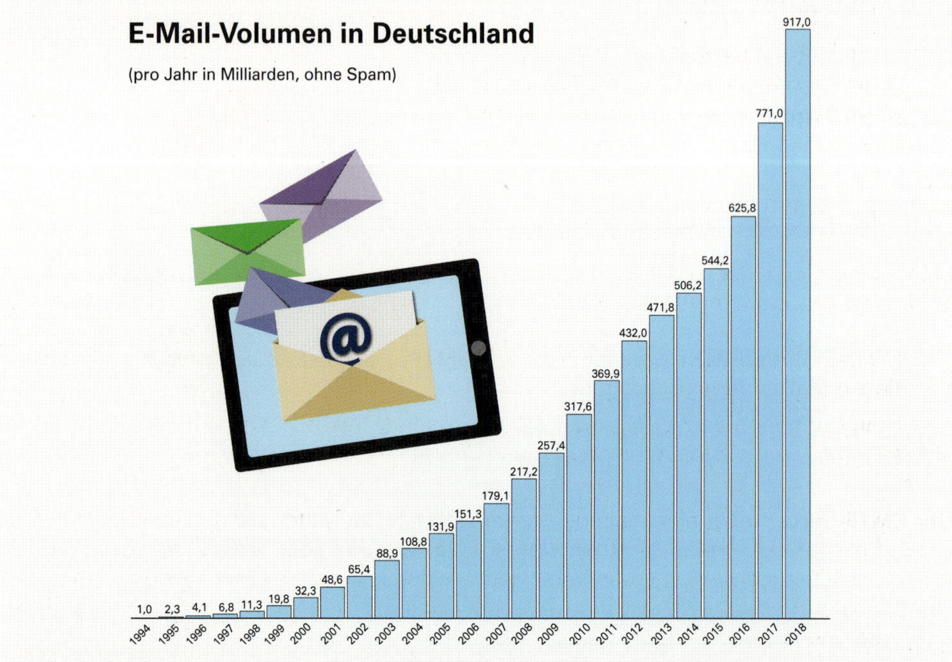

Quelle: Eigene Darstellung; Zahlenquellen: ARD/ZDF-Online-Studie, Radicati Group, Web.de und GMX.

1.5.3 Senden und Empfangen einer E-Mail

Per E-Mail werden Daten von einem Standort zum anderen übertragen – im Grunde nichts anderes, als würde man eine Postkarte von Flensburg nach Hannover mit der Post schicken – nur eben elektronisch. Anders als bei der Kommunikation mit z. B. Telefon ist das Versenden einer E-Mail – wie auch Postkarte – unabhängig davon, ob der Empfänger sie sofort entgegennehmen kann oder nicht.

Heutzutage werden nicht nur Dateien oder Bilder mittels E-Mail verschickt, sondern auch geschäftliche Firmeninformationen, Bewerbungsschreiben oder sogar sensible Bankdaten, die mit dieser Art der Kommunikation ausgetauscht werden. Herkömmliche E-Mails sind i. d. R. genauso wenig geschützt, wie Postkarten, deren Inhalte von jedem Briefträger gelesen werden könnten.

Eine E-Mail kann entweder direkt über die Webseite des E-Mail-Providers eingesehen werden oder mithilfe eines **E-Mail-Programms,** das auf einem PC installiert ist (z. B. Thunderbird, Outlook), abgerufen werden. Bei der Übertragung von E-Mails stellen **Transportprotokolle** (TCP/IP) sicher, dass die Daten vollständig und in der richtigen Reihenfolge übertragen werden.

Ein **E-Mail-System** besteht aus

- einem **E-Mail-Programm** (z. B. Thunderbird, Outlook),
- einem **Postausgangsserver** (SMTP-Server) sowie
- einem **Posteingangsserver** (POP3- oder IMAP-Server).

(1) Postausgangsserver

Beim Versenden einer E-Mail wird diese von Server zu Server weitergeleitet, bis sie beim Mailserver des Empfängers ankommt.

- Mit dem **Simple Mail Transfer Protocol (SMTP)** werden E-Mails zwischen verschiedenen Mailservern übertragen.
- **Hauptaufgabe** des SMTP ist es, die gesendeten Nachrichten vom Postausgangsserver entgegenzunehmen und an den Zielserver weiterzuleiten.

Der SMTP-Server leitet eine Nachricht vom eigenen Computer auf die jeweiligen Server der E-Mail-Anbieter weiter. Dort wird die E-Mail so lange gespeichert, bis sie abgerufen wird. Dies ist in etwa so, wie das Verschicken eines klassischen Briefes, der als erstes in einem Postamt eingelagert wird, um von dort zu seinem Bestimmungsort weitergeleitet zu werden.

Solange die E-Mail auf dem Ausgangsserver liegt, wird der Bestimmungsort der Nachricht überprüft. Hierbei ist die Domain-Endung hinter dem @-Zeichen besonders wichtig (z. B. @web.de, @t-online.de). Diese Adresse ist auf dem DNS-Server (Domain Name Service Server) hinterlegt. Die Domain ist vergleichbar mit einer Postleitzahl eines Empfängers, zu dessen Wohnort z. B. eine Postkarte geschickt werden soll.

(2) Transportprotokolle

Damit es zwischen einem Computer und dem Mail-Server zu einer zuverlässigen Verbindung kommt, ist ein Transportprotokoll, das sogenannte **Transmission Control Protocol** (**TCP**, Übertragungssteuerungsprotokoll), notwendig. Beim Versenden einer E-Mail wird diese in einzelne Datenpakete aufgeteilt. Das **Internet Protocol (IP)** legt fest, wie die einzelnen Datenpakete geschickt werden.

- **TCP/IP** ermöglichen es, Nachrichten zuverlässig über das Internet zu verschicken.
- Es stellt sicher, dass keine Datenpakete verloren gehen, doppelt ankommen oder die Reihenfolge der Datenpakete durcheinandergeraten ist.
- Auf jedem Personal Computer (PC), der heute im Handel verkauft wird, ist TCP/IP als **Standard** eingerichtet.

Beispiel

Die Schülerin Chiara Meister aus München hat in ihrem letzten Urlaub auf Zypern tolle Aufnahmen mit ihrer Digitalkamera gemacht und möchte diese Urlaubserinnerungen nun an ihre Eltern, die in Hamburg wohnen, schicken. Dazu nutzen beide Seiten ihre E-Mail-Verbindungen:

Chiara schickt die Aufnahmen von ihrem Konto *chiara.meister@gmx.de* an die der Eltern mit der Adresse des Vaters *peter.meister@t-online.de*.

In dem Moment, in dem Chiara ihre Nachricht verschickt, übernimmt das TCP/IP den Transport der Daten. Die Bilder und Texte werden in viele kleine Datenpakete umgewandelt, da bei der Übertragung der Daten bestimmte Größen nicht überschritten werden dürfen.

(3) Posteingangsserver

Hat die Nachricht den Server des E-Mail-Providers erreicht, wird der vordere Teil der E-Mail-Adresse (z.B. **mustermann**@web.de, **mustermann**@t-online.de) überprüft und dem Postfach des Empfängers zugeteilt. Über das E-Mail-Programm (z.B. Thunderbird, Outlook) kann die Nachricht nun vom Mailserver abgerufen werden.

Infobox

Natürlich können E-Mails auch direkt über die Webseite des E-Mail-Providers abgerufen werden. Dazu loggt sich der Empfänger mit seinem Passwort in seinem E-Mail-Konto ein und hat dort direkten Zugriff auf die eingegangenen Nachrichten.

Die drei wichtigsten **Protokolle** für das **Empfangen von E-Mails** auf dem **eigenen PC** sind:

POP3 (Post Office Protocol)	• Wird zum Abruf von E-Mails vom Server verwendet, die nach dem Öffnen automatisch wieder gelöscht werden **(vom Server auf den PC verschoben).** • Ein erheblicher **Nachteil** dieses Protokolls ist, dass Nachrichten, die einmal abgeholt worden sind (Smartphone, Tablet, PC) nur auf dem Gerät zu sehen sind, wo diese aufgerufen wurden. Das heißt, wurde eine E-Mail bereits auf dem Smartphone aufgerufen und gelesen, ist diese dann nicht mehr auf allen anderen Geräten zu sehen oder zu bearbeiten.
IMAP (Internet Message Access Protocol)	• Nach Abruf einer Nachricht vom Server bleibt die E-Mail, im Gegensatz zu POP3, auf dem Mailserver des Mail-Anbieters **gespeichert.** Mithilfe des E-Mail-Programms können die E-Mails in Ordnern verwaltet werden. • Auch von anderen Arbeitsplätzen kann auf das Postfach zugegriffen werden. Alle Geräte (Smartphone, Tablet, PC) sind miteinander verknüpft und stehen mit dem Mailserver in direkter Verbindung. Das heißt, wurde beispielsweise eine E-Mail auf der Fahrt in der U-Bahn von der Arbeit nach Hause bereits auf dem Smartphone geöffnet, kann diese auch zu Hause auf dem PC nochmals angeschaut und bearbeitet werden. • Nach der Neuanschaffung oder nach einer Neuinstallation eines PCs oder Smartphones können alle alten E-Mails vom **Backup** des Mailservers auf dieses Gerät aufgespielt und genutzt werden.

SMAP (Simple Mail Access Protocol)	• Wird als Weiterentwicklung von IMAP angesehen, da es effizienter ist und **keinen** parallelen Einsatz von SMTP benötigt. • Anwender des SMAP-Protokolls brauchen nicht mehr mit zwei E-Mail-Servern, sondern nur noch mit einem Server kommunizieren. • Zudem ist die Verwaltung von E-Mail-Nachrichten auf den Servern durch Dekodieren der Datenanhänge erleichtert und Dateistrukturen dürfen unterschiedlich dargestellt werden.

Senden und Empfangen einer E-Mail

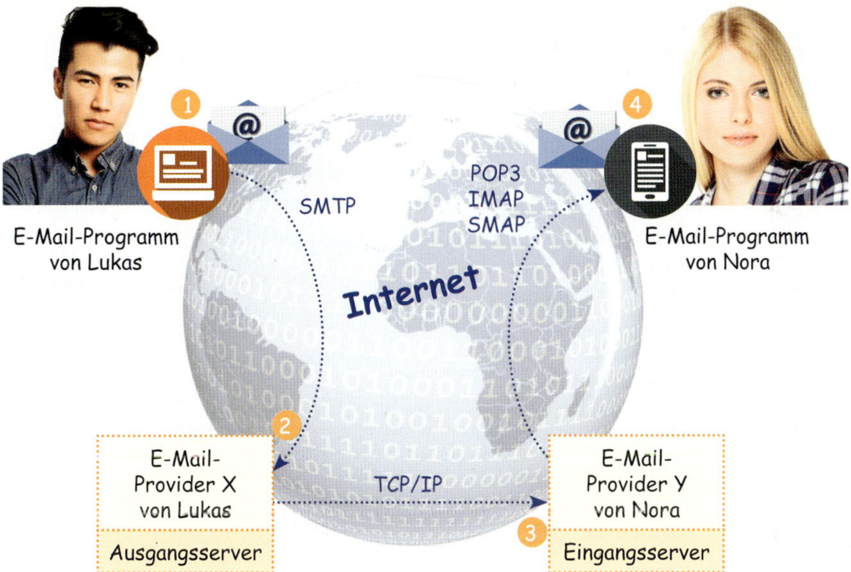

(4) Einstellen einer Übermittlungs- und Empfangsbestätigung

Viele E-Mail-Programme bieten eine Übermittlungsbestätigung (DSN) bzw. Empfangsbestätigung (MDN) an:

DSN	• Um sicher zu gehen, dass eine E-Mail auch an den Empfänger übermittelt wurde, kann der Absender eine **DSN (Delivery Status Notification)** anfordern, die ihn über den **Verlauf der Übermittlung seiner E-Mail** informiert. Diese wird **automatisch** vom Mailserver des Empfängers gesendet, sobald die E-Mail im Postfach abgelegt wurde (Normalfall). • Ist eine versendete E-Mail nicht zustellbar, weil beispielsweise die Empfängermailbox voll ist, wird eine DNS vom E-Mail-Anbieter ausgelöst, dass die Nachricht nicht zustellbar ist (auch **Bounce Message** genannt).

MDN	• Um sicher sein zu können, dass eine E-Mail empfangen wurde, kann der Absender eine **MDN (Message Disposition Notification, Empfangsbestätigung)** vom Empfänger anfordern. • Das heißt, sobald der Empfänger die E-Mail liest, erhält der Absender eine Benachrichtigung per E-Mail. • Diese Einstellung ist in etwa mit einem „Einschreiben mit Rückschein" bei der Briefpost vergleichbar.

1.5.4 Vorteile und Nachteile von E-Mails

Durch die Kommunikation per E-Mail ergeben sich viele Vorteile; aber sie birgt auch unterschiedliche Gefahren im Vergleich zur Papierpost.

(1) Vorteile von E-Mails

Vorteile	Erläuterungen
Sehr schnell	In nur wenigen Sekunden ist die E-Mail übermittelt und kann vom Empfänger gelesen und weiterverarbeitet werden.
Zeitsparend	E-Mails sind schnell zu schreiben. Zudem müssen sie nicht erst ausgedruckt, kuvertiert, adressiert und frankiert werden.
Kostengünstig	Es entfallen alle Material- und Portokosten. Dies ist vor allem für Firmen relevant, wenn beispielsweise Rundschreiben an viele Kunden geschickt werden. E-Mail-Dienste sind i. d. R. kostenlos und finanzieren sich durch Werbung.
Umweltfreundlich	Die Umwelt wird geschont, da für E-Mails kein Papier verbraucht und keine Transportmittel (Lkw, Bahn, Schiff, Flugzeug) zum Versenden benötigt werden.
Variabel	E-Mails können gleichzeitig an viele unterschiedliche Empfänger versendet, weitergeleitet und archiviert werden. Zudem sind E-Mails auch auf anderen Kommunikationswegen (SMS, Fax) einsetzbar.

(2) Gefahren beim Einsatz von E-Mails

Obwohl eine E-Mail in wenigen Sekunden vom Empfänger gelesen und verarbeitet werden kann, besteht das große Risiko, dass sie von Dritten eingesehen oder sogar in ihrem Sinne verändert werden kann. Auch ohne große IT-Kenntnisse ist der Zugriff auf Daten einer **unverschlüsselten E-Mail** leicht möglich.

Ein wichtiger Punkt ist die **unterschiedliche Rechtsprechung** in den verschiedenen Ländern dieser Welt. So gilt für E-Mails in **Deutschland** das im Grundrecht verankerte **Postgeheimnis,** das als Schutz vor dem unerlaubten Zugriff schützen soll. Stehen die Server der Mail-Anbieter aber in anderen Ländern, die dieses Grundrecht nicht kennen, so sind die Nutzer der Weitergabe ihrer Daten schutzlos ausgeliefert.

Auf der offiziellen Seite der Deutschen Polizei werden folgende **Hinweise für den Umgang mit E-Mails und Anhängen** gegeben:[1]

- Keine E-Mail-Anhänge öffnen, wenn der Absender nicht vertraut ist.

1 Vgl. Polizeiliche Kriminalprävention der Länder und des Bundes: www.polizei-beratung.de/themen-und-tipps/gefahren-im-internet/sicherheitskompass/e-mail-und-anhaenge/ (Zugriff: 12.02.2019).

- Niemals Zugangsdaten zum Onlinebanking oder andere vertrauliche Daten an Dritte weitergeben.
- Geldinstitute direkt aufsuchen, wenn in E-Mails nach PINs, TANs oder Kennwörtern gefragt wird.

1.6 Verändertes Konsumverhalten durch neue technologische Möglichkeiten

Für viele Händler und Kunden stellt der heutige Onlinehandel ein digitales Paradies dar – eine Welt, die viele neue Chancen und Möglichkeiten bietet und in der es alles zu geben scheint. Seit der Gründung von eBay und Amazon Mitte der 1990er-Jahre ist es möglich, Waren über das Internet zu kaufen und zu verkaufen.

(1) Einkaufsverhalten der Konsumenten

Durch die Entwicklung neuer Gerätetechnologien (z. B. Tablets, Smartphones) und Einführung neuer Breitbandtechnologien zur Übertragung von Daten hat sich seitdem der Onlinehandel in den deutschen Haushalten etabliert.[1]

Quelle: HDE Online-Monitor 2018, S. 22.

1 **Etablieren:** einrichten; einführen.

Wie die Abbildung zeigt, nimmt die Anzahl der Onlineshopper immer weiter zu – wobei die Deutschen bevorzugt Non-Food-Artikel (wie z. B. Kleidung oder Unterhaltungselektronik) online kaufen.

(2) Bedeutung des Smartphones im Onlinehandel

Die immer weiter fortschreitende Digitalisierung wirkt sich auf das Konsumverhalten im stationären Handel aus. Die Kunden können sich mit internetfähigen Endgeräten zu jeder Tages- und Nachtzeit über Produkte und Dienstleistungen zu Hause informieren, Käufe in einem **Onlineshop** abschließen sowie den Online-Kundenservice von Unternehmen nutzen.

> *„Der elektronische Marktplatz wird unsere Kultur ebenso verändern wie Gutenbergs Druckerpresse die Welt des Mittelalters."*
>
> Bill Gates (1955), amerik. Unternehmer

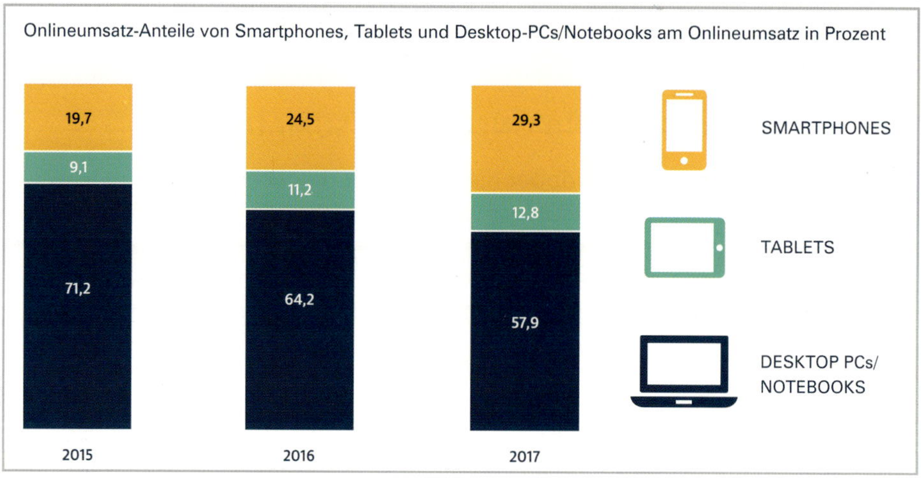

Quelle: HDE Online-Monitor 2018, S. 28.

Wie die Grafik zeigt, gewinnt das Smartphone beim Onlineshopping immer mehr an Bedeutung: Fast 30 % des Onlineumsatzes werden mittlerweile durch Käufe mit dem Smartphone erzielt.

Dies führt dazu, dass der Aspekt der Bequemlichkeit der Kunden immer mehr in den Fokus des Einzelhändlers rückt und sich daraus eine **Wechselwirkung** zwischen dem **stationären Handel** und dem **Onlinehandel** ableiten lässt (Näheres siehe Kap. 4.4).

2 Bedeutung und Struktur des E-Commerce

2.1 Bedeutung des E-Commerce für den Einzelhandel

Der deutsche Onlinehandel ist eine der am stärksten wachsenden Branchen unserer Wirtschaft und ein Ende des Wachstums ist noch lange nicht in Sicht. In den letzten 10 Jahren ist der Umsatz im Onlinehandel durchschnittlich um ca. 14 % jährlich gewachsen. Damit wird der Onlinehandel zu einem Wachstumsmotor für die deutsche Gesamtwirtschaft. Im deutschen Einzelhandel fließt jeder achte Euro nicht mehr in die Ladenkasse, sondern wird im Netz ausgegeben.

(1) E-Commerce-Umsatz

Nach HDE-Angaben[1] wuchs der deutsche Onlinehandel 2018 auf ein Volumen von 53,4 Mrd. EUR. Im Vergleich zum Vorjahr entspricht dies einem Umsatzwachstum von 10 %.

Quelle: HDE, online verfügbar: https://einzelhandel.de/presse/zahlenfaktengrafiken/861-online-handel/1889-e-commerce-umsaetze (Zugriff: 13.02.2019).

1 **HDE:** Handelsverband Deutschland.

(2) Onlineanteil am Einzelhandel

Der Umsatz im Einzelhandel insgesamt wird 2018 nach HDE-Prognose um 2 % auf ca. 523 Mrd. EUR steigen. Der Onlineanteil am Umsatz im gesamtdeutschen Einzelhandel beträgt derzeit ca. 10 %.

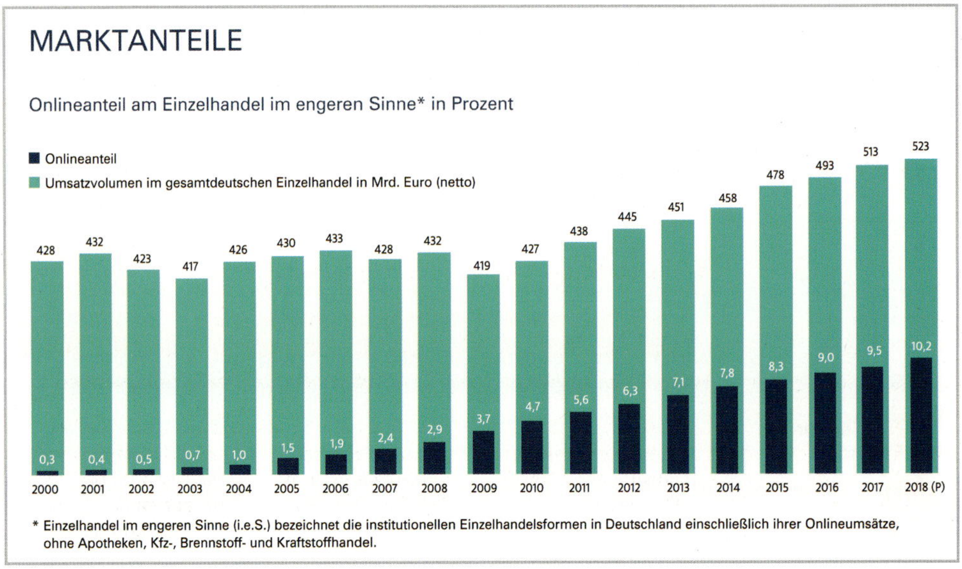

Quelle: HDE Online-Monitor 2018, S. 6.

2.2 Marktstruktur im E-Commerce

2.2.1 Überblick

Auch auf **virtuellen Marktplätzen** treffen Anbieter (Verkäufer) und Nachfrager (Käufer) aufeinander. Internet-Dienstleister helfen dabei, die ablaufenden Prozesse beim Handel von Waren und Dienstleistungen beim Onlinehandel abzuwickeln.

Um den elektronischen Handel zu strukturieren, gibt es viele Möglichkeiten. Im Folgenden wird die gängigste Einteilung nach **Geschäftspartnern** dargestellt. Dabei werden folgende Hauptakteure unterschieden:

- Unternehmen (Business),
- private Haushalte (Consumer),
- Staat (Administration).

Aus Sicht des Einzelhändlers sind folgende Partnerbeziehungen von besonderer Bedeutung:

B2B	Business[1] to Business. Beide Partner sind Unternehmen. Man spricht in diesem Zusammenhang von **E-Business**.
B2C	Business to Consumer.[2] Die Geschäftsbeziehung berührt auf der Verkäuferseite ein Unternehmen, auf der Käuferseite eine Privatperson.
C2C	Consumer to Consumer. Beide Partner sind Verbraucher, z. B. Veranstaltung von Auktionen zwischen Privatpersonen, Kauf und Verkauf zwischen Privatpersonen über Kleinanzeigen in Newsgroups.
B2A/B2G	Business to Administration[3]/Business to Government,[4] z. B. Steuererklärungen, Anträge auf Erlass eines Mahnbescheides, Ausschreibungen für Handwerksleistungen.

Überblick Partnerbeziehungen im E-Commerce

		Nachfrager der Leistung		
		Consumer	**Business**	**Administration**
Anbieter der Leistung	**Consumer**	C2C (z. B. Internet-Kleinanzeigenmärkte, Onlineauktionen)	C2B (z. B. Jobbörsen mit Anzeigen von Arbeitsuchenden)	C2A (z. B. Steuerabwicklung von Privatpersonen für Einkommensteuer)
	Business	B2C (z. B. Onlineshopping einer Privatperson)	B2B (z. B. Bestellung eines Unternehmens bei einem Zulieferer per EDI[5])	B2A (z. B. Steuerabwicklung von Unternehmen)
	Administration	A2C (z. B. Abwicklung von Unterstützungsleistungen wie Arbeitslosenhilfe)	A2B (z. B. Steuerabwicklung von Unternehmen)	A2A (z. B. Transaktionen zwischen öffentlichen Institutionen)

Quelle: In Anlehnung an: www.wiwiss.fu-berlin.de/fachbereich/bwl/pwo/suhl/lehre/veranstaltungen_aktuell/2007-08-WS_Wirtschaftsinformatik/WI02-EBusiness-WS0708.pdf (Zugriff: 13. 02. 2019).

Die Unternehmen profitieren von den Vorzügen des E-Commerce, da Kaufprozesse ohne Verzögerungen stattfinden. So können Firmen ihre potenziellen Kunden bereits online und vor der Entscheidung die Ware zu kaufen, intensiv beraten. Zudem bietet der Informationsaustausch zwischen den einzelnen Unternehmen auch die Chance, dass Unternehmen beispielsweise sehr schnell auf Veränderungen bezüglich der Verbrauchernachfrage reagieren oder das Verhalten der Kunden neu bewerten können.

1 **Business**: Geschäft, Handel.

2 **Consumer**: Verbraucher.

3 **Administration**: Verwaltung.

4 **Government**: Regierung.

5 **EDI**: Electronic Data Interchange, d.h. elektronische Übertragung von Geschäftsdaten über feste Standards.

2.2.2 Business-to-Business-Commerce (B2B)

(1) Begriff

Die Abkürzung **B2B** steht für **Business-to-Business-Commerce** und beschreibt Geschäftsbeziehungen zwischen zwei oder mehr Unternehmen.

Beim B2B werden Waren und Dienstleistungen nicht direkt an den Endverbraucher geliefert, sondern zum Beispiel vom Hersteller an Großhändler. Im Bereich des E-Commerce nimmt die Bedeutung der wirtschaftlichen Handlungen zwischen den Unternehmen (z. B. Herstellern, Zulieferern, stationärer Handel) von Jahr zu Jahr stetig zu. Der **Onlinehandel** zwischen Unternehmen wird auch als **B2B-E-Commerce** bezeichnet.

Beispiel

Ein Küchengerätehersteller verkauft seine Kaffeemaschine „Deluxe 2018" nicht direkt über seine Internetpräsenz an eine Privatperson, sondern der Verkauf erfolgt an einen Groß- bzw. Einzelhändler.

Anwendungsbereiche für B2B sind vielfältig: von der **Produktion** und **Verarbeitung** bis hin zur **Vermarktung** und dem **Vertrieb** eines Produktes (u. a. Auftragserfassung, Lieferungs- und Bezahlsysteme, Reklamationsbearbeitung und Serviceleistungen). Transaktionen können auch innerhalb eines Unternehmens vorgenommen werden, wenn beispielsweise Waren am firmeneigenen Standort oder zwischen der Zentrale und einer Zweigniederlassung disponiert werden.

(2) E-Commerce im B2B-Bereich

Durch die wachsende Digitalisierung ist die elektronische Kommunikation und die damit verbundene Vernetzung zwischen den Unternehmen immer weiter vorangeschritten. Mitarbeiter werden z. B. in Bestellprozessen beim Lieferanten kaum noch miteingebunden, da Bestellprozesse über digitale Bestandsabgleichungen unter den jeweiligen Warenwirtschaftssystemen der Betriebe automatisch ausgelöst werden.

Die höchste Priorität für B2B-Unternehmen bei der Beschaffung von Waren im Internet haben

- die **große Auswahl** an Produkten, wobei (i. d. R.) auch die **Verfügbarkeit** ersichtlich ist,
- die **Praktikabilität** und **Schnelligkeit.** Auch spontan können Einkäufe „per Mausklick" getätigt werden.

Beispiele

Anwendungsbereiche:

- Korrespondenz per E-Mail
- Onlinehandel über automatisierten Datenaustausch (z. B. Bestellung per EDI)
- Onlinebanking
- Datenbanksuche (Lieferantensuche in Deutschland z. B. www.firmendatenbanken.de)
- digitale Disposition in einer Cloud (z. B. Terminplanung, Projektplanung)
- elektronische Marktplätze als beschaffungs- und verkaufspolitisches Instrument

B2B-Unternehmen erwarten **umfassende Informationen** zu den Produkten und ein ausgesprochenes **Markenerlebnis** zu den Leistungen der einzelnen Unternehmen.

B2B-Commerce ist zurzeit einer der größten Bereiche der deutschen Internetwirtschaft mit einem Umsatzvolumen von mehr als 40 Mrd. EUR und einer durchschnittlichen jährlichen Wachstumsrate von 15 %. Sozusagen von Faxgeräten und Katalogen hin zur Digitalisierung – und das obwohl jahrzehntelang der persönliche Kontakt unter den Unternehmern im Mittelpunkt der Konversation stand.

(3) Überblick elektronischer B2B-Marktplatz

Auf **elektronischen Marktplätzen** für den Handel zwischen Unternehmen treffen sich mehrere Anbieter und Nachfrager. Diese Marktplätze haben sich inzwischen besonders im B2B-Bereich zu einem wichtigen **beschaffungs- und verkaufspolitischen Instrument** entwickelt, da sie viele Prozesse vereinfachen und beschleunigen.

Infobox

Ein **elektronischer Marktplatz** ist ein virtueller Raum im Internet bzw. World Wide Web, innerhalb dessen auf Basis eines strukturierten Datennetzes Handel betrieben wird (Näheres siehe Kap. 3.1.1).

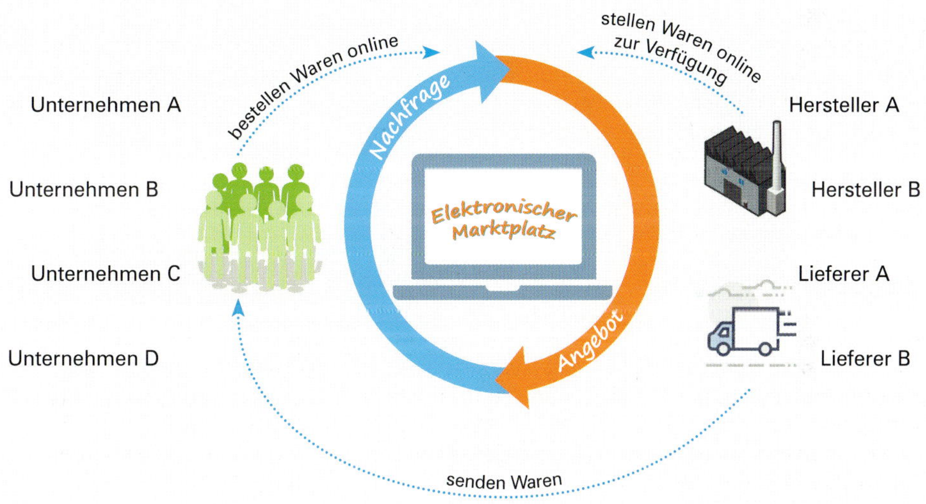

(4) Beispiel eines B2B-Marktplatzes

Durch besondere Portale wie z. B. „Wer liefert was“ (wlw) hat der Einkäufer die Möglichkeit, Bezugsquellen zu finden oder den günstigsten Preis zu ermitteln.

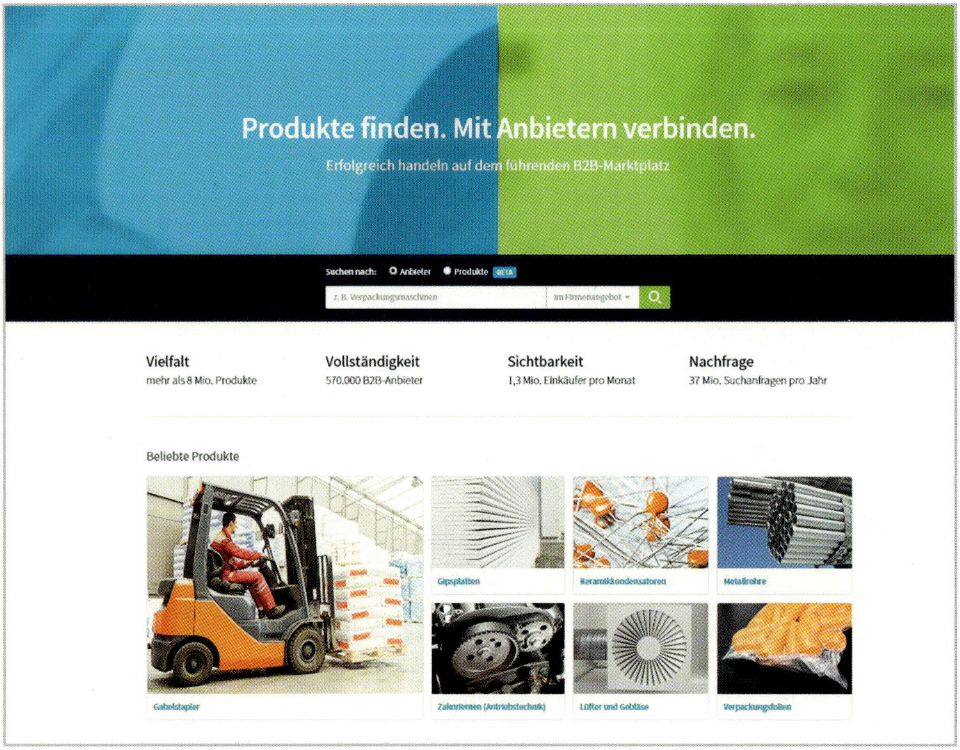

Quelle: www.wlw.de [31.08.2018]

2.2.3 Business-to-Consumer-Commerce (B2C)

(1) Begriff

Die Abkürzung **B2C** steht für **Business-to-Consumer-Commerce** und beschreibt Geschäftsbeziehungen zwischen Unternehmen und Privatpersonen (Konsument, Verbraucher).

Der **Onlinehandel** zwischen Unternehmen und Konsumenten wird auch als **B2C-E-Commerce** bezeichnet. Findet der Verkauf über das Internet statt, werden die Produkte z. B. über einen Onlineshop direkt an die Konsumenten vertrieben.

Beispiel

Ein Küchengerätehersteller verkauft seine Kaffeemaschine „Deluxe 2018“ nicht an einen Groß- oder Einzelhändler, sondern über seinen Onlineshop an eine Privatperson.

Beim Produkt- und Dienstleistungsangebot im Internet gibt es so gut wie nichts, was sich nicht online bestellen lässt. Die beliebtesten Produktkategorien im Onlinehandel in Deutschland sind (nach wie vor) Bekleidung und Elektronikartikel, welche die Hälfte des Onlineumsatzes ausmachen (vgl. nachfolgende Grafik).

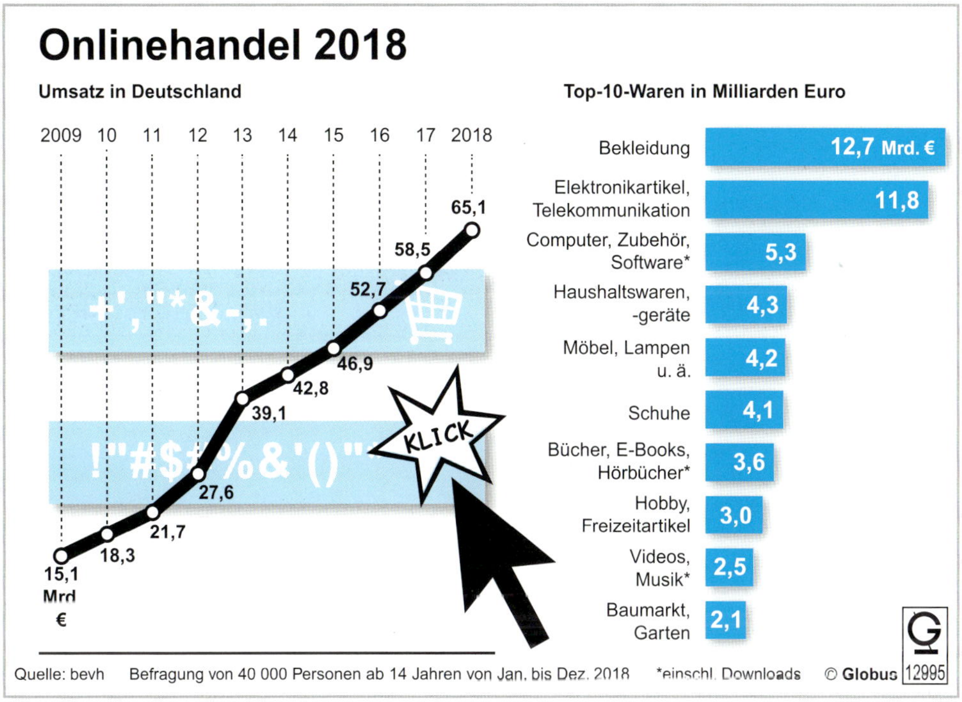

(2) E-Commerce im B2C-Bereich

Wie auch beim B2B ergeben sich über alle Bereiche des Handels Möglichkeiten, Endverbraucher mittels **neuer Medien** im Internet direkt anzusprechen. Vor allem bei **Versteigerungs- und Verkaufsplattformen** wie eBay und Amazon oder auch im **Finanzwesen durch Direktbanken** wie ING (vormals: ING-DiBa) oder DKB wird eine erfolgreiche Geschäftsbeziehung zu den Konsumenten aufgebaut (Näheres zu **Online-Vertriebskanälen** im E-Commerce siehe Kap. 3). Die Kunden profitieren vor allem bei diesen Geschäftsbeziehungen von der Erreichbarkeit (24/7) und Transparenz der Handelspartner.

Beispiele

Anwendungsbereiche:

- Datenaustausch und Korrespondenz per E-Mail
- Kundenservice im Onlinehandel (keine Wartezeiten, Kundenbetreuung in Echtzeit)
- internetgestütztes Bestellwesen (Warenverfolgungssysteme, Artikelpflege, Auftragsabwicklung)
- digitale Disposition (Terminplanung, Routen- und Reiseplanung)
- Online-Weiterbildungsmöglichkeiten (Verkaufstraining, Schulungen)

Infobox

Top 5 Onlinehändler mit stärkstem absoluten Umsatz-Wachstum (Stand 2018):[1]

- amazon.de
- otto.de
- mediamarkt.de
- zalando.de
- saturn.de

Auch der Onlineumsatz der kleineren **stationären Händler** wächst. Laut HDE-Angaben nutzen sie insbesondere den sogenannten **Amazon Marketplace** (vgl. Kap. 3.1.2) und treiben damit das Wachstum der Onlinehändler mit stationärer Basis zusätzlich an (Näheres zu **Multi-Channel-Strategien** siehe Kap. 4.1).

2.2.4 Consumer-to-Consumer-Commerce (C2C)

(1) Begriff

Die Abkürzung **C2C** steht für **Consumer-to-Consumer-Commerce** und beschreibt die Geschäftsbeziehung zwischen zwei oder mehr Privatpersonen (Verbrauchern).

C2C-Commerce ist die älteste Form des E-Commerce. Bereits vor der Entwicklung des Internets hat es schon C2C-Marktplätze gegeben, z. B. in Form des Kleinanzeigenmarkts einer regionalen Tageszeitung oder des klassischen Flohmarkts auf einem Marktplatz. Beim C2C treten Konsumenten sowohl als Anbieter wie auch als Nachfrager auf.

Beispiel

Die Privatperson Ingrid Meisel verkauft ihre Kaffeemaschine „Deluxe 2018" an den Höchstbietenden Heinz Moser bei einer Online-Auktionsbörse im Internet.

(2) E-Commerce im C2C-Bereich

Beim C2C können unterschiedliche Artikel, wie beispielsweise Gutscheine oder Spiele, auch in **Online-Tauschbörsen** getauscht oder in verschiedenen **Onlineforen,** wie Bewertungsportalen, in denen Verbraucher Erfahrungsberichte über Produkte oder Restaurants austauschen, veröffentlicht werden.

Der **größte Online-Flohmarkt** weltweit ist **eBay,** auf dem Konsumenten Produkte anbieten und ersteigern können. Dabei ist der Betreiber des Online-Marktplatzes nicht unmittelbar an den Transaktionen beteiligt, sondern erhält von den Teilnehmern Gebühren für das Einstellen ihrer Angebote (Näheres zu Online-Marktplätzen siehe Kap. 3.1).

Die Nutzung virtueller Marktplätze im Internet bietet den Konsumenten die Möglichkeit, sich umfassend zu **informieren,** zu **vergleichen** und auch auf Märkten **über die regionalen Grenzen hinaus** aktiv zu werden. Durch einen unabhängigen Erfahrungs- und Meinungsaustausch von Privatpersonen untereinander zu jeder möglichen Art von Waren- und Dienstleistungen können sich potenzielle Käufer einen **detaillierteren Eindruck** bezüglich ihrer Kaufentscheidungen machen.

1 Vgl. HDE Online-Monitor 2018, S. 17.

Mit Onlinemärkten sind aber auch **Gefahren** verbunden. Beim Onlinehandel zwischen Privatpersonen besteht u. a. das Risiko, dass unangemessene Inhalte aufgeführt oder sogar betrügerische Aktivitäten durchgeführt werden (z. B. werden Waren verkauft, die es in Wirklichkeit gar nicht gibt).

2.2.5 Weitere Partnerbeziehungen im E-Commerce

	Erläuterungen	Beispiele
B2A	• Steht für **Business-to-Administration-Commerce.** • Beschreibt eine **Geschäftsbeziehung** zwischen einem oder mehreren **Unternehmen** mit einer **Behörde** unter Nutzung der informationstechnologischen Möglichkeiten des Internets. • Da im B2A-Bereich hochsensible Daten ausgetauscht werden, gelten die gesetzlichen Vorschriften über den elektronischen Geschäftsverkehr.	• Abgabe von Steuererklärungen (Lohnsteuer, Umsatzsteuervoranmeldung) • Einholen von Antragsformularen (KFZ-Anmeldungen, Gewerbeanmeldung) • Vergabe von Fördermitteln, Ausschreibungen u. Ä.
A2C	• Steht für **Administration-to-Consumer-Commerce.** • Bezeichnet eine elektronische **Geschäftsbeziehung** zwischen der **öffentlichen Verwaltung** (Behörde, z. B. Finanzbehörde, Agentur für Arbeit, Sozialamt) und dem **Konsumenten** (Bürger), bei der die Kommunikation mithilfe des Internets vorgenommen wird. • Auf **Internetplattformen** öffentlicher Verwaltungen können Formulare heruntergeladen, bearbeitet und online gesendet werden.	• Abwicklung von Unterstützungsleistungen (Arbeitslosenhilfe, Sozialhilfe) • Verlängerung des Personalausweises, Angelscheines • Steuererklärungen mithilfe von ELSTER
A2A	• Steht für **Administration-to-Administration-Commerce.** • Interaktion von **öffentlichen Verwaltungen** (Behörden) **untereinander,** bei der die Kommunikation auf unterschiedlichen Internetplattformen stattfindet. • Aus der globalen Sichtweise dient A2A-Commerce als Transaktionsmöglichkeit zwischen verschiedenen staatlichen Einrichtungen.	• Zugriff auf Dienstleistungen oder Daten anderer öffentlicher Verwaltungen • Austausch von Formularen • Weltweites Aushandeln von Rechten (z. B. Holzhandel, Fangquoten zwischen Finnland und Deutschland)

Infobox

ELSTER – Akronym für **El**ektronische **Steuer**-**er**klärung. Projekt der deutschen Steuerverwaltungen aller Länder und des Bundes zur Abwicklung der Steuererklärungen und Steueranmeldungen über das Internet. ELSTER siegte beim eGovernment-Wettbewerb 2018 in der Kategorie „Beste Konzeption zur Umsetzung des Onlinezugangsgesetzes".

3 Lucas - ISBN 978-3-8120-0640-8

3 Online-Vertriebskanäle im E-Commerce

Handlungssituation

Michael Klinger betreibt seit vielen Jahren in der Innenstadt von Flensburg das Einzelhandelsgeschäft *„Jagd & Natur J. Edding"*. Zum Sortiment des Fachgeschäftes für Jagdausrüstung und Jagdzubehör gehören zum Beispiel funktionelle Jagdbekleidung, spezielle Ferngläser sowie Jagdwaffen und Munition.

An einem Freitagmittag erhält Michael Klinger eine Lieferung von Jagd- und Sportwaffen. Er nimmt die Ware an und prüft sie auf Mängel. Dann übergibt Michael Klinger dem Fahrer des Lieferdienstes „Eco Overnight Service" noch einige Pakete. Darin ist Ware zum Verand an Kunden enthalten, die online bei ihm bestellt haben. So kommen Michael Klinger und der Lieferdienstfahrer in ein Gespräch über die Veränderungen des stationären Handels in den letzten Jahren.

Herr Klinger: *„Es ist schon richtig, vor einigen Jahren hatte ich nur Kunden, die aus der Nähe oder dem näheren Umfeld kamen. Da habe ich noch verstärkt Werbung in Fachmagazinen und Fachzeitschriften gemacht. Manchmal sind Kunden sogar aus dem Ausland mit dem Auto zu meinem Geschäft gefahren, um sich eine besondere Büchse oder Flinte zu kaufen."*

Fahrer: *„Das waren noch Zeiten! Und dann kam das Internet – und alles wurde ganz anders. Es ist ja auch sehr bequem geworden. Einfach den Rechner anschalten und dann ganz entspannt von zu Hause aus unbegrenzt online stöbern und shoppen. Ein paar Mausklicks ersetzen mittlerweile immer mehr den Gang in die Geschäfte und Läden, ob in den Dörfern oder Städten. Viele Geschäfte, die in den letzten Jahren Insolvenz anmelden mussten, geben dem Onlinehandel die Schuld daran."*

Herr Klinger: *„Natürlich spüre ich die Konkurrenz im Internet – auf jeden Fall. Aber an diesen Verdrängungsprozess glaube ich persönlich nicht. Der Onlinehandel ist in Deutschland tatsächlich in den letzten Jahren beachtlich gestiegen, aber gar von einer Bedrohung für den stationären Handel zu sprechen, halte ich für absurd."*

Fahrer: *„Also ich kenne Leute, die gehen in die Geschäfte und lassen sich dort ausführlich vom Fachverkäufer beraten und probieren sogar die Ware aus. Danach fahren sie nach Hause und kaufen die Ware dann kostengünstiger im Internet."*

Herr Klinger: *„Genau das geht natürlich nicht und muss auf jeden Fall verhindert werden. Ich denke, einer der Gründe, dass vor allem kleinflächige Einzelhändler dem Druck aus dem Internet standhalten konnten, ist die hohe Kundenbindung. Gerade durch die Möglichkeit des Onlinehandels haben die kleineren, meist inhabergeführten Einzelhandelsgeschäfte die Chance, mit den großflächigen Konkurrenten wirtschaftlich mitzuhalten."*

Fahrer: *„Das heißt dann für Sie, eine Strategie zu finden, die Vorteile des stationären Handels mit dem Onlinehandel zu verbinden."*

Herr Klinger: *„Ganz genau. **Onlinekonsumenten** bewegen sich beim Einkaufen ständig zwischen **stationärem Handel** und **Online-Marktplatz**. Daher versuche ich, auf mehreren Vertriebskanälen gleichzeitig zu agieren, aber weiterhin den Kunden in den Mittelpunkt zu rücken. Meine Strategie ist es, den **Onlinehandel** konsequent mit einzubinden."*

Fahrer: (lacht) *„Ich glaube, das nennt man auf „neudeutsch" eine Multi-Channel-Strategie."*

Herr Klinger: *„Na, Sie sind ja gut informiert. Eine Multi-Channel-Strategie kann aber nur funktionieren, wenn sie optimal auf die Erwartungen und Bedürfnisse meiner Kun-*

den zugeschnitten ist. Mein Unternehmen bleibt wichtig, aber es verändert seine Rolle. Der Onlinehandel ist mittlerweile ein Muss, da viele Kunden ihre Kaufvorbereitung, wie zum Beispiel Produkteigenschaften und Preise, vor allem auf das Internet verlagern. Ist ein Produkt nicht im Internet präsent, wird es auch nicht in die Kaufentscheidung mit einbezogen. Hier zeigt sich der Google-Effekt."

Fahrer: *„Was im Internet nicht gefunden wird, existiert auch nicht."*

Herr Klinger: (lacht) *„So ist es. In Zukunft wird es besonders wichtig sein, diese Kanäle optimal auszugestalten. So könnte ein* ***Onlineshop*** *zum Beispiel dazu eingesetzt werden, die Besucherfrequenzen in meinem Geschäft deutlich zu erhöhen."*

Fahrer: *„Das stimmt. Das wäre ein wirtschaftlich positiver Effekt. – So, Herr Klinger, ich muss jetzt wieder los. Es war mal wieder schön, mit Ihnen zu reden. Ich wünsche Ihnen noch einen schönen Tag."*

Herr Klinger: *„Das wünsche ich Ihnen auch."*

Aufgaben:

1. Welche Bedeutung hat der Onlinehandel in Ihrem Ausbildungsbetrieb? Machen Sie dies an einem selbst gewählten Beispiel deutlich!
2. Was wird unter dem Begriff Online-Marktplatz im Einzelhandel verstanden? Nennen Sie klassische Produkte aus Ihrem Ausbildungsbetrieb, die auf diesem geführt werden!
3. Beschreiben Sie, was unter einer Multi-Channel-Strategie verstanden wird!
4. Recherchieren Sie, in welchen Branchen der Onlinehandel keine so große Rolle spielt! Begründen Sie Ihre Meinung!

Im E-Commerce können unterschiedliche **Online-Vertriebskanäle** ausgewählt und eingesetzt werden. In den nachfolgenden Kapiteln wird ein Überblick gegeben über

- Online-Marktplätze und
- Onlineshops.

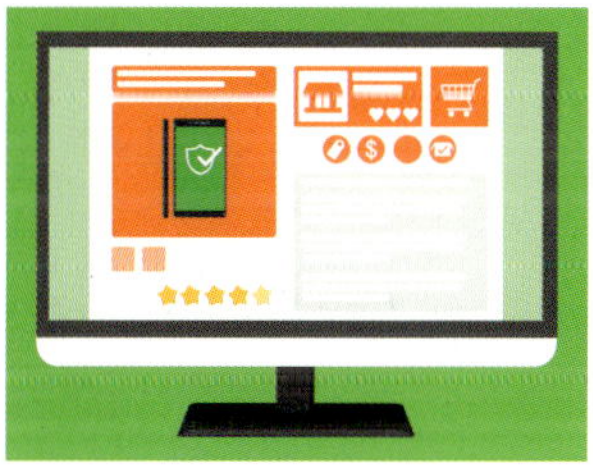

3.1 Online-Marktplätze

Online-Marktplätze sind für Händler in Deutschland eine interessante Möglichkeit, in den **Onlinehandel einzusteigen.** Besonders für kleinere und mittlere Unternehmen kann die Wahl dieses Vertriebswegs den Einstieg in den E-Commerce erleichtern, da die Marktplatzbetreiber z. B. das Marketing übernehmen.

Über Online-Marktplätze können **Endkunden sehr komfortabel** online einkaufen, da sie Waren jederzeit über eine bestimmte Webseite im Internet erwerben können. Der Trend zeigt sogar, dass Kunden ein Produkt nicht mehr über klassische Suchmaschinen wie Google recherchieren, sondern direkt bei den ihnen vertrauten Online-Marktplätzen suchen.

3.1.1 Begriff elektronischer Marktplatz

- Ein **elektronischer Marktplatz** ist ein virtueller Ort im Internet, an dem auf Basis eines strukturierten Datennetzes Waren angeboten und verkauft werden.
- Ein **Marktplatzbetreiber** (Plattformbetreiber) stellt dafür eine Handelsplattform zur Verfügung und überwacht zu jedem Zeitpunkt den reibungslosen Ablauf sämtlicher Transaktionen.

Es gibt unterschiedliche Formen und Ausprägungen von Online-Marktplätzen. Im Allgemeinen werden zwei **Arten** unterschieden:

- horizontale Online-Marktplätze,
- vertikale Online-Marktplätze.

Arten	Erläuterungen	Beispiele
Horizontale Online-Marktplätze	• Sie sind **branchenübergreifend** ausgerichtet. • Es wird eine breite Waren- und Dienstleistungspalette angeboten.	• amazon.de • ebay.de • otto.de • zalando.de
Vertikale Online-Marktplätze	• Sie sind **branchenspezifisch** ausgerichtet. • Es werden Waren- und Dienstleistungen eines bestimmten Wirtschaftszweiges angeboten – vergleichbar mit Spezialgeschäften (Fachhandel).	• ebook.de (Unterhaltungsindustrie) • resale.de (Gebrauchtmaschinen für den B2B-Bereich)

Da es mittlerweile viele verschiedene Online-Marktplätze mit unterschiedlichen Schwerpunkten und Zielgruppen gibt, sollten sich Händler zuvor genau informieren und verschiedene **Modelle vergleichen.** Besonders achten sollte man dabei auf **transparente Kosten,** die **Reichweite** und **Ausrichtung** des Online-Marktplatzes sowie einen **guten Händlerservice.**

Infobox

Merkmale von elektronischen Marktplätzen:

- erhöhte Markttransparenz der Marktteilnehmer
- vollständige Preisbildung mit schnellen und aktuellen Preisinformationen
- standort- und zeitunabhängige Teilnahme am Marktgeschehen
- geringe Transaktionskosten
- schnelle Marktbereinigung nicht ausgereifter Konzepte

In den folgenden Kapiteln werden verschiedene Online-Marktplätze im Überblick dargestellt.

3.1.2 Online-Verkaufsplattformen

- Eine **Online-Verkaufsplattform** ist ein virtueller Ort im Internet, an dem Produkte von unterschiedlichen Händlern angeboten werden.
- Sie lassen sich vergleichen mit Einkaufszentren im stationären Handel. Unterschiedliche Händler sind unter einem gemeinsamen Dach (z. B. Amazon) vereint.

(1) Vorteile von Online-Verkaufsplattformen

Die Vorteile liegen darin, dass die Händler nicht ihr eigenes Shopsystem aufbauen müssen, sondern ein vorkonfiguriertes System nutzen können, das zentral gewartet und gepflegt wird. In der Regel wird auch ein zentrales Bezahlsystem zur Verfügung gestellt und der

Händler kann sich auf sein eigentliches Geschäft konzentrieren. Durch den gebündelten Auftritt unterschiedlicher Händler unter einem Dach verringern sich für den Einzelnen die Werbe- und Marketingkosten. Neueinsteiger müssen sich nicht erst den Markt erobern, sondern treffen bereits auf den vorhandenen Kundenstamm der Plattform.

(2) Ablauf Kauf einer Ware

Im Folgenden wird der **Kauf einer Ware** über eine **Online-Verkaufsplattform** dargestellt.

Es wird davon ausgegangen, dass die von einem Onlinehändler auf dem Online-Marktplatz betriebene Warenplattform ein Sortiment anbietet, das auf einer Vielzahl von Herstellern basiert. Der Nachfrager hat damit die Möglichkeit, Preis- und Lieferbedingungen der einzelnen Hersteller per Mausklick abzufragen. Die Prozessschritte zur Beschaffung der benötigten Güter sind dem nebenstehenden Schema zu entnehmen:

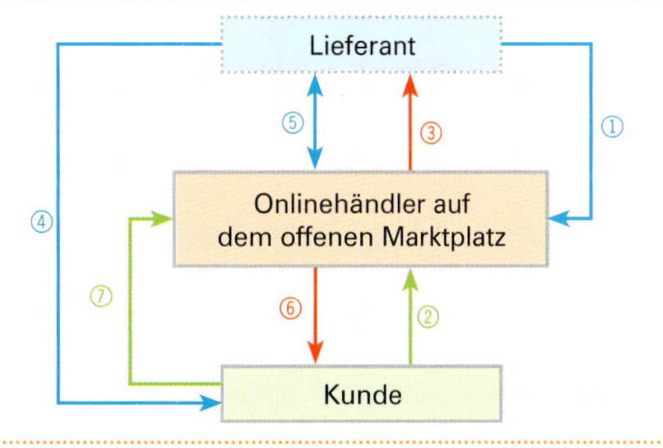

Erläuterungen:

① **Bereitstellung:** Der Lieferant stellt seine Artikel dem Onlinehändler bereit.

② **Bestellung:** Der Kunde registriert sich und kann beim Onlinehändler Artikel bestellen, die durch mehrere Lieferanten angeboten werden.

③ **Bestellweiterleitung:** Der Onlinehändler leitet die Bestellung in eigenem Namen an den jeweiligen Lieferanten mit der Lieferadresse des Kunden weiter.

④ **Warenversand:** Der Lieferant versendet die Ware im Namen des Onlinehändlers direkt an die Lieferadresse des Kunden.

⑤ **Lieferantenrechnung:** Der Onlinehändler erhält und begleicht die Rechnung des Lieferanten.

⑥ **Rechnung an den Kunden:** Der Onlinehändler stellt dem Kunden die bestellte Ware in Rechnung.

⑦ **Bezahlung:** Der Kunde bezahlt an den Onlinehändler.

(3) Beispiel Amazon

Einer der wohl bekanntesten Online-Marktplätze ist Amazon.

Wie die nebenstehende Grafik zeigt, entfallen bereits **46 %** des Onlineumsatzes in Deutschland auf **Amazon inklusive Marketplace.**

Quelle: HDE Online-Monitor 2018, S. 18.

Infobox

Über **Amazon.de Marketplace** können zu Produkten, die von Amazon.de bereits angeboten werden, z. B. auch stationäre Händler eigene Produkte einstellen.

Amazon bietet seinen Kunden unter dem jeweiligen Amazon-Angebot einen Link „. . . **neu ab EUR** . . .“ wie z. B. 14 neu ab EUR 9,80 | 3 gebraucht ab EUR 9,80

Alternativ gibt es einen Link **„Andere Verkäufer auf Amazon“** in der rechten Seitenspalte.

Folgt man einem dieser Links, erscheint eine Übersicht aller Angebote zu diesem Artikel, d. h. neben Amazon kann man hier auch **Angebote anderer Händler** finden.

Um eigene Angebote anbieten zu können, muss man bei Amazon.de registriert sein. Gebühren werden erst bei einem erfolgreichen Verkauf fällig.

Der „Onlineriese“ Amazon ist eine dominierende Wirtschaftsmacht im E-Commerce und im Jahr 2018 nach Apple das wertvollste Unternehmen auf der Erde.

Infobox

Unternehmen mit **digitalen Geschäftsmodellen** gehören zu den weltweit wertvollsten Unternehmen. Bei sieben von zehn der wertvollsten Unternehmen dieser Erde handelt es sich nach einer Auswertung der Wirtschaftsprüfungs- und Beratungsgesellschaft Ernst & Young um **technologische Internetkonzerne**.

Begonnen hatte alles **1994** als **Jeffrey P. Bezos** (genannt „Jeff“ Bezos, auch heute noch Präsident und Chef des Unternehmens) die Idee eines elektronischen Büchergeschäftes hatte. In einer Garage im Raum Seattle im US-Bundesstaat Washington gründete Bezos den Mutterkonzern **Amazon.com** als weltweit erste **Online-Buchhandlung** („online bookstore“).

Im Juli 1995 wurde das erste Buch *(Douglas R. Hofstadters: Fluid Concepts and Creative Analogies)* zunächst in einem Testlauf über die Online-Plattform verkauft und bereits nach zwei Monaten hatte Amazon.com einen Wochenumsatz von über 20 000,00 US-Dollar. Nach dem ersten Geschäftsjahr waren es bereits 15,7 Mio. US-Dollar Umsatz und Amazon eröffnete die ersten Webseiten.

Mit der Übernahme der ABC-Bücherdienste GmbH, dem im Jahr 1998 größten deutschen Versandbuchhandel im Internet, und der Umbenennung von Telebuch.de in **Amazon.de** gelang auch der Eintritt auf den **deutschen Wirtschaftsmarkt**.

Dass Bezos den Namen Amazon wählte, kam nur durch das gute Zuraten seiner Freunde zustande, denn eigentlich hatte er den Namen „relentless“ (unbarmherzig, gnadenlos) für sein Unternehmen ausgesucht.

Heutzutage gibt es auf Amazon kaum noch Bedürfnisse, die nicht gedeckt werden könnten – insbesondere durch die weltweit größte Auswahl an Büchern und Medien. Mittlerweile hat Amazon einen Jahresumsatz von rund 233 Mrd. US-Dollar (Stand 2018) und beschäftigt weltweit mehr als 647 000 Mitarbeiter. Die großen Zuwachsraten von Amazon sind durch viele erfolgreiche Firmenübernahmen – z. B. der chinesischen E-Commerce-Website „JOYO“, des Online-Schuhladens „Zappos“ sowie Online-Marktplatzes „AbeBooks“ für Bücher – und eigenen neuen Tochterunternehmen zu begründen.

Infobox

Wie das Unternehmen Amazon zu seinem Namen kam:

In Telefonbüchern und frühen Webanwendungen wurden die Unternehmen in alphabetischer Reihenfolge angezeigt. Da auch Bezos wollte, dass sein Unternehmen direkt unter „A“ zu finden ist, entschied er sich für „Amazon“. Nicht zuletzt beinhaltet dieser Name auch einen Bezug zum längsten Fluss der Welt, weshalb Bezos sich nach eigenen Angaben für diesen Namen entschieden hat.

amazon

Im Amazon-Logo ist zudem ein Pfeil zu erkennen, der die Buchstaben „a“ und „z“ verbindet – und damit andeutet, dass das Unternehmen alles von A bis Z liefert.

Heute zeichnet sich Amazon auch durch seine unzähligen **Dienste, Services und Produkte,** die von Millionen Menschen genutzt werden, aus: u.a. **Amazon Prime,**[1] **Amazon Video, Amazon Music, Amazon Pay.**

Infobox

Die 2016 eingeführten **Dash-Buttons,** mit denen per Knopfdruck bestimmte Waren wie Waschmittel oder Hundefutter nachbestellt werden können, hat Amazon im März 2019 weltweit wieder abgeschafft.

Da klare Informationen zur Ware und ein deutlicher Hinweis auf eine zahlungspflichtige Bestellung fehlten, hat Amazon gegen das Gesetz für den Internethandel verstoßen. Statt der Hardware-Knöpfe will sich Amazon zukünftig auf **virtuelle Dash-Buttons** konzentrieren, die man sich auf der Amazon-Webseite oder in der App einrichten kann.

(4) Verkaufen bei Amazon

In nur wenigen Schritten ist es für ein Unternehmen möglich, seine Produkte online bei Amazon zu verkaufen.

1. Eigenes Verkäuferkonto bei Amazon anlegen.
2. Produktdaten ins Amazon-Konto laden.
3. Kunden sehen die hochgeladenen Produkte online bei Amazon.
4. Kunden kaufen die Produkte.

5a. Eigener Versand der Produkte an die Kunden.

5b. Amazon übernimmt die Logistik.

6. Zahlung wird durch Amazon an den Onlinehändler weitergeleitet.

Eine **Schritt-für-Schritt-Anleitung** sowie ein **Beispiel eines Amazon-Verkäuferkontos** finden Sie auf S. 41f.

Basiskonto oder professionelles Anbieterkonto

Vor der Registrierung ist es wichtig, sich über die zwei **unterschiedlichen Preismodelle** zu informieren – die die Gestaltung der Verkaufspreise erheblich beeinflussen können:

- Basiskonto (wenn **weniger** als 40 Artikel pro Monat verkauft werden),
- professionelles Anbieterkonto (wenn **mehr** als 40 Artikel pro Monat verkauft werden).

Basiskonto	Erst mit dem Verkauf eines Artikels fallen Kosten an: • **Verkaufsgebühr** je nach Kategorie des Artikels zwischen 7 und 15 % des Verkaufspreises zzgl. USt und • eine **feste Gebühr** von 0,99 EUR pro verkauftem Artikel.

1 **Amazon Prime** ist ein Abonnement-Angebot für Kunden des Online-Versandhändlers Amazon für schnellen Versand, Musik-, Film- und Serien-Streaming.

Professionelles Anbieterkonto	• Für ein professionelles Anbieterkonto wird eine **monatliche Grundgebühr** von 39,00 EUR erhoben. • Je nach Kategorie des Artikels fällt beim Verkauf jeweils eine **Verkaufsgebühr** zwischen 7 und 15 % des Verkaufspreises zzgl. USt an. • Die monatlichen Kosten werden direkt von den Einnahmen aus den Warenverkäufen von Amazon abgezogen. • Es können zum Beispiel auf Wunsch des Onlinehändlers weitere Services gegen Gebühr hinzugebucht werden: Lagerung, Versand der verkauften Produkte durch Amazon **(Amazon FBA).**

Infobox

Wer sich nicht sicher ist, welche Gebühren beim Verkauf bei Amazon anfallen, kann den **Amazon-Gebührenrechner** verwenden.

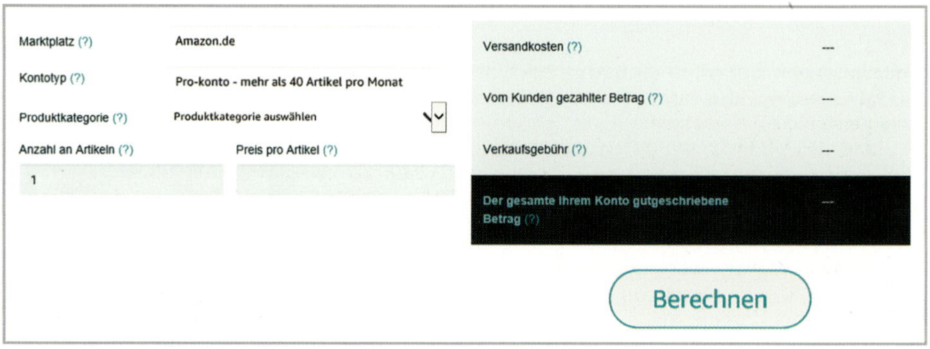

Quelle: https://services.amazon.de/programme/online-verkaufen/preisgestaltung.html (Zugriff 28.03.2019)

- **Versand durch Amazon (FBA)**

FBA steht für **„Fulfillment by Amazon".** Hierfür sendet man seine Produkte an Amazon und die komplette Auftragsabwicklung (Lagerung, Versand, Kundenservice und Retouren) wird von Amazon übernommen.

Dieses Programm ist vor allem für Onlinehändler interessant, die eigene Produkte und Waren, z. B. als Lizenznehmer einer bekannten Marke, vertreiben. Nimmt ein Händler an diesem Programm teil, profitiert er von vielen Vorteilen; jedoch sollte man sich auch über die damit einhergehenden Nachteile bewusst sein:

Vorteile von FBA	Nachteile von FBA
• Es wird kein eigenes Warenlager benötigt. • Versand, Kundenservice und Retouren übernimmt Amazon. • Eigene Waren erhalten ein besseres Ranking (d. h. besser sichtbar für Kunden). • Kunden können Amazon Prime für einen schnellen und kostenlosen Warenversand nutzen.	• Die kompletten Aufträge werden über Amazon abgewickelt und mit dem Amazon-Logo versehen. Das muss als klarer Nachteil dieses Programms gesehen werden. • Onlinehändler haben dadurch keinen direkten Einfluss auf die Bestellungen und können nicht mit ihrem eigenen Logo arbeiten (z. B. um eine eigene Marke aufzubauen).

Infobox

Um die **Kostenkalkulation** bei einer Teilnahme am Amazon FBA Programm zu erleichtern, findet man im Internet einen **„Amazon FBA Excel-Rechner"**. Hier kann man die wesentlichen Produkteigenschaften eingeben sowie sämtliche Kosten und den Nettoerlös bestimmen.

Näheres unter www.amalytix.com/excel-rechner-produktkalkulation/.

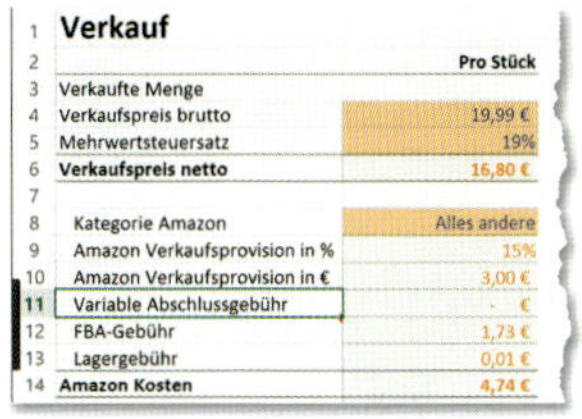

1	**Verkauf**	
2		**Pro Stück**
3	Verkaufte Menge	
4	Verkaufspreis brutto	19,99 €
5	Mehrwertsteuersatz	19%
6	**Verkaufspreis netto**	16,80 €
7		
8	Kategorie Amazon	Alles andere
9	Amazon Verkaufsprovision in %	15%
10	Amazon Verkaufsprovision in €	3,00 €
11	Variable Abschlussgebühr	- €
12	FBA-Gebühr	1,73 €
13	Lagergebühr	0,01 €
14	**Amazon Kosten**	4,74 €

Schritt-für-Schritt-Anleitung zum Verkaufen bei Amazon

Um einen Amazon-Shop zu eröffnen und einzurichten, sind mehrere Schritte notwendig:

Schritt 1:

Erstellung und Registrierung eines individuellen Amazon-Geschäftskontos durch die Eingabe von persönlicher Kontaktdaten, der Bankverbindung, den Unternehmensdaten und Telefonnummern.

Schritt 2:

Einloggen im neuen Amazon-Konto. Unter dem Punkt „Mein Konto" den Link „Verkaufen bei Amazon" anklicken und zwischen Basis- und professionellem Verkaufskonto wählen.

Schritt 3:

Festlegung des Unternehmenssitzes (z. B. Deutschland) und der Unternehmensform.

Schritt 4:

Eintragung der Kontaktdaten (z. B. Rechnungsadresse) und Kreditkarteninformationen für den Kundenservice.

Schritt 5:

Eingabe, Überprüfung und Bestätigung personenbezogener Daten mithilfe von Ausweisdokumenten (z. B. Personalausweis).

Schritt 6:

Identitätsüberprüfung mit PIN-Verfahren (z. B. mit Smartphone).

Schritt 7:

Abschluss der Einrichtung und Registrierung des Verkäuferkontos durch Verifizierung.

Schritt 8:

Einstellen der Produkte z. B. mithilfe von Amazon FBA bzw. professionellen Werkzeugen.

Schritt 9:

Benachrichtigung bei einem Verkauf durch Amazon und Versand der Produkte an den Kunden.

Schritt 10:

Amazon Payments Europe transferiert die eingehenden Kundenzahlungen auf das angegebene Bankkonto und benachrichtigt über die vorgenommene Überweisung.

Infobox

Hier finden Sie ein informatives Video zu den Themen „Verkaufen bei Amazon" und „Versand durch Amazon":

Abrufbar unter: https://youtu.be/j4CrblU9MTo

Beispiel eines Amazon-Verkäuferkontos:

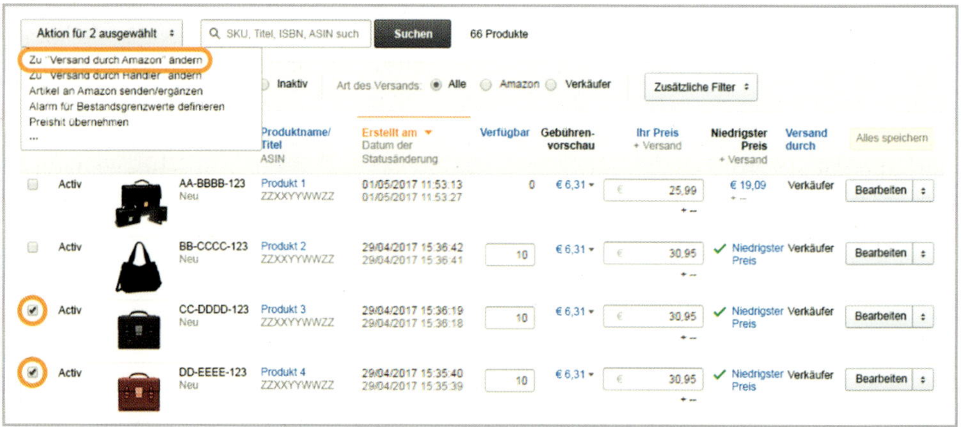

Quelle: https://services.amazon.de/programme/versand-durch-amazon/so-funktionierts.html (Zugriff 27.03.2019)

3.1.3 Online-Auktionsplattformen

(1) Begriff

Eine **Online-Auktionsplattform** ist ein virtueller Marktplatz, auf dem Unternehmen und Privatpersonen Neu- und Gebrauchtwaren sowie Dienstleistungen anbieten und versteigern.

Bei einer Onlineauktion handelt es sich um eine Versteigerung, welche im Internet stattfindet. Kaufinteressenten geben online verbindliche Preisgebote auf eine Auktionsware ab. Das höchste Gebot erhält den Zuschlag; der Kaufvertrag ist geschlossen. Für Onlineauktionen gelten die rechtlichen Vorschriften für den E-Commerce beziehungsweise für Fernabsatzverträge (vgl. Kap. 7).

Infobox

Die wohl weltweit bekannteste Auktionsplattform ist **eBay**. Mittlerweile gibt es aber auch zahlreiche andere Anbieter wie z. B. **Hood**, **Atrada** und **Etsy**.

(2) Beispiel eBay

Pierre Omidyar gründete 1995 in San José (Kalifornien) die Webseite **AuctionWeb**. Hier versteigerte Omidyar einen defekten Laserpointer für 14,83 US-Dollar an einen Sammler, da er ihn nicht mehr gebrauchen konnte. Was als kleiner Scherz gedacht war, wird heute als der Beginn der Erfolgsgeschichte des weltweit größten Internetauktionshauses im E-Commerce betrachtet.

Erst zwei Jahre später änderte Omidyar den ursprünglichen Namen in **eBay** um und die ersten Bewertungssysteme wurden für Käufer und Verkäufer eingeführt. Im September 1998 ging eBay an die Börse. Das Unternehmen hatte inzwischen einen Wert von fast 2 Mrd. US-Dollar erreicht.

> **Infobox**
> Bei 81 % aller verkauften Artikel bei eBay handelt es sich um Neuware.

Ursprünglich wurden auf der Online-Auktionsplattform **gebrauchte** Waren von „Privat zu Privat" (C2C) verkauft, weshalb eBay bei Schnäppchenjägern immer noch sehr beliebt ist. **Inzwischen** bieten auf eBay **meist kommerzielle Händler** ihre Neuware an (B2C).

Durch diverse **Firmenübernahmen** (Alando, Auction, mobile.de, Marktplaats.nl, Baazee.com, shopping.com, Skype u. Ä.) wuchs das Unternehmen von Jahr zu Jahr und hatte im 4. Quartal 2018 rund 179 Mio. Kunden bei einem Nettoumsatz von rund 10 Mrd. US-Dollar.

Laut einer umfangreichen Studie von eBay aus dem Jahr 2017 werden täglich etwa 1,1 Mrd. Artikel beim Internetauktionshaus eingestellt.

Auf der **Startseite** weist eBay auf viele Angebote hin und und versucht seine Nutzer bereits für ihren nächsten Einkauf zu inspirieren.

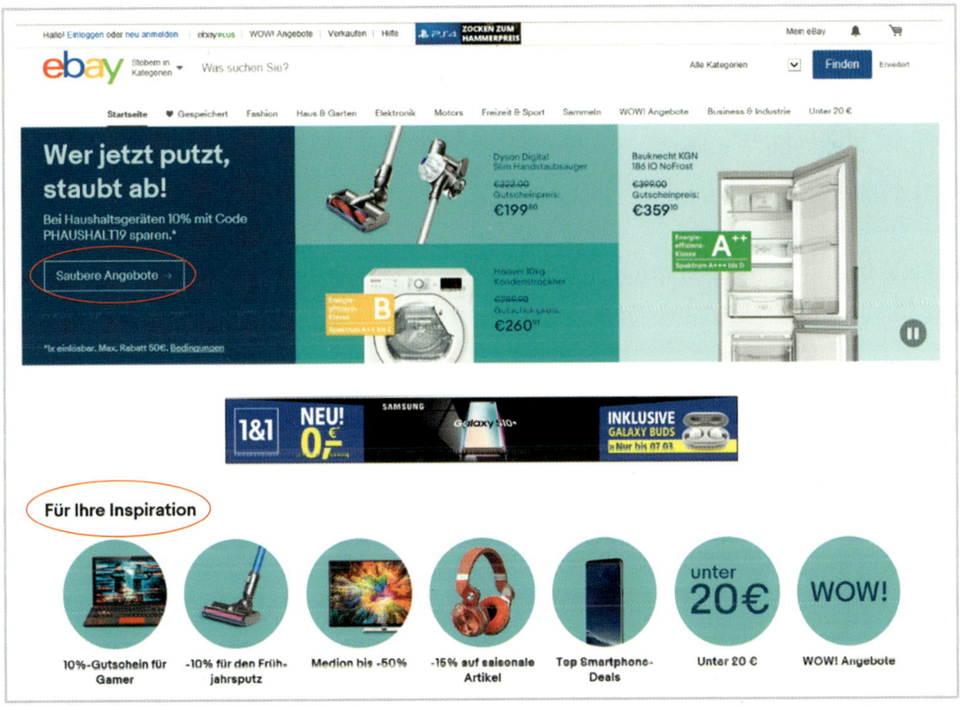

Quelle: www.ebay.de (Zugriff 26. 02. 2019)

60 % der Kunden kaufen ihre Artikel auf Computern und 40 % auf mobilen Endgeräten. Interessanterweise ist in den meisten Fällen der richtige **Zeitpunkt** zum Kauf bzw. Verkauf sehr wichtig.

> **Beispiel**
> Büroartikel werden meist in der Mittagszeit und Konzerttickets eher in den Abendstunden gut verkauft.

Auch **aktuelle Nachrichten** haben Auswirkungen auf den Verkauf bei eBay.

Beispiel

Nachdem der Volkswagen-Dieselskandal weltweit für Schlagzeilen sorgte, schossen gleichzeitig beim Auktionshaus die Verkäufe und die Preise für Abgasrückführventile in die Höhe.

Zudem wirken sich **aktuelle Trends** und die **Jahreszeiten** auf das Kaufverhalten der Kunden aus.

Beispiel

Während im Sommer hauptsächlich Terrassenmöbel oder Sonnenschirme gekauft bzw. ersteigert werden, sind die Suchanfragen im Winter eher auf Schlitten oder Schneeschieber bezogen.

Seit der Gründung des Unternehmens hat eBay den Handel stets vorangetrieben (z.B mit der Online-Plattform eBay-Kleinanzeigen) und sich im Laufe der Jahre immer weiterentwickelt. Dank mobiler Technologien, wie Smartphones oder Tablets, können Kunden ihre Einkaufserlebnisse nun auch per eBay-App überall und zu jeder Zeit genießen.

3.1.4 Sharing-Economy-Plattformen

Seit Anfang 2010 etablieren sich neue Formen von elektronischen Marktplätzen. Weltweit haben sich seither zahlreiche **Tauschbörsen** und **Sharing-Communities** gebildet, die lieber teilen und tauschen statt zu kaufen. Sie wollen der Konsum- und Wegwerfgesellschaft zeigen, dass durch ihre Transaktionen nicht nur Geld gespart, sondern auch die Umwelt geschont wird und Verschwendung vermieden werden kann.

(1) Begriff

- Der Begriff **Sharing Economy** heißt wörtlich übersetzt „Ökonomie des Teilens“.
- Sharing Economy wird als **Sammelbegriff** für Geschäftsmodelle oder Online-Plattformen verwendet, die eine geteilte Nutzung von ganz oder teilweise ungenutzten Ressourcen möglich machen.

In Sharing-Communities werden nicht nur alltägliche Gebrauchsgegenstände wie z.B. Kleidung, Bücher, Lebensmittel oder Autos untereinander geteilt, sondern auch bestimmte Fähigkeiten, besondere Talente oder Dienstleistungen.

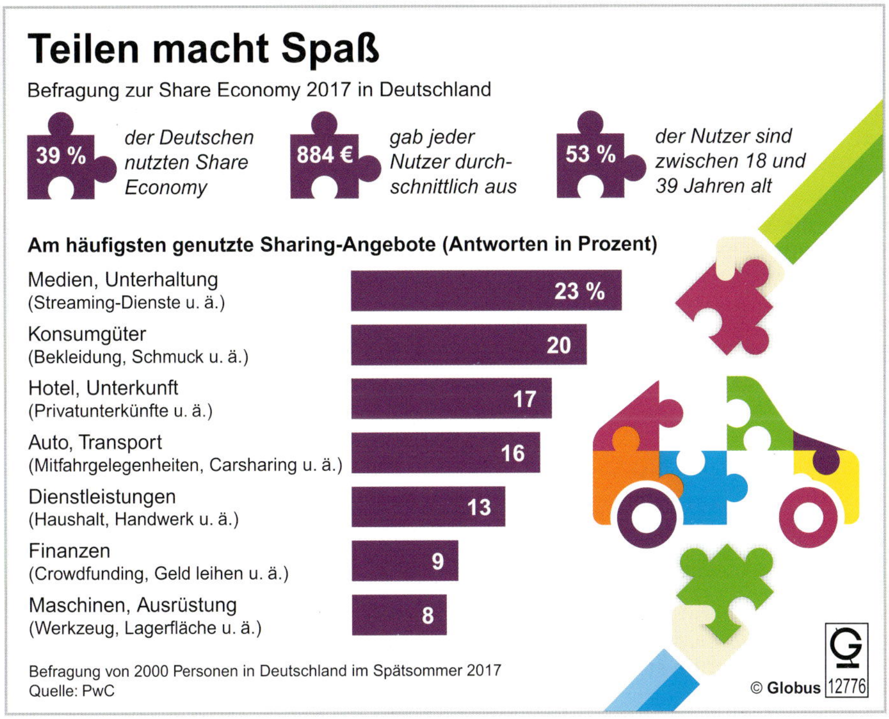

39 % der Bundesbürger nutzten im Jahr 2017 Angebote zum Teilen. Geteilt und getauscht wird so ziemlich alles – von Werkzeugen über Schmuck und Kunst bis hin zur Babykleidung. Sogar private Angebote zum Verleihen von Geld finden immer mehr Nutzer. Das geht aus der Studie „Share Economy 2017“ der Wirtschaftsprüfungs- und Beratungsgesellschaft PwC hervor. Der größte Teil der Nutzer von Share Economy ist zwischen 18 und 39 Jahre alt; im Durchschnitt gab jeder Nutzer 884,00 EUR im vergangenen Jahr dafür aus. Vor allem wirtschaftliche Gründe sprechen für viele Nutzer für Share-Economy-Angebote. 50 % der deutschen Nutzer nannten das bessere Preis-Leistungsverhältnis als größten Vorteil. Für ein Viertel der Befragten sind die Ressourcenschonung und der Umweltschutz besonders wichtig. Wenn es darum geht, was deutsche Verbraucher nicht unbedingt selbst besitzen wollen, stehen Werkzeuge, Autos sowie Fahrräder und Motorroller ganz oben auf der Liste.

Im Bereich der Sharing Economy können zwei **Modelle** unterschieden werden:[1]

Sharing-Modell	Erläuterung	Beispiel
Full-Mesh[2]-Modell	Ein zentraler Anbieter verwaltet eine von vielen Personen genutzte Ressource.	Carsharing-Anbieter: Zipcar, Car2go
Own-to-Mesh-Modell	Eine zentrale Organisation agiert lediglich als Vermittler zwischen Anbieter und Nutzer.	Online-Mitfahrzentrale: Blablacar

Die Sharing Economy verändert Geschäftsmodelle in allen Branchen. Es ist mittlerweile kein Modewort mehr. Fast jeder Zweite nutzt heutzutage Online-Sharing-Plattformen. In der Sharing Economy sind sowohl Privatpersonen als auch Unternehmen aktiv.

1 Vgl. Gansky, L.: The Mesh – Why the Future of Business is Sharing. Penguin, 2010.

2 **mesh**: engl. für Netz.

(2) Sharing Economy im C2C-Bereich

Sharing-Economy-Plattformen können von den Teilnehmern ganz unterschiedlich genutzt werden. Aktuell finden in Deutschland z. B. immer mehr **Kleidertauschpartys** statt, bei denen die Partygäste ihre Kleidung mit anderen Gästen tauschen. Über verschiedene Online-Plattformen wie Facebook werden die nächsten Kleidertauschpartys im Internet durch unterschiedliche Gruppen angekündigt (z. B. Klamottenbörse, Klamottentausch – Hamburg). Des Weiteren können in solchen Facebook-Gruppen aktuelle Bilder von verschiedenen Kleidungsstücken, ähnlich wie bei den kommerziellen Internetseiten von z. B. kleiderkreisel.de, hochgeladen und zum Tausch angeboten werden.

Nicht nur Kleidung wird gerne und viel im Internet getauscht: In diversen **Sharing-Communities für Bücher,** wie z. B. **tausch-bücher.de** oder **bookelo.com,** können Teilnehmer ihre Bücher kostenlos mit anderen Teilnehmern tauschen, verleihen oder gar verschenken.

Infobox

Seinen Ursprung hat dieses Büchertauschmodell in öffentlichen Bücherschränken vieler deutscher Städte, die für jedermann zur freien Nutzung am Straßenrand stehen.

Die in Deutschland bekannteste und meist genutzte Tauschbörse ist **Tauschticket.de.** Hier können nicht nur Konzertkarten, sondern auch Bücher, Kleidung, Spiele und Filme auf Basis eines Punktesystems getauscht werden.

(3) Sharing Economy im B2C-Bereich

Mit der online-gestützten Sharing Economy sind nicht nur neue Möglichkeiten der gemeinschaftlichen Nutzung entstanden, sondern es haben sich auch neue Geschäftsmodelle entwickelt.

Die Sharing Economy ist eine weltweit stetig wachsende Gemeinschaft mit einer sehr großen **wirtschaftlichen Bedeutung.** Für die Sharing-Bereiche Auto, Reisen, Finanzen sowie Musik- und Filmstreaming werden die weltweiten Umsätze auf über 20 Mrd. US-Dollar taxiert.[1] Schätzungen zufolge sollen diese im Jahr 2025 bereits bei rund 335 Mrd. US-Dollar liegen.

Die Firma **Airbnb** legte die Grundlage für eine neue Branche. Heutzutage ist es ganz normal bei Fremden zu übernachten oder zu Fremden ins Auto zu steigen.

Infobox

Mit über 200 Millionen vermittelten Gästen und ca. 3 Millionen Inseraten in über 65 000 Städten ist **Airbnb** in über 191 Ländern dieser Erde aktiv – und damit knapp 30 Milliarden US-Dollar wert.

Eigentlich sollten über Airbnb **nur private Unterkünfte** zwischenvermietet werden. Inzwischen treten jedoch nicht mehr nur private Gastgeber auf.

Es haben sich umfangreiche kommerzielle Strukturen entwickelt, die **kritisch** zu betrachten sind. Viele Geschäftemacher scheinen das Konzept auszunutzen und an der Grenze zur Gewerblichkeit zu handeln – oder gar darüber hinaus. Immer mehr reguläre Mietwohnungen werden in Ferienwohnungen umgewandelt, was die ohnehin angespannte Wohnungslage in vielen Großstädten noch verstärkt.

1 **Taxieren:** schätzen; den Wert von etwas bestimmen.

(4) Kritik an der Sharing Economy

Auch wenn mit Sharing Economy zunächst durchaus positive Aspekte verbunden sind, sollte sie auch kritisch betrachtet werden.

Zum einen bieten viele Anbieter auf Sharing-Plattformen ihre Waren und Dienstleistungen meist ohne Auflagen und Kontrollen an und haben im Vergleich zu den regulierten Anbietern – beispielsweise im Hotel- und Gastronomiebereich – finanzielle Vorteile. Viele Einnahmen, die durch das Anbieten von Waren und Dienstleistungen im privaten Bereich entstehen, werden in der Regel nicht versteuert oder deklariert.

Ebenso wird kritisiert, dass viele Sharing-Economy-Plattformen ein großes, nicht zu unterschätzendes Gefahrenpotenzial hinsichtlich der Privatsphäre der Teilnehmer darstellen. Viele Daten wie beispielsweise Name, Wohnort, Aufenthaltsort, Vorlieben und Profilbilder der Sharing-Teilnehmer sind für Dritte von großer Bedeutung und sehr informativ.

Auch die Themen Mindestlöhne, Arbeitsschutz, Arbeitszeitregelungen oder Kündigungsschutz werden im Bereich der Sharing Economy kontrovers zwischen den Teilnehmern und Kritikern diskutiert.

Infobox

Eine Regulierung der Sharing-Angebote wird mittlerweile durch die nationalen Gesetzgeber teilweise durchgesetzt. Das Landgericht Frankfurt hat im März 2015 den Betrieb von **UberPop**, einem privaten Fahrdienst, verboten. Grund waren laut Landgericht die zur gewerblichen Personenbeförderung notwendigen Lizenzen.

3.2 Onlineshop

Der E-Commerce hat jedes Jahr so hohe Wachstumsraten wie kaum ein anderer Markt in Deutschland. Immer mehr Menschen bestellen im Internet und immer mehr Händler verkaufen online. So bietet es sich für Gründer eines Unternehmens im Handel mit Waren und Dienstleistungen an, einen eigenen Onlineshop zu eröffnen.

Ein **Onlineshop** ist eine Handelsplattform im Internet, auf der ein Unternehmen seine Waren und Dienstleistungen präsentiert und Kunden über das Internet einkaufen können.

Handlungssituation

Petra Boysen, Auszubildende zur Kauffrau im E-Commerce, ist im ersten Ausbildungsjahr bei einem Reiseunternehmen aus Filderstadt. Sie beschäftigt sich an diesem Vormittag mit der Eingabe der neuesten Angebote von verschiedenen Europareisen auf der Webseite des Unternehmens. Dazu muss sie die neuen Reiseangebote anlegen, die erstellten Bilder und Texte hochladen und die festgelegten Preise eingeben.

Während Petra die neuesten Angebote in das System einpflegt, kommt der Kollege Lars Gruber vorbei und erkundigt sich nach ihrer derzeitigen Tätigkeit.

Lars: *„Hallo Petra! Na, macht die Arbeit noch Spaß?"*

Petra: *„Danke der Nachfrage, Lars. Aber ja, bei den Bildern, die ich gerade auf unsere Webseite einfüge, bekomme ich richtiges Fernweh."*

Lars: *„Die Auswahl der richtigen Produktbilder ist eine der wichtigsten Aufgaben des Kaufmanns im E-Commerce. Du musst genau abwägen, welche Reisen bei unseren Kunden gut ankommen – und welche nicht."*

Petra: *„Ja, das ist gar nicht so einfach. Ein Onlinehändler muss seine Kunden immer im Blick haben und die neusten Trends kennen."*

Lars: *„Und die Veränderung der Vertriebsstrukturen haben sich nicht nur in der Tourismusbranche in den letzten Jahren drastisch verändert. Im Zeitalter des E-Commerce haben sich auch die Unternehmen aus dem Reisesegment dem wachsenden Trend angeschlossen und vermarkten ihre Produkte und Dienstleistungen auf elektronischem Weg. Die Hauptakteure beim sogenannten „E-Tourism" bzw. „Online-Travel" sind Fluggesellschaften, die Deutsche Bahn – ja und wir, die Reiseveranstalter."*

Petra: *„Beim Aufbau und der Pflege eines Onlineshops müssen viele Entscheidungen getroffen werden. Zum Beispiel lernen wir gerade in der Berufsschule, wie der richtige Umgang mit den unterschiedlichen Angeboten an Shop-Software-Systemen ist, da bei vielen Einsteigern im E-Commerce diese Erfahrungen nicht vorhanden sind."*

Lars: *„Vereinfacht könnte man sagen, dass es sich bei einem Onlineshop um eine Internetpräsens in Form einer Webseite handelt, bei der das richtige Shopsystem wichtige Funktionen für den E-Commerce übernimmt. Zum Beispiel eine Shop-Datenbank für Produktinformationen, ein Präsentationssystem oder Schnittstellen zu den Bezahlsystemen, der Lagerhaltung oder der Webanalyse."*

Petra: *„Genau. Prinzipiell lässt sich ein Webshop mit entsprechendem Know-how und ausreichend Zeit von Grund auf selbst programmieren."*

Lars: *„Allerdings haben die meisten Gründer eines Webshops nicht die dafür notwendigen Programmierkenntnisse, wie beispielsweise HTML oder CSS, und greifen lieber auf eine auf sie zugeschnittene, professionelle E-Commerce-Software zurück."*

Petra: *„Die sogenannten Open-Source- bzw. Miet- und Baukastensysteme? Richtig?"*

Lars: *„So ist es. Gerade die Shopsysteme mit einem offenen Quellcode (Open Source) sind sehr beliebt und bei vielen Onlineshops sehr verbreitet. Die genaue Übersetzung bedeutet, dass der Programmcode für jeden offen zugänglich und durch regelmäßige Software-Updates immer auf dem neuesten Stand gehalten wird."*

Petra: *„Oh, das wusste ich nicht, Lars. Danke für die interessanten Informationen. Ich mache mich mal lieber wieder an die Arbeit und stelle den Datenfluss wieder her,* *sodass ich weiter die schönen neuen Reiseangebote nach Mailand und Madrid auf unserer Webseite einpflegen kann."*

Lars: (lacht) *„Tja Petra, wie sagt das gute alte Sprichwort immer: Ohne Sortiment kein Handel. In diesem Sinne wünsche ich dir noch einen schönen Arbeitstag mit vielen tollen Bildern."*

Aufgaben:

1. Überlegen Sie, warum Start-ups im Onlinehandel in der Regel auf Open-Source-Anwendungen bzw. Miet- und Baukastensysteme zurückgreifen, um ihre Onlineshops im Internet aufzubauen! Begründen Sie Ihre Meinung!
2. Das Anlegen von Produkten, das Hochladen von Texten, Bildern und Beschreibungen sind nur ein Teil der Aufgaben, die Kaufleute im E-Commerce zu bewältigen haben. Nennen Sie weitere Tätigkeiten, die in das Arbeitsfeld von Kaufleuten im E-Commerce fallen!

3.2.1 Planung, Anmeldung und Erstellung eines Onlineshops

Aus technischer Sicht ist das Erstellen eines Onlineshops einfacher denn je. Um einen Onlineshop jedoch langfristig erfolgreich zu betreiben, ist vieles zu beachten. Die Umsetzung sollte im Vorhinein gründlich geplant werden.

(1) Businessplan

Um einen Onlineshop erfolgreich zu gründen, sollte zunächst ein **Businessplan** erstellt werden.

Der **Businessplan** ist die Grundlage einer jeden Unternehmensgründung in Deutschland, da mit ihm die ersten Schritte zur Planung und **Umsetzung der Geschäftsidee** konkretisiert werden.

Für den Unternehmer ist ein Businessplan der **„rote Faden"** durch die ersten Jahre der Neugründung. Das Geschäftskonzept sollte **schriftlich und detailliert ausformuliert** werden.

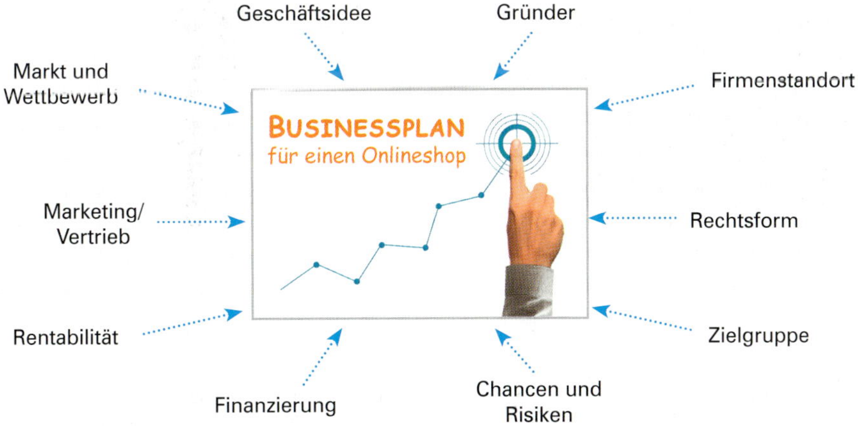

4 Lucas - ISBN 978-3-8120-0640-8

Aufbau und Inhalt eines Businessplans

Der **Aufbau** eines Businessplans ist klar strukturiert und in einzelne Kapitel gegliedert. Alle wesentlichen Inhalte werden kurz und prägnant zusammengefasst, sodass ein Überblick über das gesamte Projekt erfolgt. Je nachdem wie umfassend die Geschäftsidee für den Onlineshop ist, kann der Businessplan zwischen 20 und 50 Seiten umfassen.

- Ein Businessplan beginnt mit der Beschreibung der **Geschäftsidee.**
- Darüber hinaus sollten u. a. die **Kundenstruktur** mit den vorhandenen **Zielgruppen** am Gründungsort, die **Wettbewerbsbedingungen,** die Planung für das gesamte **Marketingkonzept,** eine detaillierte **Finanzierungsplanung** sowie die **Chancen** und **Risiken** der Unternehmensgründung dargelegt werden.
- Zu jedem Businessplan gehört zudem ein Lebenslauf, Arbeits- und Schulzeugnisse, Gesellschaftsverträge sowie vorhandene Pacht-, Franchise- oder Mietverträge.

Konkret sollten sich Gründer eines Onlineshops mit den Fragen beschäftigen,

- an wen sich das Angebot richtet,
- welche Waren und Dienstleistungen angeboten,
- welche Preisstrategien dabei verfolgt werden sollen und
- welche Vertriebswege und Distributionsmöglichkeiten genutzt werden können.

Eine genaue Definition der **Zielgruppe** (beispielsweise ausschließlich Privatkunden, spezielle Kundengruppen wie Senioren, Jugendliche oder weibliche Kunden) ist nicht zuletzt für die Design- und Sortimentsgestaltung von besonderer Bedeutung. Zudem sollte im Businessplan über die vorherrschende **Konkurrenzsituation** nachgedacht werden, da hier die Chancen und mögliche Schwachpunkte der angebotenen Waren formuliert und nach genauer Betrachtung des Marktes eventuell wieder verworfen werden könnten. Wie die angebotenen Waren- und Dienstleistungen im Onlineshop verkauft werden sollen, wird mit einer genauen **Marketingplanung** durchgeführt. Dabei sollte eine mögliche Verkaufsstrategie vor allem auch unter finanziellen Aspekten geplant werden.

Vorteile eines Businessplans

Die Erstellung eines Businessplans bringt einem Gründer u. a. folgende **Vorteile:**

- Ein Businessplan kann auch später für die **Überprüfung** der eigenen Planung im Sinne einer Erfolgskontrolle herangezogen werden.
- Zudem ermöglicht ein Businessplan Gründern auch, ihre Geschäftsidee potenziellen Investoren vorzulegen, um evtl. weiteres Kapital für die Gründung des Onlineshops zu erhalten. Viele Investoren entscheiden anhand eines Businessplans, ob eine Beteiligung am Onlinegeschäft realisierbar ist oder nicht.
- Nicht zuletzt können mithilfe eines Businessplans auch **staatliche Fördermittel** beantragt werden.

Um den Businessplan bzw. die dahinterstehende Geschäftsidee anderen möglichst prägnant und verständlich vorstellen zu können, bietet sich die sogenannte **„Elevator-Pitch-Methode"** an.

Infobox

Elevator Pitch ist eine Methode, um eine Idee kurz zusammenzufassen. „Elevator" ist das englische Wort für Fahrstuhl und sozusagen der Hintergrund für diese Methode:

Kann eine Person einen unbeteiligten Dritten während einer Fahrt in einem Fahrstuhl von seiner Geschäftsidee überzeugen, verabreden sich beide zu einem neuen Termin an einem anderen Ort, um diese erneut, aber diesmal in Ruhe, zu besprechen.

(2) Mögliche Schwierigkeiten bei der Gründung eines Onlineshops

Statistiken der Jahre 2014 bis 2017 aus dem Bereich der mittelständischen Unternehmen und Einzelgewerbetreibenden zeigen, dass von 100 neu gegründeten Onlineshops 44 innerhalb eines Jahres wieder schließen bzw. offline gehen mussten. Dabei blieb der Großteil der neu gegründeten Onlineshops innerhalb der ersten zwei Jahre im Schnitt unter 1 000,00 EUR Umsatz im Monat. Diese Zahlen belegen, wie schwer es ist, einen Onlineshop professionell zu betreiben und Produkte im Internet zu verkaufen.

Gründe für das das **Scheitern** von Onlineshops können vielfältig sein. Unter anderem kommt es nicht selten vor, dass Existenzgründer im E-Commerce ihre Qualifikationen und die Arbeit an einer Webseite **unterschätzen.** Gründer sollten über ausreichende betriebswirtschaftliche Grundkenntnisse (Buchhaltung, Warenwirtschaft, Steuern etc.) verfügen sowie Interesse an Internetaktivitäten mitbringen. Verfügt man nicht über technisches Know-how (wie z. B. Hosting oder Programmierung eines Onlineshops), sollten die hierfür entstehenden Kosten schon bei der Planung berücksichtigt werden.

(3) Vorteile und Nachteile eines Onlineshops

Vorteile	Nachteile
• Geringere Einstiegskosten gegenüber einem Ladengeschäft. • Ständige Öffnungszeiten. • Weltweites Verkaufen möglich. • Vernetzung zwischen stationärem und Onlinehandel ermöglicht Umsatzsteigerung. • Gewinnung von Neukunden.	• Wissen in den verschiedensten Bereichen nötig. • In der Regel werden IT-Fachleute benötigt. • Hoher Zeitaufwand für das Einstellen der Waren in den Shop. • Hoher Aufwand für Verpackung, Warenversand, Eingliederung von Retouren in das Warenwirtschaftssystem. • Vernetzung von Onlineshop und Warenwirtschaftssystem notwendig. • Werbeaufwand, um den Onlineshop bekannt zu machen.

(4) Anmeldung eines Onlineshops

Ist die **Eröffnung eines Onlineshops** in Deutschland geplant bzw. ein eigenes Online-Handelsgewerbe gegründet, muss vorab eine verpflichtende **Gewerbeanmeldung** durchgeführt werden. Bevor der Handel über die Online-Plattform also starten kann, müssen alle Behörden – Finanzamt, Berufsgenossenschaft, Gesundheitsamt, Industrie- und Handelskammer – über das neu gegründete Gewerbe informiert werden.

Bei der Neugründung des Gewerbes ist es wichtig, eine geeignete **Bezeichnung** für seine **Onlinetätigkeiten** auszuwählen, um beim Handel mit Produkten eine hohe Flexibilität zu behalten.

Da beim Onlineshop der Verkauf von Waren und Dienstleistungen Gewinne abwirft, muss neben einer Gewerbeanmeldung auch das rechtliche Fundament durch die passende **Unternehmensform** festgelegt werden: Gewählt werden kann z. B. eine GmbH (25 000,00 EUR Kapitaleinlage), eine Unternehmergesellschaft (UG, 1,00 EUR Stammkapital) oder eine Einzelunternehmung bzw. GbR (jeweils ohne Kapitaleinlage).

Zwei Wochen nach der Anmeldung des Gewerbes bzw. der Bekanntgabe der selbstständigen Tätigkeit erhält der Gründer einen **Fragebogen zur steuerlichen Erfassung** vom Finanzamt zugesandt.

Hierin müssen u. a. nachfolgende Angaben gemacht werden:

- Anschrift des Unternehmens,
- Art des ausgeübten Gewerbes,
- Zugehörigkeit zu einer Kammer,
- Gründungsform,
- voraussichtliche Einkünfte
- etc.

Um mit dem Verkauf im Onlineshop starten zu können, erhält der Unternehmensgründer nach dem Ausfüllen des Fragebogens vom Finanzamt eine neue **Steuernummer.**

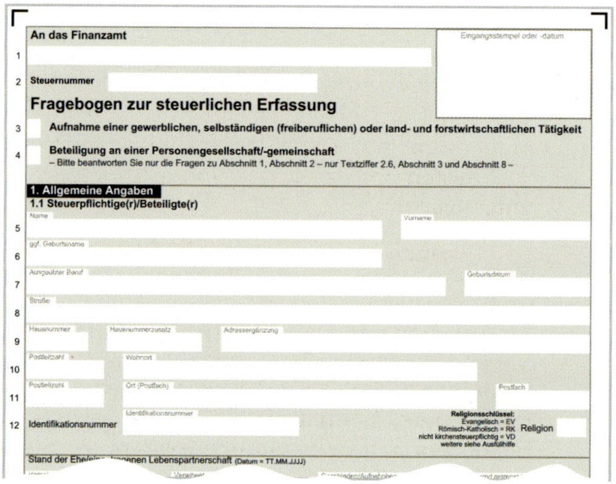

An das Finanzamt

Eingangsstempel oder -datum

1

2 Steuernummer

Fragebogen zur steuerlichen Erfassung

3 Aufnahme einer gewerblichen, selbständigen (freiberuflichen) oder land- und forstwirtschaftlichen Tätigkeit

4 Beteiligung an einer Personengesellschaft/-gemeinschaft
– Bitte beantworten Sie nur die Fragen zu Abschnitt 1, Abschnitt 2 – nur Textziffer 2.6, Abschnitt 3 und Abschnitt 8 –

1. Allgemeine Angaben

1.1 Steuerpflichtige(r)/Beteiligte(r)

5 Name | Vorname

6 ggf. Geburtsname

7 Ausgeübter Beruf | Geburtsdatum

8 Straße

9 Hausnummer | Hausnummerzusatz | Adressergänzung

10 Postleitzahl | Wohnort

11 Postleitzahl | Ort (Postfach) | Postfach

12 Identifikationsnummer | Identifikationsnummer | Religionsschlüssel: Evangelisch = EV, Römisch-Katholisch = RK, nicht kirchensteuerpflichtig = VD, weitere siehe Ausfüllhilfe | Religion

Stand der Ehe/ei... ...enen Lebenspartnerschaft (Datum = TT.MM.JJJJ)

Quelle: www.formulare-bfinv.de/ffw/resources/ticket/B3695523431F339EB317-1043/034250.pdf

Infobox

Wichtig bei Neugründung eines Onlineshops im E-Commerce sind die passenden **Versicherungen** für den Online- und Versandhandel.

Beispielsweise wird der Abschluss einer **Geschäfts- und Betriebshaftpflichtversicherung** empfohlen – auch Firmenhaftpflichtversicherung genannt. Dies ist eine Versicherung zur Absicherung von Unternehmern, Selbstständigen sowie Freiberuflern bei Personen- und Sachschäden Dritter.

(5) Erstellen eines Onlineshops

Nicht nur Neugründer, sondern auch immer mehr stationäre Händler entscheiden sich aufgrund der erhöhten Wettbewerbssituation sowie engeren Kundenbindung, einen Onlineshop einzurichten.

Aus technischer Sicht ist der Einstieg in den E-Commerce-Bereich aufgrund vorgefertigter **Shopsysteme** bzw. vieler Anbieter sogenannter **Baukastensysteme** für das Erstellen von eigenen Internetseiten einfacher denn je.

Infobox

Entscheidet sich ein Händler, beispielsweise aufgrund fehlender technischer Kenntnisse oder mangelnder finanzieller Rücklagen zunächst für den Verkauf über eine **Online-Plattform** wie Amazon oder eBay, kann dies für den Einstieg in den Onlinehandel sogar empfehlenswert sein.

Allerdings fallen hierfür **langfristig hohe Gebühren** und produktabhängige **Provisionen** an, die sich schnell auf hohe Geldbeträge summieren und den Einstieg ins E-Commerce dann wiederum unattraktiv machen.

3.2.2 Auswahl des Shopsystems

Shopsysteme sind Softwareprogramme, die alle notwendigen Funktionen für einen Onlineshop beinhalten.

Shopsysteme lassen sich in unterschiedliche **Arten** einteilen:

- **Miet-Shops bzw. SaaS-Lösungen** (siehe auch Kap. 3.2.4 Onlineshop in der Cloud), bei denen eine monatliche Grundgebühr zu zahlen ist.
- **Kauf-Lösungen** werden in der Regel per Einmalzahlung erworben.
- **Open-Source-Systeme,** bei denen der Quellcode kostenfrei offenliegt, sodass diese selbst weiterentwickelt und angepasst werden können.
- **Eigenentwicklungen,** die für die eigenen Anforderungen programmiert werden und meist sehr zeit- und kostenintensiv sind.

Mittlerweile gibt es eine riesige Auswahl von Shopsystemen: von einfachen bis komplexen Systemen, die sich in ihren Shopfunktionen, Integrationen und Zahlungsoptionen unterscheiden.

Bei der Auswahl für „das richtige" System ist zu überlegen, ob die Shopsoftware gemietet oder gekauft werden soll. Entscheidend sind dabei zum einen die persönlichen Vorstellungen von der Internetpräsens und zum anderen die finanziellen Möglichkeiten des Shopgründers.

Nicht zuletzt spielen auch die Programmierkenntnisse eines Onlinehändlers eine große Rolle bei der Shopauswahl. Vor diesem Hintergrund werden im Folgenden das **Baukastensystem** und **Open-Source-System** dargestellt.

(1) Baukastensysteme

Mit einem **Baukastensystem** ist es möglich, einen Onlineshop ohne Programmierkenntnisse für Webseiten und mit wenig Aufwand zu erstellen.

Mithilfe von Baukastensystemen kann man mit nur wenigen Klicks sein Shopdesign, seine Produktpaletten, Zahlungsmittel, Versandmögkeiten sowie Produktbilder mit Preisen und Beschreibungen festlegen und einen funktionsfähigen Onlineshop selbst ins Netz stellen.

Bei Baukastensystemen wird meist ein **Mietmodell** eingesetzt. Die monatlichen Gebühren sind dabei relativ gering: von 30,00 EUR für einfache Shopsysteme mit einer geringen Produktanzahl bis 100,00 EUR für komplexere Systeme.

Beispiel

Es gibt eine Vielzahl unterschiedlicher Anbieter von vorgefertigten „Onlineshop-Baukästen", beispielsweise von *Jimdo, Strato* oder *1&1.*

Besonders Webseitenbetreiber, die **kein technisches Verständnis** für die Seitenpflege mitbringen oder Unternehmensgründer, die **nicht viel Zeit** in eine Webseite investieren möchten, können mit einem solchen Baukasten potenzielle Kunden auf ihre Seiten ziehen. Vor allem die **fertigen Designvorlagen,** die bei den meisten Anbietern einschließlich des gesamten **Hostings** (vgl. Kap. 3.2.3) angeboten werden, und die **leichte Einrichtung** machen diese Baukastensysteme für Gründer eines Onlineshops so attraktiv. Allerdings kommen sie sehr schnell an ihre Grenzen, wenn z. B. spezielle Zusatzfunktionen erwartet oder individuelle bzw. aufwendigere Designmöglichkeiten gebraucht werden.

Zusammengefasst sind mit Mietshops im Baukastensystem insbesondere folgende **Vor- und Nachteile** verbunden:

Vorteile	Nachteile
• Sehr schneller Start der Webseite.	• Keine individuellen Designmöglichkeiten.
• Einfache Handhabung.	• Keine Abgrenzung vom Wettbewerb, da direkte Differenzierung fehlt.
• Geringes Einstiegsrisiko.	• Geringe Flexibilität.
• Geringe Investitionskosten.	• Eingeschränkte Skalierbarkeit.
• Keine Programmierungskenntnisse erforderlich.	• Mindestvertragslaufzeiten.
• Kostenlose Test- und Demoversionen.	• Hohe Abhängigkeiten.

(2) Open-Source-Shopsysteme

- Ein **Open-Source**[1]**-System** basiert auf einer speziellen Anwendersoftware, die vom Anbieter kostenlos zur Verfügung gestellt wird.
- Der **Quelltext** ist offen, sodass diese Systeme selbst weiterentwickelt und angepasst werden können.

Open-Source-Shopsysteme setzen sich im E-Commerce – vor allem in mittelständischen Unternehmen – immer stärker durch. Bekannte Open-Source-Systeme wie *Magento, PrestaShop* oder *Oxid* bieten zusätzlich zu ihren **kostenlosen Basismodellen** auch auf die individuelle Zielgruppe zugeschnittene **Eigenentwicklungen** an. Diese professionellen Websysteme werden meist durch eine große Nutzercommunity betreut, die bei bestimmten Problemen kontaktiert werden kann.

Bei diesen Open-Source-Shopsystemen werden vom Betreiber **Programmierkenntnisse** für die Einrichtung und Pflege benötigt. Sind diese EDV-Kenntnisse nicht vorhanden, kann man sich Unterstützung bei Webdesignern bzw. Webseitenentwicklern suchen, die sich kostenpflichtig um die Schnittstellen oder **Add-Ons**[2] kümmern.

Infobox

In anderen Bereichen werden **Add-Ons** zu kostenloser Open-Source-Software z. B. für Mail- und Bildbearbeitungsprogramme oder bei Browsern wie Mozilla, Firefox oder Internet Explorer häufig als Download zur Verfügung gestellt.

In Deutschland haben sich viele **E-Commerce-Agenturen** auf die Programmierung und Betreuung von Open-Source-Shops spezialisiert. Sind die Anforderungen und Bedürfnisse für den Onlineshop hoch (z. B. Filterfunktionen, Produktanzahl und Einbindung, Schnittstellen etc.) steigen mit den Erweiterungen auch schnell die Kosten.

1 **Open source** (engl.): offene Quelle. Das heißt, dass der Quellcode einer Software auch für Dritte offen und frei zugänglich ist.

2 **To add** (engl.): hinzufügen, anhängen.

Mittlerweile zählen viele integrierte Funktionen zu den **Standards** von Open-Source-Shopsystemen. Dazu zählen u.a.:

- Shopfunktionen für digitale Produkte
- Warenwirtschaftsfunktionen (z.B. Lagerbestandskontrolle)
- Schnittstellen zu konventionellen Bezahlanbietern
- Kundenservice, Bewertungsfunktionen, Retourenabwicklung
- Produktempfehlungsbutton via Social-Media-Kanäle
- Newsletter und Mailingmöglichkeiten
- Sicherheit durch SSL-Zertifikat (Verschlüsselungsprotokoll zur Datenübertragung)
- Google-Analytics-Integration

Zusammengefasst sind mit Open-Source-Shopsystemen u.a. folgende **Vor- und Nachteile** verbunden:

Vorteile	Nachteile
• Individuelle Designmöglichkeiten. • Viele technische Möglichkeiten für Zusatzfunktionen. • Hohe Flexibilität. • Gute Skalierbarkeit. • Abgrenzung von Mitbewerbern durch z.B. individuelles Shop-Design. • Eigener Markenaufbau möglich.	• Programmierkenntnisse erforderlich. • Gegebenenfalls externe Dienstleister notwendig. • Lange Vorbereitungszeit bis zum Webseitenstart. • Hohe Investitionskosten. • Großes Einstiegsrisiko.

Infobox

Einen Vergleich der beliebtesten Open-Source-Shopsysteme finden Sie im Internet unter:
www.ionos.de/digitalguide/online-marketing/verkaufen-im-internet/onlineshop-software-shopsysteme-im-vergleich/

3.2.3 Auswahl eines Webhosters

Nach der Entscheidung für ein Shopsystem muss ein geeigneter Webhoster gefunden werden, der Speicherplatz im Internet für den eigenen Onlineshop anbietet. Alternativ könnte auch ein **eigener Server** verwendet werden, was aber sehr aufwendig und kostenintensiv ist. Aus diesem Grund werden von vielen Onlineshop-Betreibern die Vorteile des **Webhostings** genutzt.

Infobox

Im Allgemeinen versteht man unter **Hosting** (engl. „host" für Gastgeber) das Dienstleistungsangebot Dritter für das Erstellen und Veröffentlichen von Internetaktivitäten.

Damit große Datenmengen im weltweiten Netz rund um die Uhr platziert werden können, lautet eine Faustregel im Umgang mit Onlineshops: *„Keine Internetseite funktioniert ohne **Webhosting!**"*

- **Webhosting** ist eine Dienstleistung, bei der Speicherplatz für Internetseiten auf externen Servern gegen Entgelt zur Verfügung gestellt wird.
- Dieser Speicherplatz, auf dem alle Daten unter einer festen Adresse rund um die Uhr bereitgestellt und abgelegt werden können, wird auch als **Webspace** bezeichnet.

Auf dem Markt gibt es mittlerweile ein riesiges Angebot an Webhostern. Um einen **zuverlässigen Dienstleister** zu finden, sollten folgende Aspekte berücksichtigt werden:

- Bei kleineren Homepages reichen i.d.R. Speicherkapazitäten von geringem Umfang (ein Gigabyte) aus. Je umfangreicher die Webseite eines Onlineshops geplant wird (z.B. mit vielen integrierten Benutzerkonten), desto mehr Webspace wird benötigt.
- Der Webserver sollte leistungsstark sein, sodass Webseiten schnell geladen werden können und keine Serverausfälle auftreten.
- Zudem sollte eine eigene Domain zur Verfügung gestellt werden, die dazu passenden E-Mail-Adressen und ein ausreichendes Traffic-Kontingent.
- Der Hoster sollte so flexibel sein, dass Betreiber eines Onlineshops bei Bedarf weitere Leistungen, wie beispielsweise einen Homepage-Baukasten, Virenschutzprogramme, SSL-Zertifikate oder weitere Software-Installer, dazu buchen können.

Neben dem traditionellen Webhosting gibt es auch die Möglichkeit, des **Cloud-Hostings.** Onlineshops können auch als **Software as a Service (SaaS)** in einer Cloud betrieben werden.

3.2.4 Onlineshop in der Cloud

Cloud-Computing bietet im E-Commerce durch die flexible Bereitstellung von IT-Diensten enorme Vorteile. Für Onlinehändler ist es besonders wichtig, schnell auf Daten zugreifen und Kunden kurze Ladezeiten bieten zu können – sonst wandern viele Kunden mit nur einem Klick zur Konkurrenz ab. Vor diesem Hintergrund ist eine Cloud – vor allem für Kleinunternehmer eine effiziente und meist kostengünstige Möglichkeit, Daten und Dienste auszulagern, um seine Shop-Performance zu verbessern.

(1) Begriff Cloud-Computing

Beim **Cloud-Computing** stellen Dienstleister Rechen-, Speicher- und Netzwerkkapazitäten auf Servern zur Verfügung.

Der Standort dieser Server kann überall auf der Welt sein. Durch schnelle Datenleitungen kann man von überall auf benötigte Daten zugreifen und Dokumente in der Cloud („Rechenwolke“) bearbeiten und abspeichern.

Im Cloud-Computing werden verschiedene Dienstleistungen angeboten, die individuell an die eigenen Bedürfnisse angepasst werden können:

- Bereitstellung von Computersoftware (Apps und Dienste)
- Bearbeiten und Analysieren von Dokumenten und Daten
- Streamen von Audio- und Videoinhalten
- Speichern, Sichern und Wiederherstellen von Dokumenten und Fotos
- Webseiten- und Bloghosting

Durch die Bereitstellung dieser Dienste können hohe Investitionen für Hard- und Software vermieden werden. Zudem wird hierbei nach Nutzung abgerechnet.

Der Zugriff auf die verschiedenen Dienste erfolgt über ein Netzwerk. Dabei wird zwischen drei **Cloud-Typen** unterschieden:

Öffentliche (Public) Cloud	• Ist jedem **über das Internet frei zugänglich.** • Die User teilen sich den Cloud-Dienst mit anderen Nutzern. • Die komplette Infrastruktur (Geräte, Software) und die gesamte Verwaltung werden bereitgestellt. • Viele Onlineshops nehmen diese Dienste von externen Cloud-Anbietern in Anspruch, um beispielsweise weitere Serverkapazitäten oder anspruchsvolle Office-Applikationen nutzen zu können.
Private Cloud	• Ist einem Unternehmen fest zugeordnet und kann daher nur von den Mitarbeitern dieses Unternehmens genutzt werden. • Die Cloud kann entweder im unternehmenseigenen Rechenzentrum betrieben oder aber auf individuellen Servern in geschützten Rechenzentren von externen Cloud-Anbietern genutzt werden (Kosten für Server-Anschaffung entfällt, Verwaltung und Wartung inklusive).
Hybrid Cloud	• Kombiniert Public und Private Cloud und kann damit unterschiedliche Anforderungen abdecken (Privatsphäre, Sicherheit). • Onlineshops können dann z. B. kritische Anwendungen in eine Private Cloud legen und andere Anwendungen über eine öffentliche Cloud anbieten.

(2) Cloud-Geschäftsmodelle

Cloud-Anbieter stellen Ressourcen auf unterschiedliche Art zur Verfügung.

Infrastructure as a Service (IaaS)	• Hier wird die **gesamte IT-Infrastruktur** (Hardware und Netzwerkkomponenten) angeboten. • Für die Auswahl, Installation, den Betrieb und das Funktionieren der Software ist der Nutzer selbst verantwortlich.
Platform as a Service (PaaS)	• Ist eine Dienstleistung, die in der Cloud eine Computerplattform für die **Entwicklung von Webanwendungen** zur Verfügung stellt. • Der Betreiber eines Onlineshops kann bei dieser Variante die gesamten und notwendigen Infrastrukturelemente aus Servern und Netzwerken sowie z. B. den Service zum Betreiben von Webseiten nutzen (ohne sich dabei mit der Serververwaltung beschäftigen zu müssen).
Software as a Service (SaaS)	• Hier sind anpassbare Software-Anwendungen enthalten. • Zugriff erfolgt über das Internet. Die Ressourcen sowie die Hardware werden mit anderen Nutzern geteilt – ohne dass dies bemerkbar ist. • Eine gängige SaaS-Anwendung sind webbasierte E-Mail-Programme, mit denen E-Mails empfangen und gesendet werden können, ohne die Funktionen oder die Server des E-Mail-Programms verwalten zu müssen. • Es gibt auch die Möglichkeit, einen **SaaS-Webshop** zu eröffnen (siehe nachfolgenden Abschnitt).

(3) Shopsystem in der Cloud

Bei einem SaaS-Webshop handelt es sich um ein Shopsystem in der Cloud. Bei SaaS-Systemen mietet der Onlinehändler eine Shopsoftware, die ein voll funktionsfähiges Shopsystem – wie z. B. Gestaltungsvorlagen und die wichtigsten Schnittstellen – enthält, sofort einsetzbar ist und auch das **Hosting** beinhaltet. Es wird direkt über den Hersteller auf dessen Hardware betrieben. Das heißt, der Softwareanbieter übernimmt den **Betrieb der Shopsoftware** inklusive der **zugehörigen Infrastruktur.** Somit können sich Shopbetreiber voll und ganz auf die Verwendung dieser Software konzentrieren.

Über einen **Webbrowser** kann der Kunde die Software nutzen und es fällt eine eindeutig kalkulierbare **Nutzungsgebühr** („Shopmiete") an. Diese kann je nach Anbieter zwischen 10,00 EUR und 200,00 EUR betragen.

Nachfolgend werden **Vor- und Nachteile von einem SaaS-Onlineshop** gegenübergestellt:

Vorteile	Nachteile
• Instandhaltung durch den Anbieter: schnelle Umsetzung technischer Erweiterungen durch stets aktuelle Hard- und Software. • Schnelle Inbetriebnahme und Bereitstellung des Shopsystems. • Stationäre und mobile Nutzung, da Zugriff über das Internet. • Hohe Sicherheitsstandards durch dezentrale Speicherung. • Effiziente Nutzerorientierung.	• Abtretung vertraulicher Daten. Sicherheitsrisiken einer Cloud: Gefahr des Datenmissbrauchs und Hackerangriffe. • Gefahr bei Anbieterinsolvenz: Verlust sämtlicher Daten und Dokumente. • Konstante und schnelle Internetverbindung ist notwendig. • Bei Wartungsarbeiten bzw. Offlinemodus kein Zugriff auf die Server möglich. • Kompatibilitätszwang mit fremden Betriebssystemen und Browsern.

3.2.5 Onlineshop-Gestaltung

Mit der Einführung eines Onlineshops ist nur der Grundstein für den Auftritt im Internet gelegt. Aufgrund der hohen Konkurrenzsituation ist eine professionelle Gestaltung sehr wichtig – aber auch sehr zeitaufwendig. Viele Unternehmen lassen ihren Onlineshop durch **Webdesign-Agenturen** erstellen und pflegen, weil neben dem guten Eindruck und der Auffindbarkeit im Internet auch eine klare Struktur wie Farbauswahl, Fotos, Dokumente etc. unabdingbar sind.

In den nachfolgenden Abschnitten werden folgende Themen im Rahmen der Gestaltung eines Onlineshops ausführlich behandelt:

- Shop-Design
- Call-to-Action-Buttons
- Trust-Siegel

In einer tabellarischen Übersicht werden die Merkmale einer erfolgreichen Onlineshop-Gestaltung anschließend zusammengefasst (siehe S. 63 f.).

(1) Shop-Design

Während im stationären Handel die Kunden schon die zentrale Entscheidung getroffen haben, das Geschäft zu betreten, um sich danach erst einmal in Ruhe umzuschauen, wird dieser Entscheidungsprozess in einem Onlineshop viel schneller bzw. ganz unterschiedlich getroffen.

Schon bevor ein potentieller Kunde den Onlineshop betritt, entscheidet er aufgrund der **gestalteten Webseite** (der erste Eindruck) und den **Navigationsmöglichkeiten,** ob er sich weiter umschauen möchte oder – bei Nichtgefallen – die Webseite sofort wieder verlässt.

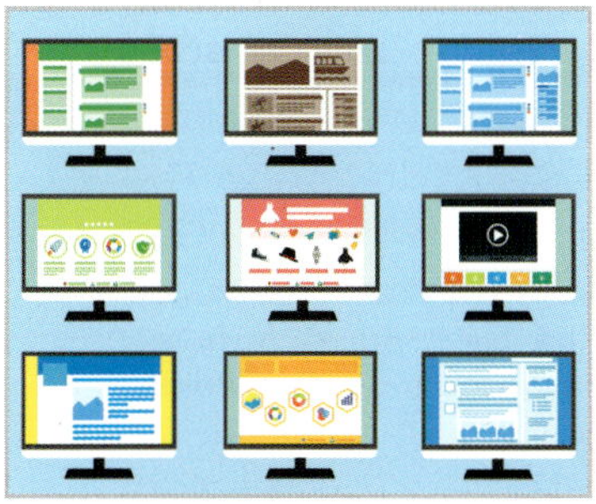

Der Kunde wird aufgrund des **Shop-Designs** dazu angeregt, die Seite virtuell zu betreten oder aber bei Nichtgefallen zu anderen interessanteren bzw. ansprechenderen Onlineshops weiterzuziehen. Genau dieser eine Klick entscheidet darüber, ob der Kunde bereit ist, im Shop einzukaufen oder nicht.

Oberstes Gebot, um Kunden auf der Webseite des Onlineshops halten zu können, ist ein **attraktives** und **fesselndes Shop-Design** – vergleichbar etwa mit der Vitrine oder Schaufensterdekoration des stationären Handels.

Im **Einzelhandel** wird seit Jahrzehnten versucht, über das **Visual Merchandising**[1] die Kunden mithilfe von Fachleuten, wie beispielsweise Schaufensterdekorateuren, Raumausstattern oder Werbegestaltern, anzusprechen. Beim **Onlinehandel** werden die Kunden am Computerbildschirm abgeholt bzw. visuell angesprochen. Die Tendenz, dass sich Betreiber von Onlineshops aufgrund von fehlender Erfahrung und geringem technischen Know-how bei der Gestaltung und Pflege ihrer Internetpräsens Unterstützung durch Experten holen, nimmt seit Jahren immer mehr zu.

- Zum einen steigen die Anforderungen der Kunden an das Äußere des Shops, in dem sie sich **gut zurechtfinden** und **wohlfühlen** können.
- Zum anderen müssen diese mit ihren großen Umfängen auch für **Suchmaschinen** verständlich sein.
- Zudem muss die Webseite des Onlineshops für die Kunden **informativ** und **verständlich** dargestellt bzw. **gut strukturiert** und **einfach zu bedienen** sein.

(2) Call-to-Action-Buttons

Ist ein potenzieller Kunde auf der Webseite eines Onlineshops angekommen, muss er eine klare Handlungsanweisung **(Call-to-Action)** erhalten, um auf der besuchten Internetseite bequem einzukaufen.

Call-to-Action (CTA) ist ein an den Besucher eines Onlineshops gerichteter Aufruf, um eine unmittelbare Reaktion zu erzielen: z. B. *„Newsletter – hier anmelden!“* oder *„Erleben Sie hier mehr“.*

1 Förderung des Absatzes durch visuelle (durch Sehen/Licht), akustische (durch Hören/Musik), olfaktorische (durch Riechen/Düfte), gustatorische (durch Schmecken/Essen) und haptische (durch Tasten/Berühren) Impulse.

Abgeleitet von der AIDA-Formel,[1] wobei am Ende die Action, also die Handlung des Beworbenen steht, ist das **Ziel** des **Calls-to-Action,** dem Besucher der Landing Page (siehe Infobox) den letzten und entscheidenden Impuls für eine gewünschte **Handlung** zu geben, die den Marketingzielen des jeweiligen Shops dient. Dazu zählen beispielsweise:

- Eingabe der Firmen- bzw. Kontaktdaten
- Aufforderung zur Benutzung einer Testversion
- Besuch von weiterführenden Webseiten
- Direkte Aufforderung zum Kauf
- Platzierung der Artikel im Warenkorb
- Terminvereinbarungen im Ladengeschäft u. v. m.

Infobox

- **Landing Page** (engl.), Landeseite oder auch Zielseite genannt, ist eine in erster Linie eingerichtete Webseite, die nach Anklicken eines Eintrags in einer Suchmaschine wie z. B. Google erscheint und ein bestimmtes Angebot in den Mittelpunkt stellt.
- Die Interaktion auf einer Landing Page geschieht mithilfe sogenannter **Response-Elemente** wie z. B. einem eingerichteten **Link** oder **Button.**

Der erste Eindruck vom Onlineshop bzw. Unternehmen mit seinen Produkten und Dienstleistungen wird über die Startseite im oberen Seitenbereich (für User, die nicht gerne scrollen) durch die Calls-to-Action vermittelt. Voraussetzung für eine Call-to-Action-Handlung der Besucher im Onlineshop sind **Sicherheit** und **Vertrauen** bei der Ausführung.

Der Schlüssel zu einer höheren **Conversion Rate** (Umwandlungsrate, siehe Kap. 6.2) sind wirkungsvolle und auffällig gestaltete Calls-to-Action. Nach Möglichkeit sollte der **CTA-Button farblich gestaltet** sein und sich deutlich vom Rest der Startseite abheben. Der Button wird vom Besucher am schnellsten bzw. einfachsten visuell erfasst, wenn er in der **Mitte** oder im **oberen Seitenbereich** platziert wird.

- Bei der **Gestaltung** der Startseite gilt das **Prinzip:** Je ausgefüllter eine Startseite gestaltet wird, desto weniger Wirkung hat die Call-to-Action (CTA).
- Das heißt, ein gut überlegter CTA in Verbindung mit einer ansprechenden Grafik auf einer nicht überfrachteten Startseite, macht die Besucher neugierig und weckt das Interesse für die angebotenen Waren.

Ein **Call-to-Action** besteht aus drei bestimmenden und aufeinander aufbauenden **Elementen:**

Elemente eines CTA	Erläuterung	Beispiele
Lead-In	Einführender Text, der über bzw. vor dem tatsächlichen Button steht, um Vertrauen beim User aufzubauen.	• Ihre Anmeldung ist kostenlos! • Jederzeit online kündbar! • Keine monatliche Verpflichtung!
CTA-Button	Button mit direktem Handlungsaufruf an den User bzw. dem Besucher der Webseite.	

1 **A**IDA ist ein Ausdruck aus dem Werbewirksamkeitsprinzip: **A**ttention (Aufmerksamkeit), **I**nterest (Interesse), **D**esire (Verlangen) und **A**ction (Handlung).

Elemente eines CTA	Erläuterung	Beispiele
Lead-Out	Nicht jeder Besucher einer Webseite lässt sich vom Handlungsaufruf überzeugen und klickt sofort auf den Button. Der Lead-Out soll unsicheren Besuchern ein **gutes Gefühl** vermitteln und nochmals auf die Datensicherheit hinweisen, das **Vertrauen** in die jeweilige Webseite stärken oder aber den User darauf aufmerksam machen, wofür seine Daten verwendet werden. Obwohl der Besucher des Onlineshops die Webseite verlassen möchte, lenkt der Lead-Out ihn nochmals zurück zur Call-to-Action, um die Handlung doch noch ausführen zu können.	• Ihre Daten werden nicht an Dritte weitergegeben! • Hohe Datensicherheit! Keine Weitergabe! • Wir respektieren den Datenschutz und verwenden deine Daten ausschließlich, um dich über neue Angebote zu informieren.

CTA ist ein besonders wichtiges Element im Rahmen der Optimierung eines Onlineshops (z. B. bei einer Anzeige mit Google Ads oder beim Schreiben von E-Mails bzw. Newslettern, siehe auch Kap. 5 Online-Marketingmaßnahmen). Dabei sollten folgende **Punkte beachtet** werden:

- Zielgerichtete und klare Formulierungen benutzen.
- Dringlichkeit beim Besucher vermitteln.
- Keine langen Sätze verwenden. Es gilt: Je kürzer, desto besser!
- Keine Bevormundung des Besuchers.
- Verwendung von aussagekräftigen Bildern mit vielen Farbkontrasten.
- Große und auffällige Buttons benutzen, damit diese auch mobil genutzt werden können.

(3) Trust-Siegel

Da der Kunde beim Internetkauf keinen persönlichen Kontakt zum Lieferer hat, ist für ihn die reibungslose Abwicklung des Internetkaufs sowie der Datenschutz von höchster Bedeutung. Viele Onlinehändler sichern ihren Kunden deshalb bestimmte Qualitätskriterien zu, um sie von ihrer Zuverlässigkeit bei der **Abwicklung des Warenversands,** der **Zahlung** und des **Datenschutzes** zu überzeugen. Erfüllt der Onlinehändler die Kriterien, kann er ein **Online-Gütesiegel** erwerben.

Beispiele

Die folgenden Gütesiegelanbieter werden von der INITIATIVE D21 empfohlen (vgl. www.internet-guetesiegel.de):

Studien u. a. vom Bundesverband des Deutschen Versandhandels belegen, dass Besucher von Onlineshops mit einem entsprechenden Trust-Siegel diese Shops durchschnittlich **vertrauenswürdiger** einschätzen, als einen Internetshop ohne Zertifizierung. Darüber hinaus wirken sich diese Siegel auch auf andere Eigenschaften des Onlineshops wie u. a. **Freundlichkeit** und **Kundenorientierung** positiv aus.

Infobox

Die Angebote an Gütesiegeln sind in den letzten Jahren immer mehr gestiegen. Oftmals ist es für Besucher eines Onlineshops schwierig zu unterscheiden, ob diese auch von seriösen und unabhängigen Stellen verliehen wurden.

Ein Indiz für die **Gültigkeit eines Zertifikates** im Onlineshop ist die Tatsache, dass sich dieses auch anklicken lässt und der Link direkt zum Gütesiegel des Shops bzw. zur Prüfstelle führt.

Mit Gütesiegel zertifizierte Onlineshops sollen bestimmte **Standards** erfüllen. Um ein Gütesiegel zu erhalten, werden eine meist aufwendige Prüfung sowie regelmäßige Kontrollen durchgeführt. Hierfür erheben die Prüfinstitute eine jährliche Gebühr. Durch diese Kontrollen erhöht sich die **Qualität des Onlineshops** und das **Vertrauen der Kunden** in die Abwicklung der Geschäfte wird gesteigert.

Auf **Seiten des Onlinehändlers** erhöhen Trust-Siegel die Seriosität und schützen zum Beispiel vor Abmahnungen oder Beschwerdevorgängen. Doch die zum Teil sehr hohen Gebühren für ein Trust-Siegel (s. u.) sind vor allem für kleinere Onlineshops oft eine große Hürde, da die finanziellen Mittel meist nicht ausreichen, um diese Kosten und den zeitlichen Aufwand zu tragen.

Die **wichtigsten drei Gütesiegel** im Onlinehandel sind:

Trusted Shops	• Eine Vergabe des Siegels erfolgt erst, wenn alle **Qualitätskriterien** erfüllt sind (u. a. rechtliche Vorgaben, Servicequalität). • Die **Qualitätsprüfung** wird vorgenommen anhand des Onlineauftritts, mit anonymen Testbestellungen oder außerplanmäßig bei vermehrten Kundenbeschwerden. • Es wird auch ein **Käuferschutz** angeboten (z. B. wenn eine Bestellung nicht ankommt). • Je nach Onlineumsatz und Leistungspaket werden für das Gütesiegel **Gebühren** von ca. 750,00 EUR bis 1 200,00 EUR pro Jahr erhoben. Zudem wird eine einmalige Einrichtungspauschale von ca. 100,00 EUR fällig. • Das Gütesiegel wird (nach Unternehmensangaben) von mehr als 20 000 Onlineshops in Europa geführt.
TÜV SÜD s@fer-shopping	• Das Gütesiegel wird hauptsächlich an deutsche Onlinehändler vergeben und ist nach eigenen Angaben das Gütesiegel mit den **häufigsten Testverfahren.** • Für diesen Zweck werden **viele Testkäufe** simuliert, bei denen der Onlinehändler auf die Kundenzufriedenheit und Benutzerfreundlichkeit seines Shops getestet wird. • Eine Vergabe des Gütesiegels erfolgt erst nach Überprüfung aller Testverfahren, wozu auch **unangekündigte Besuche** zu Kontrollzwecken gehören. Zudem wird der Auftritt des Onlineshops z. B. mithilfe von Fragebögen und bei eingehenden Kundenbeschwerden auch außerplanmäßig getestet. • Die jährlichen **Gebühren** für das Siegel sind abhängig von der Größe des Shops und dem Aufwand der Prüfer.
EHI Geprüfter Online-Shop	• Neben einer umfangreichen Prüfung von **Rechts- und Sicherheitskriterien** werden zusätzlich noch die Aspekte **Preistransparenz** und **Gestaltungsanforderungen** der AGB des Onlineshops überprüft. • Zudem müssen Onlinehändler mit EHI geprüfter Sicherheit mehrere Zahlungsarten anbieten, **Kundenanfragen** innerhalb von **drei Werktagen** beantworten und nachweisen, dass sie allen Informationspflichten nachkommen.

	• Das Institut überprüft in regelmäßigen Abständen den **gesamten** Onlineauftritt und mit stichprobenartigen Testkäufen die Produkte des Onlinehändlers. • Kunden können bei Problemen mit dem Onlineshop ihre Beschwerden auch direkt an das EHI weiterleiten, die diese dann auf direktem Weg mit dem Händler klärt. • Für ein EHI-Gütesiegel wird abhängig vom Bruttoumsatz eine jährliche **Gebühr** von ca. 800,00 EUR bis ca. 2000,00 EUR erhoben. Zudem wird eine einmalige Einrichtungspauschale von ca. 100,00 EUR fällig. • Das EHI-Gütesiegel ist eines der bekanntesten Gütesiegel im europäischen Onlinehandel.

Vergleicht man die drei o.g. Gütesiegel miteinander, sind zum Teil deutliche Unterschiede hinsichtlich der Kriterien und Vergabemöglichkeiten erkennbar:

- Der TÜV SÜD prüft die Betreiber nicht nur online, sondern wird vor Ort in einem persönlichen Gespräch vorstellig.
- Der EHI vermittelt besonders nutzerfreundlich bei Problemen zwischen Käufern und Betreibern direkt und aktiv zwischen den Streitparteien.

Grundsätzlich gilt bei der Zertifizierung durch ein Gütesiegel:

Je **höher** das **Vertrauen** in ein **Trust-Siegel** ist, desto **größer** wird auch die **Kaufbereitschaft** der potenziellen Kunden im Onlineshop ausfallen – dies gilt insbesondere, wenn zusätzlich Kundenbewertungen integriert werden.

Trust-Siegel sind eine gute und praktische Ergänzung zu den in der Europäischen Union und innerhalb Deutschlands durch den Verbraucherschutz abgesicherten und gesetzlich geschützten Rechten der Verbraucher. Die meisten Kriterien, die von den Vergabestellen der Gütesiegel bei den Onlinehändlern geprüft werden, orientieren sich daher sehr stark an den gesetzlichen Vorgaben der einzelnen Länder.

(4) Merkmale einer erfolgreichen Onlineshop-Gestaltung

Um einen Onlineshop erfolgreich zu betreiben, sind besonders nachfolgende Merkmale zu beachten.

Merkmal	Erläuterung
Sortiment/ Warenpräsentation	• Anpassung von Qualität, Auswahl und Preis der Ware an die Bedürfnisse der potenziellen Kunden. • Gute Beschreibung und Darstellung der Produkte durch Bilder, Vergrößerungsmöglichkeit, unterschiedliche Perspektiven, Videos. • Nutzerfreundlichkeit des Shops durch eine intelligente Suchfunktion mit Autosuggest (d.h. automatische Vervollständigung der Sucheingabe), die auch tolerant ist gegenüber Eingabefehlern der Benutzer (z.B. versteht das System auch *„Halsweh“*, wenn der Benutzer *„Halswej“* eintippt). • Gute Positionierung in den Suchmaschinen.

Merkmal	Erläuterung
Usability (Benutzerfreundlichkeit)	Einrichten einer **intuitiven Navigation**[1] durch den Shop für die Kunden.
Zahlungsabwicklung	Anbieten aller gängigen Zahlungsarten (z. B. PayPal, Kreditkarte, weitere siehe Kap. 3.3).
Rechtliche Voraussetzungen	Anpassung der **Allgemeinen Geschäftsbedingungen** (AGB) an die aktuelle Rechtsprechung. Vertrauen schaffen beim Kunden durch Angaben zum **Datenschutz, Umtausch und Rückgaberecht bzw. Garantie oder Gewährleistungsrechte.**
Open-Source-Software	Einsatz von Softwarelösungen (z. B. Zen Cart und osCommerce, siehe auch Kap. 3.2.2 Auswahl des Shopsystems), die die technischen und zeitlichen Anforderungen an die Pflege des Shops begrenzen.
Kundenservice	• Einrichten kundenfreundlicher und einfacher Abläufe für Bestellung, Versand, Abrechnung, Bezahlung und Reklamation. • Anbieten weiterer Kontaktmöglichkeiten (z. B. Telefon, E-Mail, stationäres Verkaufsgeschäft).
Onlinemarketing	Einsatz von Werbemaßnahmen über das Internet, um das Auffinden des Onlineshops zu erleichtern.

Beispiel: Sortiment/Warenpräsentation im Onlineshop[2]

Startseite

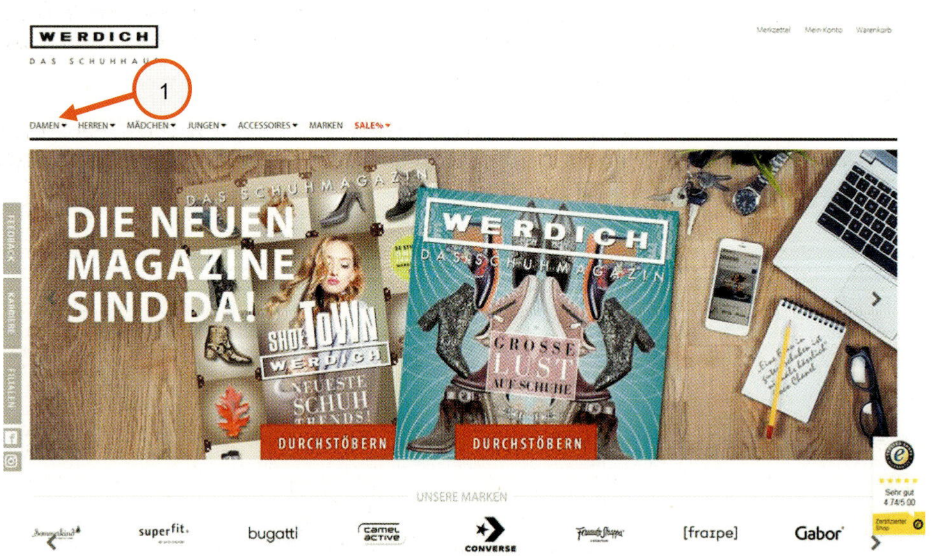

1 **Intuitiv**: unbewusst, aus dem Bauch heraus, ohne nachzudenken. Hier: Navigation durch den Shop, ohne zuvor den logischen Aufbau des Shops gedanklich zu durchdringen.

2 Quelle: https://www.werdich.com/ [12. 10. 2017].

Fenster nach Auswahl für „Sneaker“ aus den Schuhen für Damen

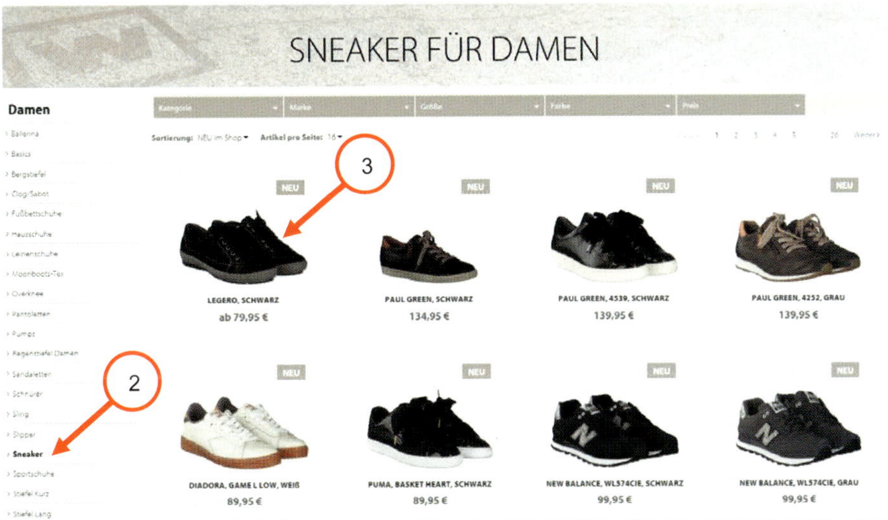

Fenster nach Auswahl von Legero, schwarz

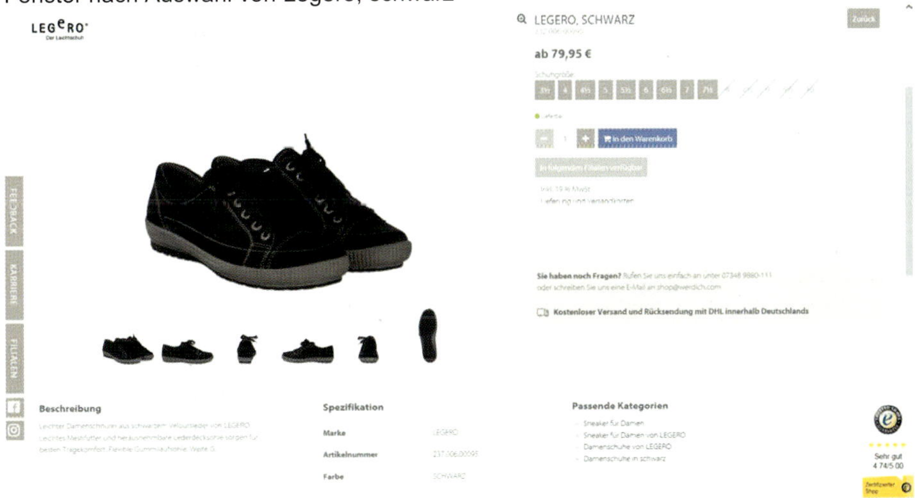

5 Lucas - ISBN 978-3-8120-0640-8

3.2.6 Pflege eines Onlineshops

Gegenüber dem stationären Handel hat der Onlinehandel mit dem eigenen Onlineshop viele Vorteile für die Betreiber, wie z. B. Öffnungszeiten rund um die Uhr, geringe Anfangsinvestitionen, geringer Personalbedarf, keine Ladenmiete, hohe Kundenreichweite – um nur einige Aspekte zu nennen.

(1) Aufgaben und Arbeitsaufwand

Dabei sind die **Hauptaufgaben des Onlineshop-Inhabers** insbesondere

- Bearbeitung von Bestellungen,
- Kundenservice,
- Produktpflege,
- Logistik (ggf. Wareneinlagerung, Versand etc.).

Aufgrund der Möglichkeit, innerhalb des Onlineshops den Kunden alle wichtigen Informationen über die angebotenen Produkte und Dienstleistungen anzubieten, kann sich der Betreiber eines Onlineshops wichtige Wettbewerbsvorteile gegenüber seinen Mitbewerbern am Markt erarbeiten. **Gut gepflegte, eindrucksvolle** und **vertrauenswürdige Produktdaten** bilden die Basis für einen erfolgreichen Onlineshop.

Der **Arbeitsaufwand,** um einen gut funktionierenden Onlineshop zu **pflegen,** hängt ab von

- der angebotenen **Warenvielfalt** (je mehr Produkte online angeboten werden, desto größer ist der damit verbundene Arbeitsaufwand) und
- den internen **Suchfunktionen** (beispielsweise Produkteigenschaften wie Hersteller, Farbe, Formen, Größen), mit denen die Kunden ihre Suche innerhalb des Onlineshops eingrenzen können.

Bei der Pflege eines Onlineshops geht es in erster Linie um das Anlegen bzw. Einrichten unterschiedlicher Artikel. Es müssen viele verschiedene **Produktbeschreibungen** angefertigt und eingestellt werden (Artikelname, Verkaufspreis, verschiedene Eigenschaften wie z. B. Gewicht oder Größe etc.). Dabei ist eine **genaue und explizite** Beschreibung der Artikel notwendig, da die Kunden eines Onlineshops die Waren nur an ihren Bildschirmen betrachten und nicht anfassen bzw. testen können. Zudem ist es wichtig, zu den eingestellten Artikeln auch die zugehörigen **Produktbilder** hinzuzufügen.

> **Infobox**
>
> Speziell in den Anfangsmonaten nach der Gründung ist das Anlegen von Artikelstämmen und Produktbildern sehr zeitintensiv.

Viele **Hersteller** stellen ihre professionell bearbeiteten **Produktbilder** den Onlineshops zwar kostenlos zur Verfügung, allerdings reichen diese häufig nicht aus, und es müssen eigene Bilder von den angebotenen Produkten (Detailaufnahmen, Anwendungsmöglichkeiten) angefertigt werden. Dies ist für die Betreiber nicht nur sehr kostenintensiv (Fotografen, Webdesigner, Fototechnik, Bearbeitungsprogramme), sondern bei eigens angefertigten Artikelfotos mit den entsprechenden Nachbearbeitungsprogrammen, wie beispielsweise Photoshop, auch sehr zeitraubend.

Der **zeitliche Aufwand** für die **Wartung und Pflege** eines bestehenden Onlineshops ist sehr individuell. Als Richtwert kann man im Durchschnitt von rund 10 Stunden pro Woche ausgehen.

Beispiel:

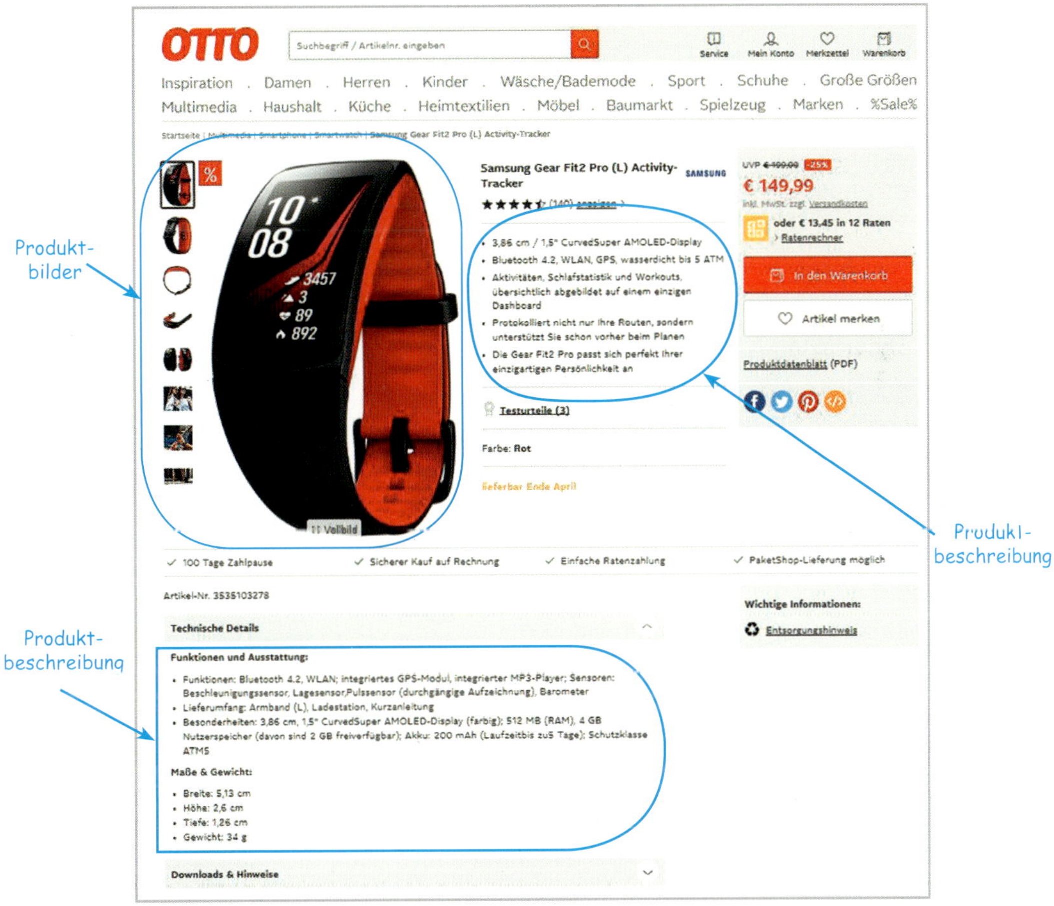

Quelle: www.ottto.de (Zugriff 28.03.2019)

In kleinen und mittelständischen Unternehmen mit eigenem Onlineshop übernehmen oftmals die Betreiber bzw. nach Möglichkeit die eigenen Mitarbeiter die Pflege des Onlinegeschäftes, da die externe Pflege der Webseiten durch Agenturen oder Webdesigner i. d. R. sehr kostenintensiv ist.

Ein weiterer wichtiger Bestandteil eines erfolgreichen Onlineshops ist ein gut durchdachtes und funktionierendes **Warenwirtschaftssystem,** da die Ware gegenständlich nicht vorhanden sein muss und die vorhandenen Artikeldatensätze oder die Versandkostenberechnung mit den dazugehörenden Filterfunktionen bestmöglich genutzt werden sollen.

(2) Angebotene Ware muss verfügbar sein

Hat ein Onlinehändler seine im Onlineshop aufgeführten Waren und Dienstleistungen nicht aktualisiert bzw. entfernt, wenn diese nicht mehr vorrätig sind, und wird solche Ware an einen Kunden verkauft, der diese beispielsweise per Vorkasse bezahlt, obwohl die Ware nicht lieferbar ist, handelt der Onlinehändler laut Urteil des Oberlandesgerichts Hamm **wettbewerbswidrig.**

Wird nicht vorrätige Ware dennoch im Internet zum Verkauf angeboten, stellt dies laut Gericht eine **unzulässige Lockvogelwerbung nach § 3 Abs. 3 UWG** (Gesetz gegen den unlauteren Wettbewerb) dar. Das Argument, ein Kunde könne seinen Kauf jederzeit wieder rückgängig machen, hielt der Richter für nicht stichhaltig: Kunden, die eine bestellte aber nicht lieferbare Ware schon bezahlt haben, neigen dazu, eine andere Ware zu nehmen, um eine rechtliche Auseinandersetzung mit dem Onlinehändler zu vermeiden.

3.2.7 Onlineshop-Optimierung

Viele Aufgaben, die nach der Eröffnung eines Onlineshops anfallen, stellen **besondere Anforderungen** an die Betreiber und müssen im Laufe der Zeit immer wieder **analysiert** und **optimiert** werden, um **konkurrenzfähig** zu bleiben.

Die Optimierung des Onlineshops stellt einen **fortlaufenden Prozess** dar, bei dem alle **Stärken und Schwächen** des Onlineunternehmens, d. h.

- beginnend mit der Erreichbarkeit und Schnelligkeit der Webseite
- bis hin zur Pflege der Kundendaten,

analysiert und an die Wünsche der Kunden angepasst werden muss.

> **Infobox**
>
> Um bei der Optimierung des Onlineshops keine wichtigen Punkte zu übersehen, erstellen viele Betreiber eine **Checkliste** (siehe S. 71), die sie regelmäßig durchgehen, um die dort aufgeführten Punkte auf ihre Wirksamkeit hin kontrollieren zu können.

Um einen Onlineshop erfolgreich zu betreiben, ist es besonders wichtig, dass sich die Besucher auf der Webseite wohlfühlen und gerne durch die verschiedenen Angebote surfen. Doch ähnlich wie im stationären Handel, wo Kunden nur zum Bummeln durch die Geschäfte gehen und sich die Produkte anschauen, aber nicht kaufen, verlassen auch „bummelnde" Kunden den Onlineshop **ohne Kaufabschluss.**

(1) Kaufabbrüche analysieren und auswerten

Obwohl der Warenkorb bereits mit den ausgewählten Produkten gefüllt ist und der Kunde sich bereits eine gewisse Zeit mit den Produkten beschäftigt hat, ist das Risiko für einen Kaufabbruch relativ groß.

> Im Rahmen der Onlineshop-Optimierung müssen **Kaufabbrüche,** die in letzter Sekunde geschehen, vom Betreiber des Onlineshops **analysiert** werden.

Ein Kaufabbruch hängt vom Einkaufsverhalten der einzelnen Besucher ab und kann verschiedene Gründe haben:

- zu hohe Versandkosten,
- fehlende Möglichkeit, mit dem Zahlungsmittel seiner Wahl bezahlen zu können,
- fehlendes Kundenkonto,
- attraktivere Preise in einem anderen Onlineshop,
- Versanddauer,
- technische Probleme.

Infobox

Aus technischen Gründen könnte es auch passieren, dass Daten im Warenkorb verloren gehen, weil der Besucher z. B. noch einmal auf den Seiten des Shops nach weiteren Produkten schauen möchte. Wenn dann anschließend alle Kundendaten neu eingegeben werden müssen, führt dies in der Regel auch zu einem Abbruch.

Auch **psychologische Gründe** können für einen Kaufabbruch verantwortlich sein, zum Beispiel, wenn ein potenzieller Kunde im Onlineshop kein Kundenkonto besitzt und seine Bestellung lieber anonym und unverbindlich durchführen möchte – aber dies vom Onlineshop nicht angeboten wird.

Zudem können auch **fehlerhafte Webseiten** oder **fehlende Informationen,** die unabdingbar für einen Kauf wären, zu einem Kaufabbruch im Onlineshop führen.

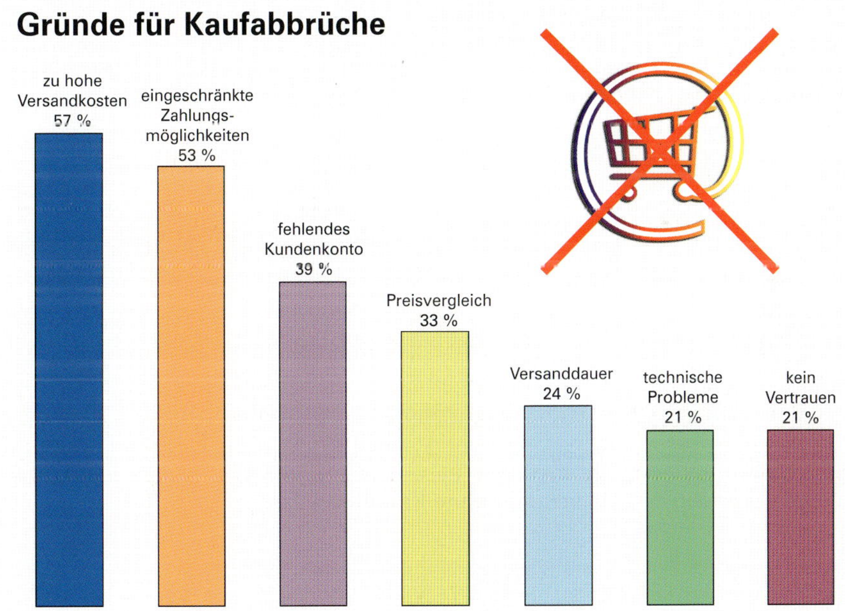

Quelle: Eigene Darstellung; Datenquelle: trbo.com

Zur **Auswertung von Kaufabbrüchen** kann ein **Tracking** (engl. für Verfolgung) im Onlineshop eingerichtet werden, um die Bewegung der Nutzer im Onlineshop verfolgen zu können.

Durch **Tracking** kann z. B. nachvollzogen werden,

- an welcher Stelle die Besucher der Webseite den Kauf abgebrochen haben,
- welche Produkte zuletzt betrachtet bzw. angeklickt wurden,
- von welchen Webseiten sie gekommen sind und
- ob es ein neuer oder bereits registrierter Kunde war.

Mithilfe dieser Daten können die Ursachen, die zum Kaufabbruch führten, herausgefunden werden. Auf Basis dieser Erkenntnisse können anschließend Verbesserungen vorgenommen und im besten Fall Fehler behoben werden.

(2) Check-out-Prozess optimieren

Um Kaufabbrüche zu vermeiden, sollte der sogenannte **Check-out-Prozess** so einfach bzw. so nutzerfreundlich wie möglich gestaltet werden.

Der **Check-out-Prozess** im Onlinehandel beginnt im Warenkorb und endet nach erfolgreicher Bestellung.

Der Check-out-Prozess sollte **nutzerfreundlich** ablaufen, d. h. es sollten z. B. vom Kunden nur wenige, aber für den Kauf relevante Daten abgefragt werden. Zudem sollte beim Check-out-Prozess rechtzeitig für Transparenz beim Einkaufen, z. B. bezüglich Versandkosten, dem Einlösen von Gutscheinen, gesorgt werden.

Beispiele

Hinweis auf Versandkosten:

Hinweis auf Gutscheine:

Gutscheine können im Bestellschritt „3. Prüfen & Bestellen“ eingelöst werden.

Außerdem sind für einen **nutzerfreundlichen Warenkorb** folgende Punkte zu beachten:

- Bereitstellung von Links zur Produktseite.
- Anzeige von Produktdetails mit dazugehörigen Bildern.
- Erleichterung des Bearbeitens (löschen, hinzufügen oder ändern) von Produkten.
- Klare Kostenauflistung mit dem Einlösen möglicher Gutscheincodes.
- Gute Positionierung von Call-to-Action-Buttons („Zur Kasse gehen“ oder „Zurück zum Shop“).

(3) Weitere Ansätze zur Onlineshop-Optimierung

- **Trust-Elemente**

Um fehlendes Vertrauen der Onlineshop-Besucher zu gewinnen, können Trust-Elemente (trust engl. für Vertrauen) im Warenkorb oder während des Bestellvorgangs genutzt werden.

Beispiel

SSL-Verschlüsselung
Sicherer Einkauf durch SSL-Verschlüsselung

- **Live-Chat**

Für eine kundenfreundliche Gestaltung von Bestellvorgängen im Onlineshop bietet es sich nach Möglichkeit auch an, einen Live-Chat einzurichten, um Kunden bei Problemen direkt ansprechen und helfen zu können.

- **Kauf auf Rechnung**

Onlinehändler, die die Warenkorbabbrecherquote senken wollen, sollten beim **Bezahlverfahren** in ihrem Webshop den Kauf auf Rechnung anbieten. Dies ist der häufigste Weg, im Internet zu bezahlen (Näheres zu Bezahlsystemen im E-Commerce siehe Kap. 3.3). Legt der Onlinehändler in seinem Webshop den Fokus auf die Steigerung seiner Umsätze, wären PayPal und der Online-Bezahldienst von Amazon Pay die besseren Alternativen.

(4) Checkliste Onlineshop-Optimierung

Performance (Leistung)

Ein wichtiger Check-up-Punkt ist die Schnelligkeit bzw. die Leistung der Webseite des Onlineshops, da Besucher die angesteuerte Seite schnell laden möchten und ungern darauf warten, dass diese zögerlich aufgebaut wird.

Um herauszufinden, ob die Servergeschwindigkeit für den Umfang des Onlineshops geeignet ist, sind sogenannte **Schnelligkeitstools,** wie beispielsweise **Google PageSpeed Insights** oder **WebpageTest.org,** für diesen Zweck sehr gut geeignet.

Da die Hälfte der Nutzer während des Ladevorgangs, der von ihnen aufgerufenen Seiten, diese wieder verlässt, muss auch eine mobile Optimierung vorgenommen werden.

Nur weil eine Webseite sehr schnell ist, heißt dies natürlich nicht, dass die Besucher des Onlineshops auch zu Kunden werden. Allerdings ist eine schlechte Usability hinderlich für die Nutzbarkeit und das Ranking bei Google – und damit auch für das Geschäft. Ist die Ladezeit der Webseite sehr langsam, nutzt auch das beste Preis-Leistungs-Verhältnis im Onlineshop nichts.

Eigene Darstellung; Datenquelle: www.konversionskraft.de/daten-fakten/website-performance-benchmark-deutscher-onlineshops-2018.html (Zugriff 05. 03. 2019).

Die die **Performance** lässt sich im Allgemeinen **erhöhen** mit

- einer einfachen Menüführung,
- implementierten Sicherheitszertifikaten,
- einem minimalistischen Design und
- dem Entfernen von „toten" Links und leeren Produktseiten.

Content (Inhalt)

Wichtig bei diesem Check-up sind die auf der Webseite verwendeten **Überschriften, Bilder** und **Fließtexte**. Weitere Inhaltspunkte, die überprüft werden müssen, sind:

- Sicherstellung von Filteroptionen auf den einzelnen Seiten
- Anpassung von Impressum, Datenschutz und Widerrufsbelehrung
- Überprüfung unterschiedlicher Bezahlarten
- Anzeige der verschiedenen Versandoptionen
- Optimierung des Kundensupports und der Anmeldeformulare
- Werbebanner und Links
- Zoomfunktionen bei Produktbildern und Artikelinformationen
- Produktbeschreibungen mit Preisinformationen
- Anleitungen, Maße, Farben etc.
- Produktfotos und -videos
- Keywords

Seitenaufbau

Der Check-up für den Aufbau der Seite sollte täglich durchgeführt und optimiert werden. Eine gute Seitenstruktur erhöht die Zufriedenheit der Kunden, da diese mit wenigen Klicks durch den Shop navigieren können. Zu einer guten Seitenstruktur zählen u. a.:

- Kundenbewertungen für jedes Produkt veröffentlichen
- Überprüfung der Browserfunktionalität
- Vermeidung von wiederkehrenden Textbausteinen
- Verlinkung von Bestsellern und Case-Studien bzw. Kundeninterviews
- Call-to-Action-Button im Suchfeld der Startseite aufführen

- Anbieten von unterschiedlichen Sprachoptionen
- Verwenden von Share-Möglichkeiten für Social-Media-Kanäle
- Logische Hierarchien der Kategorien auf der Startseite
- Optimierung der Transparenz durch Produkttitel und -informationen
- Nicht zu lange URLs nutzen
- Vermeidung von doppelten Inhalten
- Verwendung wiedererkennbarer Logos
- Einführung von Lernprogrammen, Tutorials oder Podcasts

Check-out

Der Check-out-Prozess ist für einen Onlineshop ein höchst sensibler Punkt, da hier das Geld mit schnellen und einfachen Aktionen verdient werden kann und der Kunde auf keinen Fall den Kaufabschluss abbrechen soll. Vor diesem Hintergrund sollte folgendes überprüft werden:

- Unterschiedliche Zahlungs- und Finanzierungsarten
- Niedrige Versandkosten
- Ansprechende Warenkorbbilder und Grafiken
- Verwendung von gut sichtbaren Trust-Siegeln
- Anlegen von Kundenaccounts nach Erteilung der Aufträge
- Verwenden von Check-out-Buttons
- Anbieten von Gutscheincodes und Produktproben
- Verwendung von Call-to-Action-Buttons

Support (Unterstützung)

Nachdem ein Kunde im Onlineshop eingekauft hat, benötigt er unter Umständen Unterstützung bei den erworbenen Produkten – und die ist in der Regel an keine Uhrzeit gebunden und findet nach Möglichkeit 24/7 statt.[1] Jeder erfolgreiche Onlineshop bietet in der heutigen Zeit seinen Kunden eine kontinuierliche und langfristige Betreuung an, um diese nicht zu verärgern oder sogar zu verlieren.

Ein guter Support sollte folgende Punkte beinhalten:

- Erreichbare Telefonnummern, die zu jeder Zeit bedient werden müssen
- Einrichtung eines Kundenchatrooms mit Livefunktion
- Kontaktaufnahme via E-Mail oder Kontaktformular
- Einrichten von Kundenforen
- Pflege und Bereitstellung von FAQs, sodass häufig gestellte Fragen angesammelt und beantwortet werden
- Einbindung von Social-Media-Kanälen
- Einrichtung von Tutorials für Problemlösungen

Infobox

FAQ ist die Abkürzung für **F**requently **A**sked **Q**uestions, engl. „für häufig gestellte Fragen".

1 24/7 steht für „rund um die Uhr" (d.h. 24 Stunden am Tag, sieben Tage die Woche).

3.3 Bezahlsysteme im E-Commerce

(1) Überblick

Innerhalb des E-Commerce gibt es verschiedene Möglichkeiten seine Waren und Dienstleistungen zu bezahlen. Welche Online-Bezahlsysteme beispielsweise bei der Gründung eines neuen Onlineshops mit eingebunden werden sollten, ist beim E-Commerce mitentscheidend über den Erfolg bzw. Misserfolg des Unternehmens. Die Kunden möchten es beim Einkauf im Internet möglichst einfach und vor allem sicher haben.

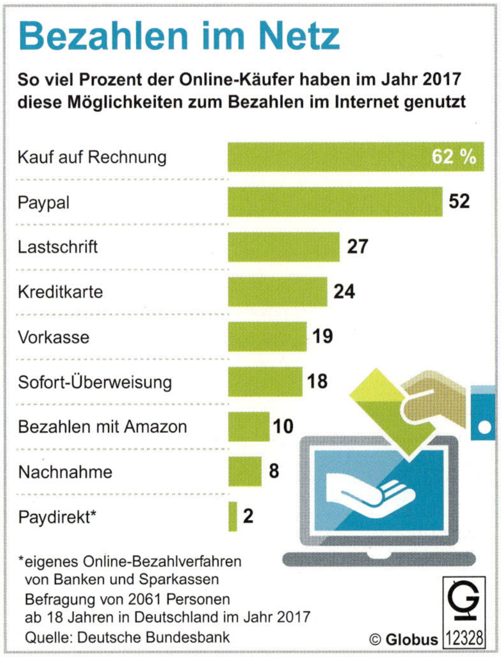

Der häufigste Weg, im Internet zu bezahlen, ist der Kauf auf Rechnung: 62 Prozent der Online-Käufer in Deutschland haben so mindestens einmal gezahlt. Knapp dahinter liegt der Online-Bezahldienst Paypal. In der Umfrage der Deutschen Bundesbank wurden 2061 Personen in Deutschland unter anderem gefragt, welche Bezahlmöglichkeiten sie im Internet nutzen. Die Bezahlung per Lastschrift, also Bankeinzug, nutzten 27 Prozent der Online-Shopper. Als Alternative zu Paypal und anderen Online-Diensten gründeten deutsche Banken und Sparkassen im Juni 2014 das Online-Bezahlverfahren Paydirekt. Mehr als 8000 Online-Shops bieten diese Möglichkeit der Bezahlung derzeit an. Zwei Prozent der Befragten bezahlten schon mindestens einmal über diesen Weg.

Neben den **„klassischen" Zahlungsmethoden im E-Commerce** – wie z.B. Kauf auf Rechnung, PayPal, SOFORT-Überweisung, Kreditkarte – gibt es insbesondere folgende Online-Bezahlverfahren:

- Google Pay
- Amazon Pay
- Giropay
- Klarna
- iDeal
- PostFinance E-Finance
- Prepaid-Karten wie Cash-Ticket, paysafecard

Wenn ein Anbieter von Waren und Dienstleistungen im Onlinehandel erfolgreich sein möchte, muss die Zahlungsabwicklung in seinem Onlineshop reibungslos ablaufen. Das heißt, die angebotenen Zahlungsverfahren müssen von den Kunden akzeptiert und Zahlungsausfälle auf ein Minimum reduziert werden.

Fehlt einem Kunden im Onlinehandel sein bevorzugtes Zahlungsmittel, so ist dies eines der häufigsten Ursachen für den **Abbruch** seines Einkaufs im Onlineshop. Eine Studie des Beratungs- und Forschungsinstitut ibi research der Universität Regensburg hat gezeigt, dass knapp 80 % der Kunden einen Kauf im Onlineshop abbrechen, wenn als Zahlungsmittel Vorkasse angeboten wird.

Infobox

Zum **Einfluss von Zahlungsverfahren** auf **Umsatz** und **Kaufabbrüche** im E-Commerce haben das ECC Köln und die Hochschule Aschaffenburg eine Studie[1] durchgeführt. Demnach konnten rund 70 % der Onlinehändler vor allem bei der Einführung von PayPal und Amazon Pay mit Umsatzsteigerungen um durchschnittlich 20 % rechnen. Auch durch die Einführung des Kaufs auf Rechnung bzw. per Kreditkarte konnten die Umsätze um 11 % gesteigert werden.

Grundsätzlich gilt, der Onlinehändler muss alle gängigen Zahlungsformen des Onlinehandels anbieten. In nachfolgender Tabelle werden **bevorzugte Zahlungsformen beim E-Commerce im Überblick** dargestellt.

Zahlungsform	Erläuterung
Kauf auf Rechnung	Beim Kauf auf Rechnung ist der Rechnungsbetrag erst **nach** Erhalt der Ware vom Käufer zu begleichen (z. B. durch eine Überweisung).
PayPal	Bei PayPal-Zahlungen überweist der Käufer von seinem Bankkonto den entsprechenden Betrag auf das PayPal-Konto. Nach Eingang des Betrags auf dem PayPal-Konto wird dieser sofort automatisch dem PayPal-Konto des Verkäufers gutgeschrieben. **Ausnahme:** Wenn der Käufer den Käuferschutz beantragt, erfolgt die Zahlung an den Verkäufer später.
Lastschrift	Hier übermittelt der Kunde bei seiner Bestellung dem Anbieter elektronisch eine einmalige Ermächtigung zum Einzug des Kaufpreises.
Kauf mit Kreditkarte	Hier gibt der Zahler dem Anbieter seinen Namen, seine Kreditkartennummer und das Verfalldatum der Kreditkarte an. Die Unterschrift des Zahlers ist nicht erforderlich. Für den Käufer besteht das Risiko, dass der Anbieter z. B. unberechtigte Zahlungen veranlasst. Außerdem können Kreditkartendaten von „Hackern" ausgespäht (entziffert) und anschließend missbräuchlich verwendet werden. Der Nutzer kann bereits im Vorfeld sein Risiko verringern, indem er z. B. nur **SSL** (**S**ecure **S**ocket **L**ayer)-verschlüsselte Verbindungen wählt. Sie sind daran zu erkennen, dass die Internetadresse mit **https**:// beginnt (statt mit **http**://) und am angezeigten Schloss-Symbol. SSL **verschlüsselt die Kreditkartendaten** bei dem Transport durch das Internet und stellt einen sicheren Übertragungsweg zwischen Zahlungspflichtigem (Sender) und Zahlungsempfänger dar. Das SSL-Verfahren wird heute von den meisten Onlineshops angeboten.
Vorauskasse	Nach Eingang des Überweisungsbetrags versendet der Anbieter die vom Kunden im Internet oder per E-Mail bestellte Ware bzw. erbringt die Dienstleistung.
Nachnahme	Die vom Anbieter als Nachnahmesendung z. B. mit der Post versandte Ware wird erst dann ausgehändigt, wenn die Barzahlung an die Zustellkraft erfolgt ist. 

1 Vgl. www.ifhkoeln.de/pressemitteilungen/details/fast-jeder-siebte-online-kunde-geht-waehrend-des-zahlungsprozesses-verloren/ (Zugriff 06. 03. 2019).

Zahlungsform	Erläuterung
Giropay	Die Kunden, die bei einem Unternehmen kaufen, das dem Internetbezahlsystem „Giropay" angeschlossen ist, werden nach dem Kaufabschluss mit einem Klick auf die **Onlinebanking-Seite ihrer Hausbank** geleitet. Dort steht eine ausgefüllte Überweisung zur Genehmigung (Autorisierung) durch eine Transaktionsnummer (TAN) bereit. Der Kunde erhält die Bestätigung, dass die Überweisung vorgenommen wurde und das Unternehmen erhält elektronisch eine Zahlungsgarantie. Das Internet-Bezahlsystem „Giropay" wird von den Sparkassen, Volks- und Raiffeisenbanken sowie der Postbank angeboten.
Karten mit Geldkarten-funktion	Für die Zahlung von Kleinstbeträgen (Micropayments) sind Karten mit einer Geldkartenfunktion (z. B. Bankkarten und andere **Smart-Cards,** die mit einem Geldbetrag aufgeladen werden können) besonders geeignet.

(2) Bezahlen per SEPA-Überweisung

Beim bargeldlosen Zahlungsverkehr wird mit Buchgeld gezahlt, indem der entsprechende Geldbetrag vom Konto des Zahlungspflichtigen abgebucht und dem Konto des Empfängers gutgeschrieben wird. Diesen Vorgang nennt man Überweisung.

Bei einer **Überweisung** wird ein Geldbetrag vom Girokonto des Zahlers auf ein Konto (z. B. Girokonto, Sparkonto) des Zahlungsempfängers umgebucht.

SEPA-Überweisungen können im Inland und in 32 Nationen des einheitlichen Euro-Zahlungsverkehrsraums, kurz SEPA, durchgeführt werden. Für SEPA-Überweisungen gilt:

Infobox

SEPA steht für **S**ingle **E**uro **P**ayments **A**rea. Die SEPA-Überweisung löst ab Februar 2014 die bestehenden unterschiedlichen Verfahren ab.

- IBAN/BIC sind Leitwegkriterien,
- Entgeltregelung: der Zahlungspflichtige trägt die Entgelte und Auslagen bei seinem Kreditinstitut, der Zahlungsempfänger trägt die übrigen Entgelte und Auslagen,
- Ausführungsfrist maximal ein Arbeitstag (beleghaft eingereichte Aufträge einen Tag mehr),
- Ausstellung in Euro.[1]

Beispiel

Die Software Raabe GmbH, Kantstr. 12, 88213 Ravensburg, bezahlt eine Rechnung über 9500,00 EUR an die ABC Europe PC-Systems AG Niederlande, durch einen Überweisungsauftrag an die Kreissparkasse Ravensburg.

1 Für Zahlungen in anderen europäischen Währungen (z. B. Britische Pfund oder dänische Kronen) müssen besondere Formulare (z. B. Auslandsüberweisungen) verwendet werden. Außerdem gelten andere Abwicklungskonditionen (z. B. Entgelte, Ausführungsfristen).

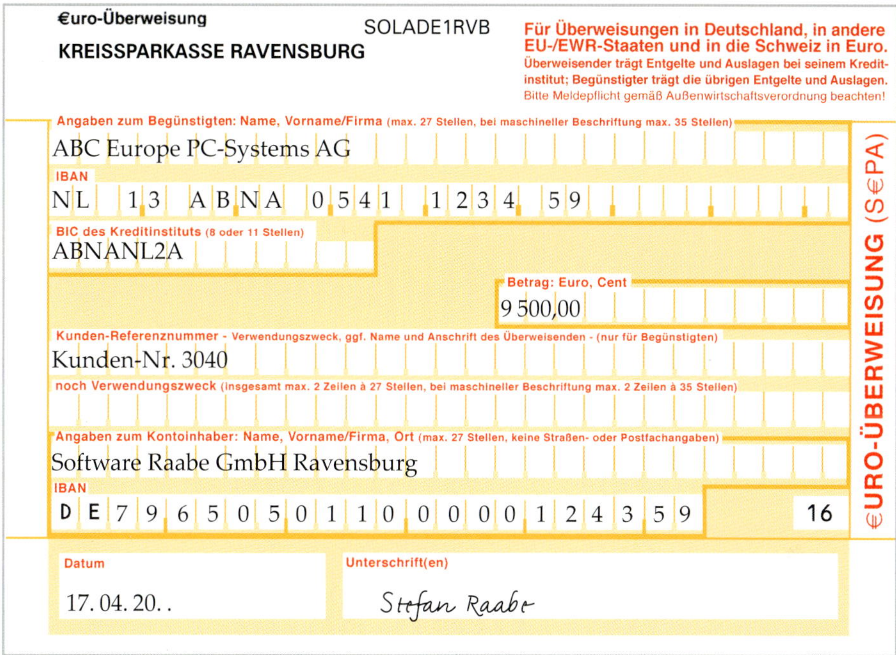

€uro-Überweisung
KREISSPARKASSE RAVENSBURG
SOLADE1RVB

Für Überweisungen in Deutschland, in andere EU-/EWR-Staaten und in die Schweiz in Euro.
Überweisender trägt Entgelte und Auslagen bei seinem Kreditinstitut; Begünstigter trägt die übrigen Entgelte und Auslagen.
Bitte Meldepflicht gemäß Außenwirtschaftsverordnung beachten!

Angaben zum Begünstigten: Name, Vorname/Firma (max. 27 Stellen, bei maschineller Beschriftung max. 35 Stellen)
ABC Europe PC-Systems AG

IBAN
NL 13 ABNA 0541 1234 59

BIC des Kreditinstituts (8 oder 11 Stellen)
ABNANL2A

Betrag: Euro, Cent
9 500,00

Kunden-Referenznummer - Verwendungszweck, ggf. Name und Anschrift des Überweisenden - (nur für Begünstigten)
Kunden-Nr. 3040

noch Verwendungszweck (insgesamt max. 2 Zeilen à 27 Stellen, bei maschineller Beschriftung max. 2 Zeilen à 35 Stellen)

Angaben zum Kontoinhaber: Name, Vorname/Firma, Ort (max. 27 Stellen, keine Straßen- oder Postfachangaben)
Software Raabe GmbH Ravensburg

IBAN
DE 79 6505 0110 0000 1243 59 | 16

Datum
17.04.20..

Unterschrift(en)
Stefan Raabe

€URO-ÜBERWEISUNG (S€PA)

Erlauterungen:

- **BIC** (**B**ank **I**dentifier **C**ode): Der BIC, auch SWIFT-Code genannt, ermöglicht eine weltweit eindeutige **Identifikation eines Kreditinstituts.** Die Angaben des BICs ist im SEPA-Raum für **Eurozahlungen** nicht erforderlich. Sie ist nur bei Zahlungen in die Länder Monaco, Schweiz und San Marino sowie bei Zahlungen außerhalb der SEPA-Länder erforderlich.

Beispiel BIC → Deutsche Bank Frankfurt

DEUT DE FF XXX

- DEUT → Bank-Code
- DE → Länder-Code (Country Code)
- FF → Orts-/Location Code (hier FfM)

\+ ggf. Filial-/Branch-Code → drei optionale alphabetische Zeichen

- **IBAN-Code** (**I**nternational **B**ank **A**ccount **N**umber): Es handelt sich hier um eine international standardisierte **Bank- und Kundenkontonummer.** Sie dient der **Identifikation des Kontos des Zahlungsempfängers.**

Beispiel für Deutschland 22 Stellen

DEUTSCHE BANK DÜSSELDORF : DE 71 30070024 07 890 445 00

- DE → Länderkennzeichen
- 71 → Prüfziffer
- 30070024 → Bank-Code
- 07 890 445 00 → Kontonr. einschl. Unterkonto

(3) Bezahlen per SEPA-Lastschrift

Im Gegensatz zur Überweisung geht bei einer Lastschrift die Initiative nicht vom Zahlungspflichtigen, sondern vom **Zahlungsempfänger** aus. Um eine Zahlung per Lastschrift durchführen zu können, wählen Kunden im Onlineshop die Zahlung per Lastschrift und geben in einem Formularfeld ihre IBAN und (wenn nötig) den BIC ein. Die Eingabe der Kontodaten wird als SEPA-Lastschriftmandat gewertet. Das **Mandat**[1] kann für einmalige oder wiederkehrende Zahlungen gewertet werden. Der Onlinehändler (Zahlungsempfänger) übermittelt das für die Lastschrift notwendige Datenmaterial an seine Hausbank.

Diese schreibt die Beträge gut und zieht sie bei der Bank des Zahlungspflichtigen ein.

Beim **Lastschriftverfahren** ist ein Kontoinhaber damit einverstanden, dass von seinem Konto wiederkehrende, jedoch unterschiedlich hohe Zahlungen vom Zahlungsempfänger (Gläubiger) abgerufen werden.

SEPA-Lastschriften können bis zu **acht Wochen** nach dem Belastungstag ohne Angabe von Gründen zurückgegeben werden. Bei unberechtigten Lastschriften (z. B. der Kunde hat kein Lastschriftmandat erteilt) gilt die gesetzliche Rückerstattungsfrist von dreizehn Monaten.

Die Bank des Zahlungspflichtigen zieht bei einem Widerspruch den Geldbetrag bei der Bank des Zahlungsempfängers (Inkassostelle) ein und schreibt ihn dem Zahlungspflichtigen wieder gut. Die Inkassostelle haftet für die Erstattung des belasteten Betrags.

(4) Bezahlen mit PayPal

PayPal ist ein Online-Bezahldienst, mit dem die Begleichung von Klein- und Mittelbeträgen, beispielsweise beim Ein- und Verkauf in Onlineshops, vorgenommen werden kann. Laut eigenen Angaben hat PayPal mehr als 192 Millionen aktive Nutzer, die mit mehr als 100 verschiedenen Währungen zahlen. Der Hauptsitz des Unternehmens befindet sich in San José (Kalifornien, USA). Von 2002 bis zur Abspaltung im Juli 2015 war PayPal eine Tochtergesellschaft des US-Unternehmens eBay.

Infobox

PayPal ist englisch und heißt wörtlich übersetzt „Bezahlfreund". Sprachlich angelehnt am englischen Ausdruck für Brieffreund („pen pal").

Da in den USA für den bargeldlosen Zahlungsverkehr meist Schecks benutzt und diese für Einkäufe im Internet nicht gut geeignet waren und in Europa Rechnungen meist nur mit gebührenpflichtigen Überweisungen vorgenommen werden konnten, schloss PayPal diese Lücke mit seinem Dienst sehr erfolgreich. Zum einen wurden die erhobenen Gebühren für Überweisungen in der Regel alle unterboten und zum anderen hatten die US-Amerikaner nun eine Möglichkeit, ihre Onlinerechnungen schnell und bequem von zu Hause aus, meist gebührenfrei, zu begleichen.

Infobox

PayPal war 15 Jahre lang als Bezahldienst bei eBay integriert. Doch 2018 trennten sich die beiden Unternehmen. PayPal-Zahlungen sollen bis 2021 aber weiterhin möglich sein. – Weitere Informationen finden Sie im Internet, z. B. unter https://www.chip.de/news/PayPal-fliegt-bei-Ebay-raus-Was-Kunden-jetzt-wissen-muessen_133055492.html (Zugriff 06.03.2019).

1 **Mandat:** Auftrag, hier im Sinne einer Ermächtigung.

In Deutschland steht seit 2004 eine deutschsprachige PayPal-Webseite für die Nutzer zur Verfügung, die im selben Jahr auch beim Onlinehändler eBay als mögliche Zahlungsform integriert wurde.

Funktionsweise von PayPal

- **PayPal** funktioniert über ein **virtuelles Konto** (ohne Kontonummer), das mit der E-Mail-Adresse des Kontoinhabers die Identität legitimiert.
- Mit diesem PayPal-Konto können Zahlungen an Dritte (die auch ein PayPal-Konto haben müssen) gesendet bzw. von diesen empfangen werden, wobei PayPal als **Dienstleister** nur für die **Zahlungsabwicklung** die Verantwortung übernimmt.

Der Kunde muss sich vorab bei PayPal **registrieren,** um entweder ein Privat- oder ein Geschäftskonto nutzen zu können. PayPal-Konten können **ohne monatliche Grundgebühr** betrieben werden.

Allerdings ist der Gebrauch des Kontos nicht für alle kostenlos: Für **Anbieter** in einem Onlineshop, die vom Kunden per PayPal ihr Geld erhalten haben, fallen beim Verkauf **Gebühren** in Höhe von 1,9 % der versendeten Summe plus 0,35 EUR pro Transaktion an. Wird Geld in eine andere Währung konvertiert, berechnet PayPal eine Umrechnungsgebühr von 2,5 % dazu.

Die persönlichen Daten, wie die Bankverbindung und die Adresse, müssen bei der Registrierung angegeben werden. Nach Überprüfung der persönlichen Daten können nun Geldtransfers stattfinden – allerdings nur an Empfänger, die ebenfalls bei PayPal ein Konto besitzen.

Beispiel

Mittlerweile kann in Deutschland auch an Shell-Tankstellen mit einer Shell-App per PayPal direkt an der Zapfsäule bezahlt werden.

Vorteile beim Einsatz von PayPal

Schnelle Zahlungsabwicklung	Nachdem der Absender seinen Geldtransfer vorgenommen hat, ist beim Empfänger innerhalb weniger Augenblicke das Geld auf seinem PayPal-Konto gutgeschrieben worden.
Einfacher Zahlungsvorgang	Auf der PayPal-Webseite müssen nur die Zugangsdaten und die Empfänger-E-Mail-Adresse eingegeben werden.
Sehr flexibel	Das PayPal-Konto kann auch mit Guthaben aufgeladen werden und natürlich auch auszahlen (z. B. per Überweisung, Lastschrift).
Keine Gebühren	Keine monatliche Grundgebühr. Auch Einzahlungen auf das PayPal-Konto sind kostenlos. Nur beim Erhalt wird eine geringe Gebühr erhoben (s. o.).
Hohe Datensicherheit	Die Bankdaten des Absenders können nicht eingesehen werden. Alle Transaktionen werden SSL verschlüsselt.

Käuferschutz	Wenn Waren im Internet eingekauft wurden, diese aber nicht angekommen sind bzw. nicht der Beschreibung entsprochen haben, erhält der Kunde mit dem PayPal-Käuferschutz sein Geld zurück. **Infobox** **Ausnahmen** vom PayPal-Käuferschutz: Gutscheine, Fahrzeuge mit Motor, industrielle Maschinen und Artikel, die gegen die Nutzungsbedingungen verstoßen, individuell gefertigt oder persönlich abgeholt wurden.
Schutz vor Betrugsversuchen	Einsatz von Anti-Phishing-Maßnahmen und Log-in-Checks.

- **Gefahren beim Einsatz von PayPal**

Durch den großen Erfolg vom Bezahldienst PayPal auf der ganzen Welt wird dieser sehr häufig zum Ziel von Kriminalität im Internet. Vor allem über gefälschte E-Mail-Konten werden potenzielle Käufer auf Internetseiten von Betrügern geleitet. Auf diesen Seiten werden dann personenbezogene Daten und Kennwörter von den Käufern eingefordert **(Phishing)**, um diese zum Beispiel an Dritte weiterzugeben.

Die Daten von PayPal-Konten werden auf Servern in der ganzen Welt gespeichert, ohne die genauen Datenschutzgrundsätze der Länder zu kennen bzw. sie auch einhalten zu können.

Eine besonders dreiste Art, an Daten bzw. das Geld der Kunden von Onlineshops zu kommen, ist der sogenannte **Dreiecksbetrug** im Internet. Dieser ist seit mehreren Jahren eine häufig eingesetzte Betrugsmasche, der man bei der Nutzung von PayPal zum Opfer fallen kann.

Beispiel

Der Anbieter eines Smartphones stellt dies zum Verkauf ins Internet bzw. bei eBay online. Nun sieht ein Betrüger dieses Angebot bei eBay, kopiert es und stellt exakt das gleiche Smartphone mit dem gleichen Preis bei eBay-Kleinanzeigen zum Verkauf ein.

Nun gibt sich der Betrüger als ein potenzieller Interessent beim Anbieter aus, tauscht mit diesem seine Kontodaten bzw. PayPal-Adresse aus und wartet darauf, dass sich ein Käufer auf seine eBay-Kleinanzeige findet.

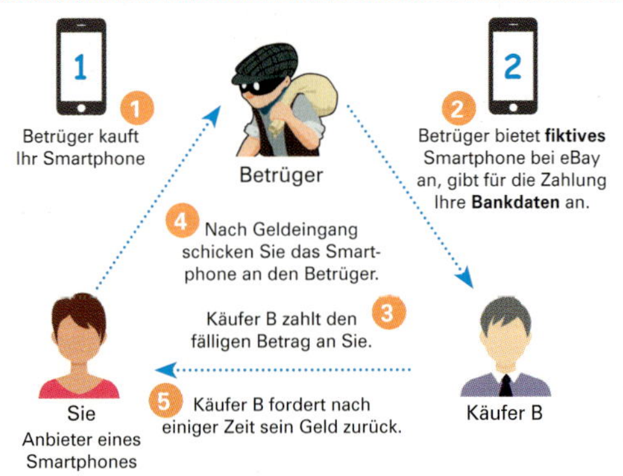

Beim Dreiecksbetrug spielt der Betrüger Sie als Verkäufer sowie einen weiteren eBay-Käufer gegeneinander aus.

Nachdem sich ein Käufer gefunden hat, erhält dieser dann aber die Kontodaten vom Anbieter und überweist den fälligen Betrag. Das Smartphone wird dann vom Anbieter an die Adresse des Betrügers geschickt, der mit der Ware verschwindet.

Wenn sich der Käufer des Smartphones nach einigen Tagen dann beim Anbieter meldet, da er noch keine Ware erhalten hat, zieht er dank PayPal-Käuferschutz den Geldbetrag wieder zurück und der Anbieter hat den Schaden.

Eine weitere Betrugsvariante im Internet ist der sogenannte **Abholtrick,** dem man bei der Nutzung von PayPal zum Opfer fallen kann.

Beispiel

Wieder wird auf der Internetplattform eBay-Kleinanzeigen eine Ware gekauft und der Betrüger möchte diese unbedingt per PayPal bezahlen. Er überweist den vom Anbieter geforderten Betrag und schlägt vor, dass ein Bekannter die Ware abholen kommt.

Dieser holt auch anschließend die durch PayPal bezahlte Ware ab und alles scheint in Ordnung zu sein – ist es aber nicht! Der Betrüger behauptet anschließend, seine bezahlte Ware vom Anbieter nicht erhalten zu haben und erhält aus diesem Grund von PayPal sein Geld zurück.

Nun hat der Betrüger sowohl die Ware als auch das Geld und der Verkäufer muss anschließend beweisen, dass er die Ware ausgeliefert hat.

(5) Exkurs: Kryptowährung Bitcoin

Digitale Kryptowährungen sind ein großes Thema im Internet – vor allem der Einsatz von Bitcoin als Zahlungsmittel für Waren und Dienstleistungen hat in den letzten Jahren zugenommen. Es gibt immer mehr Unternehmen, die Bitcoin akzeptieren, besonders international ausgerichtete Unternehmen.

- **Kryptowährungen** sind digitale Zahlungsmittel, die mithilfe technischer Verfahren verschlüsselt sind. Sie können gewechselt und gehandelt werden, befinden sich jedoch außerhalb der Kontrolle finanzieller Institutionen und Regierungen.
- **Bitcoin** kann sinngemäß mit „digitale Münze" übersetzt werden.

Nachfolgend wird zunächst ein kurzer Überblick über die Funktionsweise von Bitcoin gegeben, bevor die Vorteile und Risiken der digitalen Währung dargestellt werden.

Funktionsweise von Bitcoin

Im Jahr 2009 wurde die Kryptowährung Bitcoin (BTC) von einem Computerspezialisten unter dem Pseudonym[1] Satoshi Nakamoto aufgrund einer sehr großen Unzufriedenheit mit den vorhandenen Währungssystemen der Welt öffentlich gemacht.

Bitcoins werden von keiner Bank ausgegeben. Sie werden **durch Computersysteme hergestellt** und auch aufbewahrt. Die **maximale Geldmenge** wurde auf **21 Millionen Bitcoins** festgelegt. Das heißt, das Computersystem sorgt dafür, dass die Geldmenge begrenzt sowie fälschungssicher ist und jeder Teilhaber dieser Währung gegen Fälschungsversuche oder doppelte Buchungen geschützt wird.

Beim Bitcoin-System handelt es sich um eine Art **Peer-to-Peer-Netzwerk.** Die Nutzer von Kryptowährungen handeln nicht mit „digitalen Münzen", sondern **bewerten** ihre Transaktionen mit anderen Teilnehmern mittels einer sogenannten **Blockchain-Technologie,** die diesen Währungen zugrunde liegt.

1 **Pseudonym:** angenommener, nicht der wirkliche Name.

6 Lucas - ISBN 978-3-8120-0640-8

Infobox

Die **Blockchain** ist ein **gemeinsam benutztes digitales Buchführungssystem,** das alle Transaktionen einer bestimmten Kryptowährung aufzeichnet. Diese Transaktionen bilden „Blöcke“, die wiederum kryptografisch gesichert, d. h. mithilfe technischer Verfahren verschlüsselt, und miteinander verknüpft sind. In diesem System können die Nutzer anhand einer **Bitcoin-Adresse** Geld an eine andere Adresse senden. Dies geschieht über eine Nachricht an alle anderen Klienten im Netzwerk, dass die Absicht vorliegt, Geld senden zu wollen.

- **Bitcoin-Wallets**

Um Bitcoins auf sicherem Wege aufzubewahren, versenden und empfangen zu können, wird eine **digitale Geldbörse,** die sogenannte **Bitcoin-Wallet,** benötigt. Eine Bitcoin-Wallet ist eine Schnittstelle zum Bitcoin-System – ähnlich wie das Bankkonto eine Schnittstelle zum Bankensystem ist. Dabei werden Geheimzahlen und private Schlüssel verwendet, um Bitcoins in der Wallet zu verwalten.

Es gibt **verschiedene Arten** von Bitcoin-Wallets. Diese sind abhängig von der Nutzung: So kann eine Wallet auf dem Smartphone bzw. dem Tablet oder auf dem Desktop genutzt werden. Zudem gibt es noch reine Online-Wallets oder sogenannte Hardware-Wallets (ein spezielles Gerät, ähnlich eines USB-Sticks, auf dem die Wallet gespeichert wird).

- **Bitcoin-Mining**

Mining (engl. für Schürfung) ist der Prozess, mit dem aktuelle Kryptowährungen überprüft und neue Einheiten freigegeben werden. Ziel ist es, die letzten Transaktionen in „Blöcke“ zusammenzufassen. Dies kann nur mithilfe höchst komplexer mathematischer Formeln mit Computern gelöst werden. Dabei wird die Lösung dieser sogenannten Algorithmen immer schwieriger, um die „Blockentdeckung“ konstant zu halten. Da dieser Vorgang dem Schürfen der Goldgräber ähnelt, die im Boden nach Gold gesucht bzw. geschürft haben, wird dieses Verfahren Mining genannt.

Erst im Jahr 2130 soll durch das Mining die komplette Summe erreicht sein. Im Jahr 2018 waren in etwa 12 Millionen Bitcoins im Umlauf – aber bereits 80 % der Coins „gemindet“ (geschürft).

- **Vorteile und Risiken von Bitcoin**

Für viele Experten aus dem Finanzbranche ist der Bitcoin nicht nur eine Modeerscheinung, sondern die bedeutsamste technologische Erfindung seit vielen Jahrzehnten. Als dezentrales Zahlungsmittel können Bitcoins weltweit eingesetzt und von jedem Rechner genutzt werden.

Allerdings sind mit dem Einsatz von Bitcoins auch **beträchtliche Nachteile** verbunden. Da das ganze Geldsystem noch **wenig reguliert** ist und Transaktionen auf dieser Plattform anonym bleiben, besteht ein großes Risiko **für kriminelle Machenschaften.** Zudem wird für das Bitcoin-Mining enorm viel **Strom verbraucht,** da ein immer größerer Rechenaufwand nötig ist. Auch unterliegt der Bitcoin-Kurs extremen Schwankungen, sodass ein **hohes Wertverlustrisiko** durch Kursschwankungen besteht.

Vorteile	Nachteile
• Unabhängigkeit von Banken. • Keine Beeinflussung durch Staaten. • Weltweites Netzwerk. • Sehr einfache Handhabung. • Fälschungssicher durch Anonymität. • Nur 21 Millionen Bitcoins machen das System inflationssicher.	• Hohes Werteverlustrisiko durch ständig geänderten Wechselkurs. • Als Zahlungsmittel noch keine Akzeptanz im Handel. • Rückabwicklungen von Zahlungen nicht möglich. • Spekulationsobjekt durch Broker. • Hoher finanzieller Schaden bei Verlust des Schlüssels für eine Wallet. • Keine öffentliche Instanz bei Problemen.

3.4 Versand und Retouren

Der Versand von verkauften Produkten und einfachen Retouren (Rücksendungen) gehören mit zu den wichtigsten Aufgaben im E-Commerce. Ein Onlineshop kann nur dann erfolgreich arbeiten, wenn auf die wachsenden Kundenansprüche beim Versand reagiert werden kann.

Bei der Wahl eines Onlinehändlers achten Kunden besonders auf **Zuverlässigkeit, schnelle Lieferzeiten,** ein **gutes Preis-Leistungsverhältnis** und **Sendungsverfolgung (Tracking).**

Die nachfolgende Grafik zeigt, dass die Bedeutung von schnellen Lieferzeiten weiterhin deutlich zunimmt.[1]

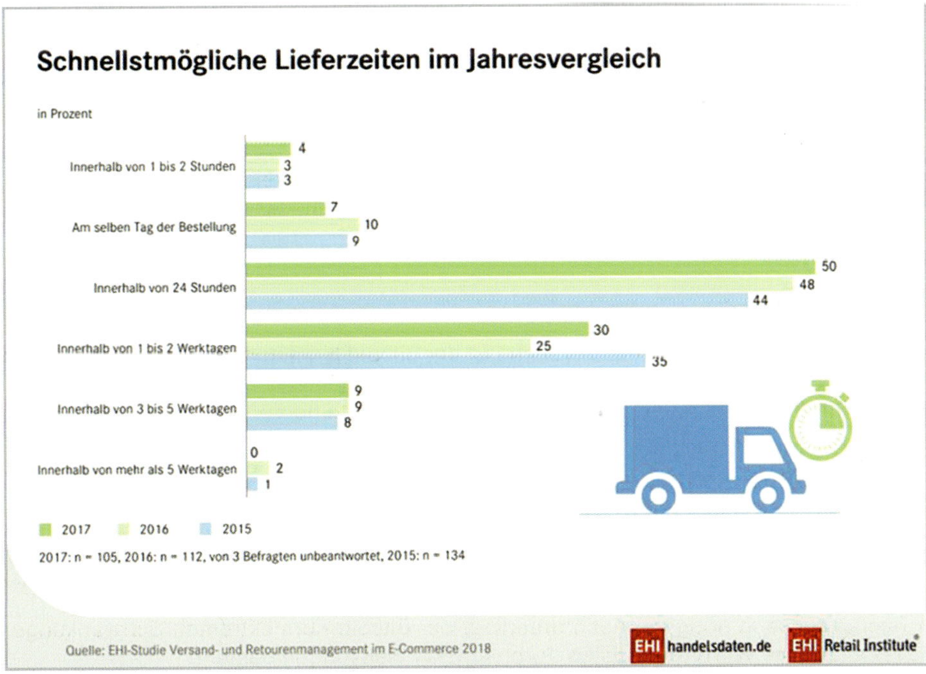

1 Quelle: https://www.ehi.org/de/pressemitteilungen/endstation-retourenlager/ (Zugriff 04.03.2019).

Laut der EHI-Studie „Versand- und Retourenmanagement im E-Commerce 2018" vom Forschungs- und Beratungsinstitut für den Handel (EHI Retails Institut)[1] hat die Bedeutung von **schnellen Lieferzeiten** im Bereich der Serviceleistungen von Webshops nachweislich zugenommen. 61 % liefern demnach die bestellten Waren innerhalb von 24 Stunden oder sogar noch schneller aus, und eine Anlieferung, die noch am Tag der Bestellung ausgeführt wird, schaffen sogar 7 % der befragten Onlineshops.

Für die Auswahl eines geeigneten **Versanddienstleisters** wählen laut Händlerbund, dem größten Online-Handelsverband Europas, die befragten Webshops bevorzugt nachfolgende Dienste:[2]

- DHL (80 %)
- Deutsche Post (42 %)
- DPD (Deutscher Paketdienst, 28 %)
- Hermes (17 %)
- GLS (General Logistics Systems, 15 %)
- UPS (United Parcel Service, 12 %)

Infobox

Seit 2002 ist **DHL** der Paketdienst der Deutschen Post AG. Die Abkürzung DHL leitet sich von den Nachnamen der drei Gründer **D**alsey, **H**illblom und **L**ynn ab.

Betreiber und Kunden von Onlineshops möchten, dass ihre versendeten bzw. bestellten Waren sicher und unbeschadet ankommen. Dazu muss die bestellte Ware kommissioniert (zusammengestellt), verpackt und frankiert werden. **Sichere Versandverpackungen** garantieren, dass die Produkte gut geschützt und unbeschädigt beim Kunden ankommen und können damit zu einer Vermeidung von Retouren (Rücksendungen) beitragen.

Infobox

Das **Verpackungsgesetz** (VerpackG) löst die alte Verpackungsverordnung ab und begründet seit 2019 neue gesetzliche Verpflichtungen für den Onlinehandel. Viele Begriffsdefinitionen zu Verkaufs-, Versand- und Umverpackung sowie zu systembeteiligungspflichtigen Verpackungen wurden angepasst.

Wichtige Neuerungen sind z. B.

- Schaffung einer **„Zentralen Stelle Verpackungsregister"**, die nun für die Überwachung des Recyclings zuständig ist,
- **Registrierungspflicht** für systembeteiligungspflichtige Verkaufsverpackungen,
- **Meldepflicht** für Hersteller (Materialarten),
- **Vollständigkeitserklärung** für alle in den Verkehr gebrachten Verkaufs- und Umverpackungen, die bis zum 15. Mai eines jeden Kalenderjahres vorgenommen werden muss.

Zu weiteren Einzelheiten siehe: https://www.verpackungsregister.org/.

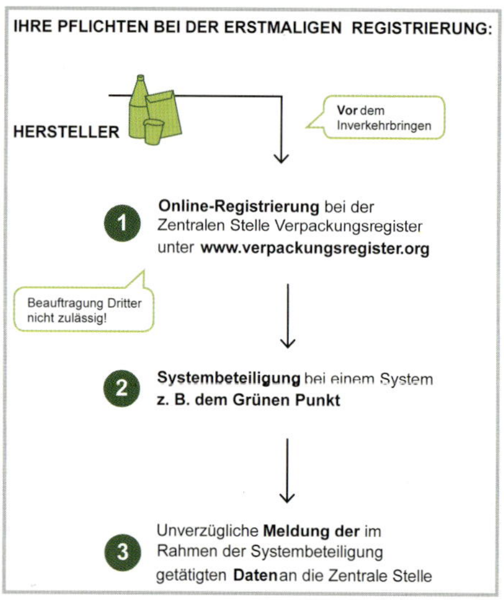

Quelle: Das neue Verpackungsgesetz, hrsg. von Der Grüne Punkt – Duales System Deutschland GmbH (DSD), S. 6 (Auszug).

1 Vgl. https://www.ehi.org/de/pressemitteilungen/endstation-retourenlager/ (Zugriff 04.03.2019).

2 Vgl. Händlerbund, Logistikstudie 2018. Online verfügbar unter: www.haendlerbund.de/uploads/pdf/2018-Versandstudie.pdf?v=1 (Zugriff 04.03.2019).

Laut Händlerbund lassen fast drei Viertel aller befragten Onlinehändler ihre Pakete von den oben genannten Dienstleistern mindestens einmal täglich abholen und jeder vierte Betreiber eines Onlineshops versendet täglich mehr als 100 Pakete.

Entspricht die bestellte Ware nicht den Kundenvorstellungen, soll diese unkompliziert und mit wenig Aufwand wieder an den Händler als sogenannte **Retoure** zurückgeschickt werden können.

Die häufigsten **Gründe** für eine **Rücksendung** sind,

- dass der bestellte Artikel nicht passt,
- eine falsche Produktbeschreibung aufweist oder
- dem Kunden einfach nicht gefällt.
- Es kommt auch vor, dass das gelieferte Produkt mangelhaft ist und Schäden aufweist, der falsche Artikel geliefert wurde oder die Lieferzeit zu lang war.

Generell gilt, dass Onlinehändler ein großes Interesse daran haben, **Retouren** möglichst zu **vermeiden**. Denn diese sind mit einem **hohen Bearbeitungsaufwand** verbunden und verursachen **hohe Kosten.**

Eine Möglichkeit Retouren zu verringern wäre, dass die Artikel bereits versandfertig verpackt vom Lieferanten im Onlineshop ankommen würden. Aber auch mit den größten Anstrengungen lassen sich Retouren im Onlinehandel kaum vermeiden. Im Durchschnitt kann etwa ein Drittel der Waren aufgrund von Qualitätsverlusten nicht wieder als sogenannte A-Ware verkauft werden. Abgesehen von diesen Kosten rechnet der Onlinehändler nur für die Bearbeitung einer Retoure mit durchschnittlichen Kosten von ca. 10,00 EUR.

4 Kanalübergreifende Vertriebsstrategien

Wenn man im Wettbewerb bestehen will, muss man nach Meinung vieler Experter im Internet präsent sein. Handelsforscher sehen die größten Wachstumschancen für ein Einzelhandelsgeschäft, wenn der Onlinehandel mit dem stationären Handel verbunden wird. Dabei ist ein eigener Onlineshop nicht unbedingt erforderlich. Es genügt, wenn der Einzelhändler sein Sortiment im Internet anbietet. So hat der Kunde die Möglichkeit, sich über die Ware zu informieren und zu bestellen. Die Ware wird anschließend im Ladengeschäft abgeholt.

Beispiel

Auf sogenannten **Local-Shopping-Plattformen** können Einzelhändler einer Stadt oder eines Einkaufszentrums ihre verfügbaren Artikel einstellen. Die User können sich dann über die angebotenen Artikel auf der Plattform informieren; die Beratung und der Kauf finden im Geschäft statt.

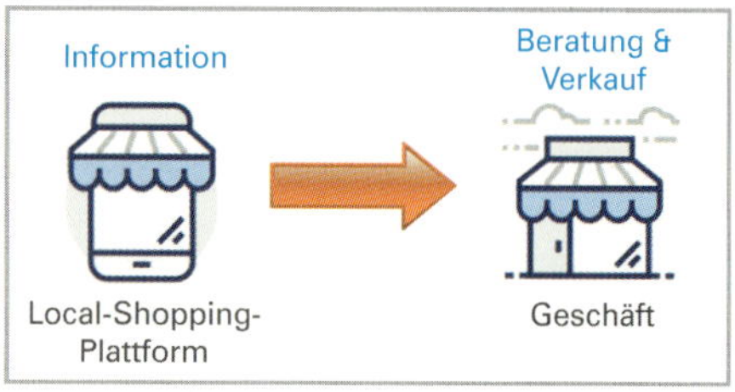

Allerdings werden Smartphones und Tablets zunehmend beliebte Einkaufshelfer. Unterwegs werden Produktpreise und Sonderangebote verglichen und entweder online bestellt oder in einem Ladengeschäft gekauft. Man will überall Waren ansehen können, bestellen können, kaufen können, zurückgeben können und will das auch zu jeder beliebigen Zeit. Um erfolgreich zu sein, muss der Einzelhändler die verschiedenen Vertriebswege verknüpfen und anbieten. Man spricht in diesem Zusammenhang von **Multi-Channel-Strategie.**

4.1 Formen der Multi-Channel-Strategie

Schätzungen zufolge sind mindestens ein Drittel der Einzelhandelsunternehmen nicht nur im stationären Handel, sondern auch im Onlinehandel tätig. Die Vertriebskanäle mischen sich immer mehr. Laut Handelsforschern ist der Multi-Channel-Handel heute die wichtigste Vertriebsform im Einzelhandel.

(1) Multi-Channel-Strategie

Die **Multi-Channel-Strategie** nutzt unterschiedliche **Kommunikations- und Vertriebskanäle** (Ladengeschäft, Telefon, Kataloge, Onlinehandel, Handys), um die Kunden zu erreichen.

Infobox

Multichannel (engl.) heißt wörtlich übersetzt viele Kanäle. Bei diesem Ansatz wird das Ziel verfolgt, Konsumenten auf **mehreren verschiedenen Kommunikationskanälen** zu erreichen. Die Multi-Channel-Strategie wird auch **Multi-Channel-Marketing** genannt.

Kunden sind heute zu jederzeit und an allen Orten der Welt durch den Einsatz digitaler Techniken (z. B. Smartphone) erreichbar. Aus diesem Grund spricht man auch von einem **„Everywhere Commerce"**, der sich durch seine unterschiedlichen Kommunikations- und Vertriebswege auszeichnet.

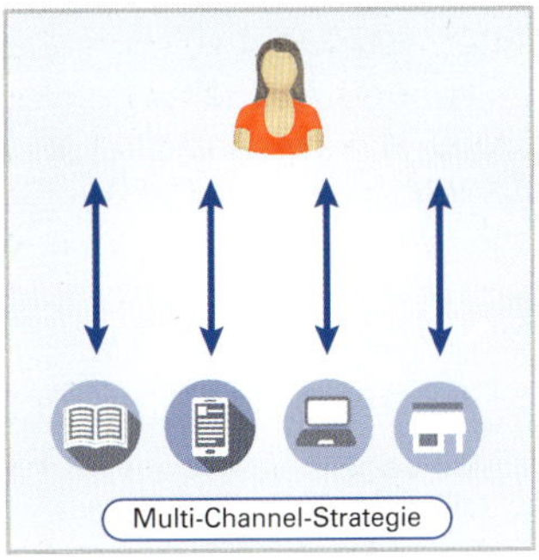

Bei der Multi-Channel-Strategie bieten Einzelhändler ihren Kunden beim Einkauf mehrere Möglichkeiten an: Die Waren und Dienstleistungen werden

- über das eigene Ladengeschäft,
- über den Versandhandel oder
- über einen Onlineshop

verkauft.

Hat der Kunde einen Vertriebsweg ausgewählt, wird der Kauf von Anfang bis Ende auf diesem Vertriebsweg abgewickelt. Die einzelnen **Absatzkanäle** agieren **nebeneinander,** ohne dabei miteinander zu interagieren. Das heißt,

- die Kanäle und die dort verbreiteten Daten und Informationen werden nicht vermischt, sondern getrennt voneinander betrieben,
- Kundenerlebnis und Umsatz werden separat erfasst,
- der Kunde hat bei dieser Strategie die Möglichkeit, seine Produkte sowohl online als auch im Ladengeschäft zu kaufen. Er wählt sich seinen Absatzweg selbst aus – kann aber seine Produkte, die er online gekauft hat, nicht im Ladengeschäft wieder zurückgeben.

(2) Cross-Channel-Strategie

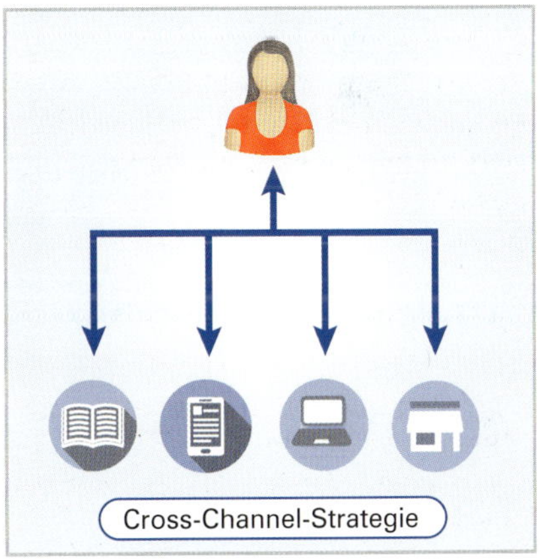

Bei der **Cross-Channel-Strategie** sind die Vertriebs- bzw. **Absatzwege miteinander verknüpft** und Kunden können zwischen den Kanälen wechseln. Hier wird **Click & Collect** praktiziert. Die Kunden wechseln während ihrer Einkaufstour einfach den Kanal, indem im Internet eine Ware über den Onlineshop bestellt und anschließend im stationären Handel abgeholt wird.

Nach Produkten stöbern und bestellen – anschließend im Ladengeschäft abholen bezeichnet man als **Click & Collect.**

Merkmal der **Cross-Channel-Strategie** ist, dass die Angebote auf einer gemeinsamen Datenbasis (Warenbestand, Lager, Katalog) hinterlegt sind. Das heißt, die Angebote, die im Onlineshop oder im Katalog angeboten werden, finden sich auch im stationären Geschäft wieder – allerdings bleiben die **Kanäle weiterhin voneinander getrennt.**

(3) Omni-Channel-Strategie

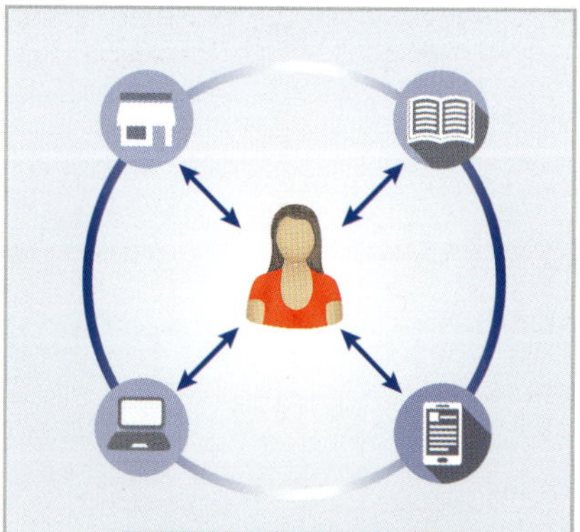

Omni-Channel-Strategie

Eine Weiterentwicklung der Cross-Channel-Strategie ist die **Omni-Channel-Strategie,** da in diesem Ansatz der Kunde **jederzeit** auf das **gesamte Angebot** zugreifen kann. Die **Absatzkanäle vereinigen** sich zu einem gemeinsamen **Einkaufsumfeld** und erhöhen damit das Potenzial für den Einzelhandel erheblich.

Die Kunden können jederzeit auf das gesamte Angebot – egal über welchen Vertriebsweg – zugreifen. Sie werden vom Unternehmen sozusagen in dem Kanal „abgeholt", in dem sie sich gerade befinden. Selbst die simultane Nutzung zweier Absatzkanäle ist mittlerweile für die Kunden keine Seltenheit mehr.

Beispiel

Beim Schuhkauf im stationären Handel vergleicht ein Kunde die Preise online, während der Verkäufer das neueste Modell aus dem Lager holt.

4.2 Anteile verschiedener Absatzkanäle im Einzelhandel

Die nachfolgenden Statistiken zeigen, über welche Vertriebs- bzw. Absatzkanäle Einzelhändler ihre Produkte und Dienstleistungen verkaufen.

Über welche Vertriebskanäle verkaufen Sie derzeit Ihre Produkte bzw. Dienstleistungen?
(nach Unternehmensgröße; Mehrfachnennung möglich)

	stationäres Ladengeschäft	eigener Online-Shop	eBay	Amazon	andere überregionale Online-Marktplätze	lokaler Online-Marktplatz
Kleine Händler	84%	30%	7%	9%	6%	3%
Mittlere Händler	94%	36%	10%	13%	7%	3%
Große Händler	89%	54%	11%	4%	2%	2%

Quelle: https://www.ihk-muenchen.de/ihk/documents/Branchen/Handel/Studie_IHK-ibi-Handelsstudie-2017.pdf

Kanalnutzung bzw. Händlertypen nach Branchen

	Reine stationäre Händler	Multikanalhändler	Reine Online-Händler
Bekleidung, Schuhe, Taschen, Lederwaren	70%	27%	3%
Haushaltsgeräte, Heimwerk, Innenraumausstattung	60%	33%	6%
Nahrungs- und Genussmittel	63%	30%	7%
Bücher und Verlagsprodukte, Geschenkartikel	49%	45%	6%
Uhren, Schmuck	71%	21%	8%
Sportartikel, Outdoor/Camping, Fahrräder	55%	42%	4%
Spielwaren	60%	32%	7%
Drogerie/Parfümerie- und Kosmetik-Artikel	66%	24%	9%
Geräte der Informations- und Kommunikationstechnik	48%	46%	6%
Medikamente (Apotheke)	83%	15%	1%
Brillen, Kontaktlinsen (Optiker)	71%	24%	4%
Blumen, Pflanzen	78%	17%	4%
Fotoapparate und -zubehör	43%	57%	0%
Medizinische/orthopädische Produkte	63%	20%	17%
Antiquitäten, Kunst	42%	35%	23%

Quelle: https://www.ihk-muenchen.de/ihk/documents/Branchen/Handel/Studie_IHK-ibi-Handelsstudie-2017.pdf

4.3 Grenzen der Multi-Channel-Strategie im Einzelhandel

Die größten **Probleme** bei der **Umsetzung der Multi-Channel-Strategie im Einzelhandel** sind laut einer Händlerbefragung („IHK/Ibi Handelsstudie 2017") vor allem **zeitliche, finanzielle und personelle Ressourcen.** Darüber hinaus ist die **Bereitstellung der Produktdaten** bei der Umsetzung eines Onlineshops besonders in kleinen Einzelhandelsbetrieben mit **großem Aufwand** verbunden.

Wie relevant sind folgende Gründe für die Entscheidung, Ihre Produkte/Dienstleistungen nicht online zu verkaufen? (Summe aus „sehr wichtig" und „wichtig")

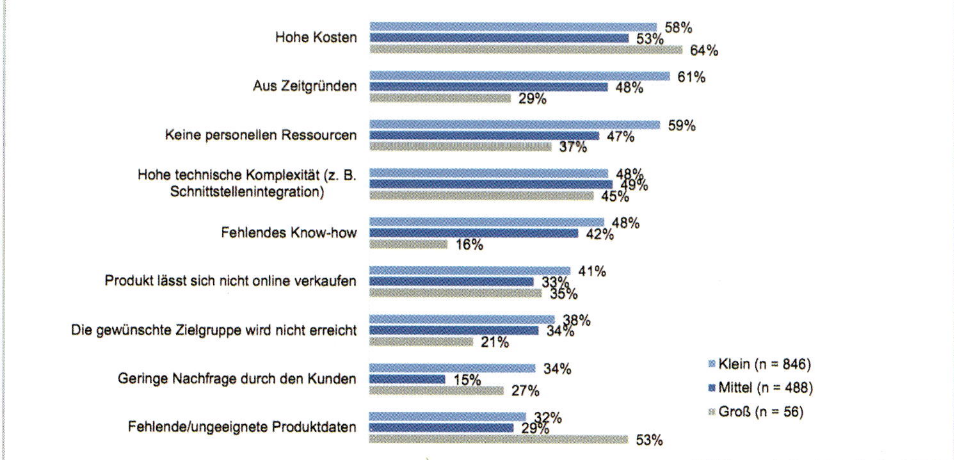

© 2017 ibi research: „Der deutsche Einzelhandel 2017"

Quelle: https://www.ihk-muenchen.de/ihk/documents/Branchen/Handel/Studie_IHK-ibi-Handelsstudie-2017.pdf

4.4 Wechselwirkungen zwischen Onlinehandel und stationärem Handel

4.4.1 Warenpräsentation

Beim **stationären Handel** haben die Kunden die Möglichkeit, Kontakt mit dem gewünschten Artikel aufzunehmen, ihn anzufassen, gegebenenfalls anzuprobieren (z.B. Kleider, Schuhe) und sofort mitzunehmen. Die Kunden können mit der Verkäuferin oder dem Verkäufer ein persönliches Gespräch führen, sich beraten lassen und die Qualität der Ware feststellen. Zudem können Kunden prüfen, ob die Größe stimmt, sie müssen keine Ware zurückschicken und können die Einkaufsatmosphäre genießen. Wer in einem Ladengeschäft einkauft, der will persönlichen Kontakt und keinen Roboter haben.

Beim **Onlinehandel** hat der Kunde keinen direkten Kontakt zum angebotenen Artikel. Der Onlinehändler muss diesen Kontakt durch eine Artikelbeschreibung ersetzen. Dazu ist es z.B. notwendig

- die Ware genau zu beschreiben,
- Bilder mit Zoomfunktion und Videos anzubieten, um den Nutzen der Ware dem Kunden aufzuzeigen (siehe Beispiel S. 64f.),
- die Qualität der Waren mit technischen Daten zu belegen,
- Testsiegel sowie
- schriftliche Kundenbewertungen zur Ware auszuweisen.

Die Qualität der Warenpräsentation ist entscheidend dafür, ob der Kunde im Onlineshop kauft oder ihn ohne Kauf wieder verlässt.

4.4.2 Versand und Zahlungsabwicklung

Beim **stationären Handel** kann der Kunde die gekaufte Ware verpacken lassen, den Kaufpreis bezahlen und die Ware in der Regel sofort mitnehmen.

Da der Kunde beim **Onlinehandel** die Ware nicht sofort mitnehmen kann, ist er auf die Zusendung der Ware angewiesen. Die Zuverlässigkeit bei Zusendung der Ware, das Einhalten der vereinbarten Zusendungstermine sowie eine reibungslose Abwicklung bei eventuellen Retouren müssen garantiert sein. Ist dies nicht der Fall, wird der Onlinehändler den Kunden verlieren.

Ähnliches gilt für die Zahlungsabwicklung. Grundsätzlich gilt, der Onlinehändler muss alle gängigen Zahlungsformen des Onlinehandels anbieten (zu den Bezahlsystemen im E-Commerce siehe Kap. 3.3).

5 Online-Marketingmaßnahmen

5.1 Begriffsklärung und Übersicht

Onlinemarketing[1] sind alle **Werbemaßnahmen,** die im **Internet** durchgeführt werden, um **Aufmerksamkeit** auf eine **Webseite** zu lenken.

Infobox

Je nachdem, wie das jeweilige Unternehmen ausgerichtet ist und welche Ziele es verfolgt, sollten neben den Online-Marketingmaßnahmen auch Offline-Marketinginstrumente (wie z.B. Print- oder Radiowerbung, Messe und Promotion) eingesetzt werden.

Ziel des Onlinemarketings ist es, möglichst viele Besucher auf die Webseite zu lenken, um diese dort zu einer bestimmten Aktion zu veranlassen, z.B. Kauf eines Produktes oder Anmeldung zu einem Newsletter. Um Besucher aber erst einmal auf eine Webseite aufmerksam zu machen, können im Onlinemarketing unterschiedliche Instrumente eingesetzt werden.

Nachfolgend werden die **wichtigsten Online-Marketingmaßnahmen** dargestellt:

5.2 Onlinewerbung

5.2.1 Abrechnungsmodelle im Onlinemarketing

Im Onlinemarketing gibt es verschiedene Abrechnungsmethoden, nach denen Online-Werbekampagnen abgerechnet werden. Im Gegensatz zu klassischen Medien wie Zeitungsanzeigen oder TV-Spots werden diese nicht über die Größe oder Dauer der Anzeige, sondern über **Aktivitäten** abgerechnet.

1 Man verwendet auch die Begriffe **Internetmarketing** oder **Webmarketing**.

Die Abrechnungsmodelle basieren auf dem Prinzip der Vermittlungsprovision. Die Vermittlung geschieht im Internet durch den Klick auf einen Link, der den Werbenden eindeutig beim Werbetreibenden identifiziert.

Infobox

CP bedeutet in allen Fällen nichts anderes als „Cost per", also „Kosten pro".

Abrechnungsmodell	Erläuterung
Pay per Sale (PPS)	Die Schaltung der **Werbung** ist für den Werbetreibenden **(Merchant) kostenfrei.** Erst wenn ein Kunde beim Werbenden eingekauft hat, erfolgt eine Abrechnung i. d. R. durch einen **prozentualen Anteil** an dem ermittelten Umsatz.
Cost per Click (CPC) oder Pay per Click (PPC)	Eine **festgelegte Vergütung** wird für jeden Klick bezahlt, sobald ein Nutzer die Webseite eines Händlers aufsucht. Je mehr ein Unternehmen für einen Klick bezahlt, desto besser wird das Werbemittel (z. B. Banner) platziert.
Pay per Lead (PPL)	Erst mit einer Registrierung eines Kunden oder bei Bestellung eines Newsletters wird eine vorher ausgehandelte **fixe Provision** fällig. Die Einblendung von Anzeigen ist für den Werbetreibenden kostenlos.
Pay per View (PPV)	Eine Bezahlung erfolgt nach jeder Einblendung eines Werbebanners oder einer Anzeige. Bei Pay per View **(Bezahlung pro Ansicht)** entstehen für den Werbenden erst Kosten mit der Einblendung des Werbemittels.
Pay per SignUp (PPS)	Erst mit einer Anmeldung (z. B. bei einem Onlinespiel) erfolgt die **Vergütung.** Bis zur Anmeldung entstehen für den Werbenden keine Kosten.
Cost per Mille[1] (CPM) oder Tausend-Kontakt-Preis (TKP)	Gibt an, welcher Geldbetrag eingesetzt werden muss, um bei einer Werbemaßnahme mindestens tausend Personen einer Zielgruppe erreichen zu können. Im Vorfeld wird bei diesem Abrechnungsmodell eine bestimmte **Summe** (abhängig von der Qualität der Zielgruppe) ausgemacht, die **pro eintausend Aufrufen** des jeweiligen Werbemittels fällig werden.

Die Auswahl des passenden Abrechnungsmodelles hängt von der jeweiligen Situation des Werbetreibenden ab und sollte genau durchgerechnet oder mit einem Marketingberater besprochen werden. Es ist auch möglich, verschiedene Abrechnungsmodelle miteinander zu kombinieren.

1 **Mille** (franz.): tausend.

5.2.2 Suchmaschinenwerbung (SEA)

(1) Begriff Suchmaschine

Im **World Wide Web,** also im Internet, wird täglich nach Produkten, Preisen, Neuigkeiten oder Bildern gesucht. Um sich im Internet zurechtfinden zu können, hilft **ein Programm** bei der Recherche nach Dokumenten in einem Netzwerk (Internet) oder einem Computer weiter – **die Suchmaschine.**

Die **Funktion** einer solchen Suchmaschine ist denkbar einfach:

- Zuerst wird ein Suchbegriff (zum Beispiel „Einzelhandel") eingegeben und
- anschließend die Trefferliste mithilfe eines Schlüsselwort-Indexes nach Bedeutung oder nach Aktualität angeordnet.

Beispiele

Zu den **weltweit erfolgreichsten Suchmaschinen** zählen: Google, Bing, Yahoo, Baidu und YANDEX.

Die beiden letztgenannten Suchmaschinen sind hierzulande kaum bekannt: Baidu wird vorwiegend in China genutzt, Yandex in Russland.

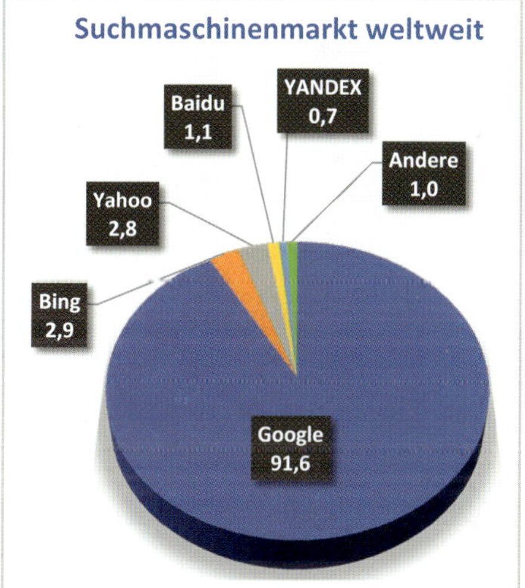

Datenquelle: http:/tipps.computerbild.de/internet/websites/groesste-suchmaschine-der-welt-308353.html (Zugriff 07.03.2019).

(2) Beispiel Google

Google ist eine Internetsuchmaschine. Das Unternehmen wurde einst in einer Garage in Kalifornien/USA im Jahr 1998 gegründet (Google Inc.) und ist bis heute die größte und **bedeutendste Suchmaschine** der Welt. Google ist **auf fast allen Kontinenten** und Ländern dieser Welt die unangefochtene Nummer Eins – bis auf die Länder Russland und China. Aus China zog sich Google 2010 aus politischen Gründen zurück.

Infobox

Die Volksrepublik China hat in ihrem Land eine Internetzensur mit der Begründung durchgeführt, dass sie innerhalb ihrer Grenzen ihre eigenen Regeln anwenden möchte. Dies wird weltweit von vielen Ländern kritisiert, da China damit die garantierte Meinungsfreiheit und Menschenrechte der Bevölkerung verletze.

Google ist so erfolgreich, weil die Suchmaschine sehr einfach gehalten und im Vergleich zu den Konkurrenten keine überfrachteten Suchfunktionen hat.

Google bietet weitere Dienste, wie z. B.

- einen eigenen Web-Browser **(Google Chrome),**
- einen virtuellen Globus **(Google Earth),**
- weltweites Kartenmaterial **(Google Maps),**
- ein Videoportal **(YouTube),** an.

Für die Anwender von Google sind diese Dienste alle kostenlos – allerdings müssen Werbetreibende, die ihre Anzeigen über Google schalten, dafür zahlen.

(3) Suchmaschinenwerbung (SEA)

Kunden im Onlinehandel nutzen Google aus den unterschiedlichsten Gründen. Sei es, dass sie sich gezielt nach Produkten oder Dienstleistungen erkundigen oder sich zu einem bestimmten Thema informieren wollen. Um dies zu tun, müssen die Nutzer **eine Suchanfrage** bei Google mit einem bestimmten **Schlagwort** (z. B. „Sportbekleidung") oder mit mehreren **Schlüsselwörtern** (z. B. „Sportbekleidung für Kinder") starten.

Suchmaschinenwerbung (Search Engine Advertising, SEA) ist **bezahlte Werbung innerhalb der Suchergebnisseiten.** Sie konzentriert sich auf den Anzeigenteil und wird über Pay per Click (PPC) abgerechnet.

Um als Einzelhandelsunternehmen bei Google gefunden zu werden, bietet z. B. das **Werbeprogramm Google Ads** den Werbetreibenden die Möglichkeit, sich mit dem Unternehmen bei Google in Form von **Textanzeigen** zu präsentieren. Google Ads (ehemals Google AdWords) ist weltweit das populärste SEA-System.

Infobox

Ads (engl.) ist die Kurzform von dem englischen Wort „adverts" für Werbung, Anzeigen.

- Damit **Google-Ads-Anzeigen** des Onlineshops bei Google-Suchanfragen erscheinen, müssen die Betreiber **vorab Suchbegriffe festlegen.**
- Diese **Keywords** (Schlüsselwörter, Schlagwörter) sind für das erfolgreiche Auffinden der Produkte und Dienstleistungen von großer Bedeutung, da jeder Google-Nutzer mit diesen Keywords seine Suche im Internet startet.

Beispiel

- Unternehmen verfassen mithilfe von Google Ads eine **Textanzeige.**
- Wenn eine konkrete Suche bei Google ausgelöst wird (z. B. „Buttons bestellen"), erscheinen oberhalb der (organischen) Suchergebnisse die **Google-Ads-Textanzeigen,** welche gut sichtbar mit „Anzeige" gekennzeichnet sind.
- **Unter** den Google-Ads-Textanzeigen sind die sogenannten **organischen** Anzeigen aufgelistet (d. h. die „normalen" bzw. automatischen Anzeigen).
- In einer Spalte am rechten Bildschirmrand werden Anzeigen mit Produktinformationen wie z. B. Beschreibung, Preis, Versandkosten, Bewertung (Product Listing Ad boxes, **PLA**) aus dem **„Google-Shopping-Bereich"** angezeigt.

Beispiel:

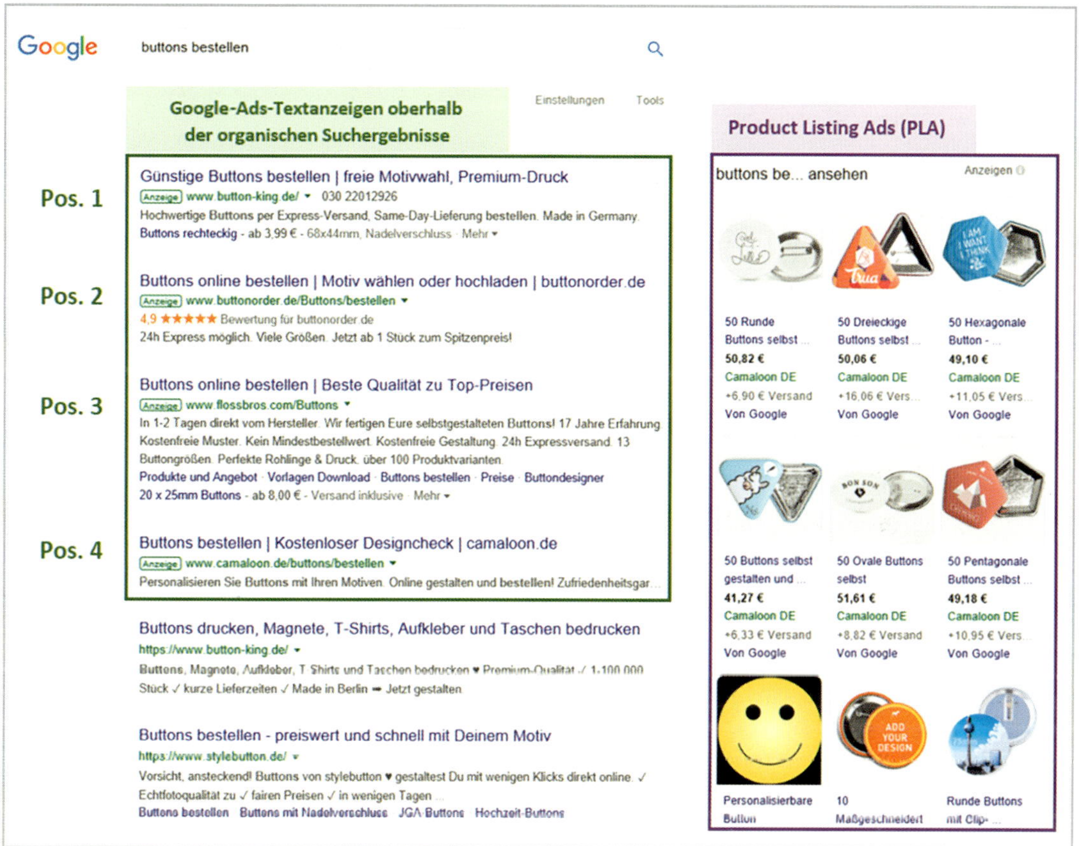

Quelle: www.google.de

Gibt ein Kunde ein vom Onlinehändler festgelegtes Keyword bei seiner Suche ein, aktiviert Google automatisch die **Google-Ads-Anzeige.** Die Position, also das **Ranking** (Pos. 1– Pos. 4) der Anzeige hängt im Wesentlichen von der **Höhe des Werbebudgets** ab.

Gleiches gilt auch für Anzeigen im **Google-Shopping-Bereich,** sobald ein Nutzer eine Anzeige anklickt. Abgerechnet wird nach der Klickrate (PPC) – allerdings wird vorher ein Betrag vereinbart, der für eine Interaktion fällig wird. Der **Werbetreibende muss erst zahlen,** wenn ein Nutzer im Google-Shopping-Bereich die **Seite vergrößert** und anschließend **länger als zehn Sekunden** auf dieser Seite **verweilt** bzw. **ein Produkt anklickt.**

5.2.3 Affiliate-Marketing

Beim **Affiliate-Marketing** wird **Werbefläche** von Betreibern einer Webseite an meistbietende Dritte gegen eine **Vermittlungsprovision** angeboten.

Als Inhaber einer Webseite ist es möglich, freie Werbeflächen an interessierte Firmen zu vermieten. Wird die Werbeanzeige dann von Kunden angeklickt und führt dies z. B. zu einem anschließenden Kaufabschluss, erhält der Betreiber der Webseite („Affiliate") vom Anbieter der Werbung eine Verkaufsprovision (Näheres siehe Kap. 5.3 Abrechnungsmodelle im Onlinemarketing).

Die Anbieter von freien Werbeflächen auf einer Webseite werden **„Publisher"** genannt, die Werbetreibenden **„Merchant"**.

Infobox

Begriffe:
- **(to) affiliate** (engl.): angliedern, anschließen
- **(to) publish** (engl.): veröffentlichen, publizieren
- **merchant** (engl.): Händler
- **log** (engl.): Tagebuch

(1) Weblog/Blog

Eine sehr gute Möglichkeit, Werbeflächen im Internet anzubieten, ist der **Weblog,** der vor allem von Privatpersonen, aber auch von Unternehmen und Tageszeitungen angeboten wird. Ein Weblog ist ein **Internettagebuch** bzw. **Internetmagazin,** das in regelmäßigen Abständen aktualisiert wird und abonniert werden kann.

Der Begriff **Weblog** ist eine Verknüpfung der englischen Begriffe „World Wide Web" und „Log". Aus dem Zusammenschluss der beiden englischen Wörter ist der Ausdruck **„Blog"** als Kurzform entstanden. Viele Tageszeitungen und Unternehmen betreiben heutzutage Blogs bei ihren Internetauftritten.

Beispiel:

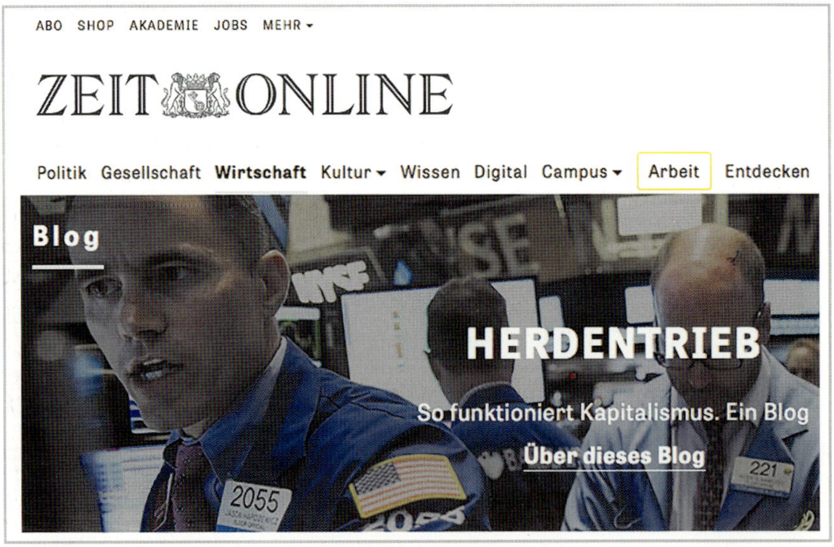

Quelle: http://blog.zeit.de/herdentrieb/ (Zugriff 08.12.2017).

Durch ihre Struktur wirken Blogs wie Webseiten und bestehen aus chronologisch sortierten Eintragslisten. Personen, die einen Blog betreiben, werden **Blogger** genannt. Sie schreiben ihre Einträge (sogenannte **Postings**) als eigene Artikel. Blogs, die mit einer öffentlichen Kommentarfunktion ausgestattet sind, können von kaufbereiten Kunden in einem Netzwerk verbreitet werden und erhöhen mit diesen Dialogen die Kundenbindung.

(2) Cookies

Im Affiliate-Marketing wird dann eine Provision gezahlt, wenn der gesetzte Link zu einem Erfolg führt. Mithilfe von sogenannten Cookies kann die **Vermittlung nachvollzogen** werden.

Ein **Cookie** (zu Deutsch: Keks, Plätzchen) ist eine kleine **Textdatei,** die auf dem Rechner des Anwenders beim Klicken auf das jeweilige Werbemittel abgelegt wird. Mithilfe dieser Information kann der Rechner des Nutzers identifiziert werden.

Beispiel

Ein Kunde hat beim Einkauf im Internet mehrere Produkte in den Warenkorb eines Anbieters gelegt und möchte diese bezahlen. Wenn sich der Kunde jedoch entscheidet, doch noch einmal die Angebote auf der Seite des Anbieters zu betrachten, ist der Warenkorb dank des Cookies nicht wieder leer. Selbst wenn der Kunde die von ihm betrachtete Webseite schließt, um sie etwas später wieder zu besuchen, sind seine Waren noch immer im Warenkorb hinterlegt.

Durch Cookies werden Informationen über die Besuchsvorgänge des Kunden auf den Webseiten für eine **festgelegte Zeit** (z. B. 24 Stunden) gesichert, damit der Kunde bequemer einkaufen kann. Die Bequemlichkeit hat aber auch ihren Preis, denn anhand von Cookies können von den Kunden **Profile** über ihre **Einkaufsgewohnheiten** erstellt werden.

5.2.4 Display- und Werbebanner-Marketing

- **Display- und Werbebanner-Marketing** sind alle Arten von Onlinewerbung, bei der grafische Werbemittel wie **Bilder, Videos und Animationen** verwendet werden. In den jeweiligen Werbemitteln sollte ein **Link** enthalten sein, der zu einer sogenannten **Landing Page** (Zielseite) führt.
- **Ziel** ist der Aufbau und die Erhöhung der **Markenbekanntheit** sowie die **Stärkung des Images** der Einzelhandelsunternehmung.

7 Lucas - ISBN 978-3-8120-0640-8

Beispiel:

Quelle: https://www.mopo.de/hamburg/-gluecksatlas--nur-in-einem-bundesland-sind-die-menschen-gluecklicher-als-in-hamburg-28780030 (Display- und Werbebanner: Nespresso und Wir kaufen Dein Auto.de)

Beim Display- und Werbebanner-Marketing wird mit unterschiedlichen **Werbeformaten** gearbeitet, wie z. B. Pop-ups und Werbebanner.

(1) Pop-ups[1]

Ein Pop-up ist eine visuelle (bildliche) Technik, bei der Webseiten-Inhalte verdeckt werden, sodass diese nur zeitverzögert dargestellt werden. Pop-ups sind beliebig groß und sorgen dafür, dass interaktive Inhalte (i. d. R. Werbung oder Spam) durch unfreiwilliges Lesen bekannt gemacht werden. Sie werden als neue Fenster im Webbrowser (z. B. Google Chrome/Internet Explorer) angezeigt und sollen zu einer bestimmten Interaktion auffordern.

Unerwünschte Pop-ups mit Werbung werden heute von vielen Internetnutzern als störend empfunden. Mit verschiedenen Programmen und unterschiedlichen Apps lassen sich mithilfe von Filterlisten Werbeformate wie Pop-ups und unerwünschte Anzeigen blockieren **(Adblocker/Werbeblocker)**. Moderne Browser verfügen in der Regel über **Pop-up-Blocker,** die das Öffnen von Pop-up-Fenstern verhindern.

Infobox

Nach einem Urteil des Münchener Oberlandesgerichts vom 17. August 2017 stellen Programme, die Werbung im Internet blockieren, keinen Verstoß gegen das Wettbewerbsrecht dar. In Deutschland werden fast 13 % aller Werbeeinblendungen blockiert.

1 **(to) pop up** (engl.): plötzlich auftauchen, erscheinen.

Beispiel:

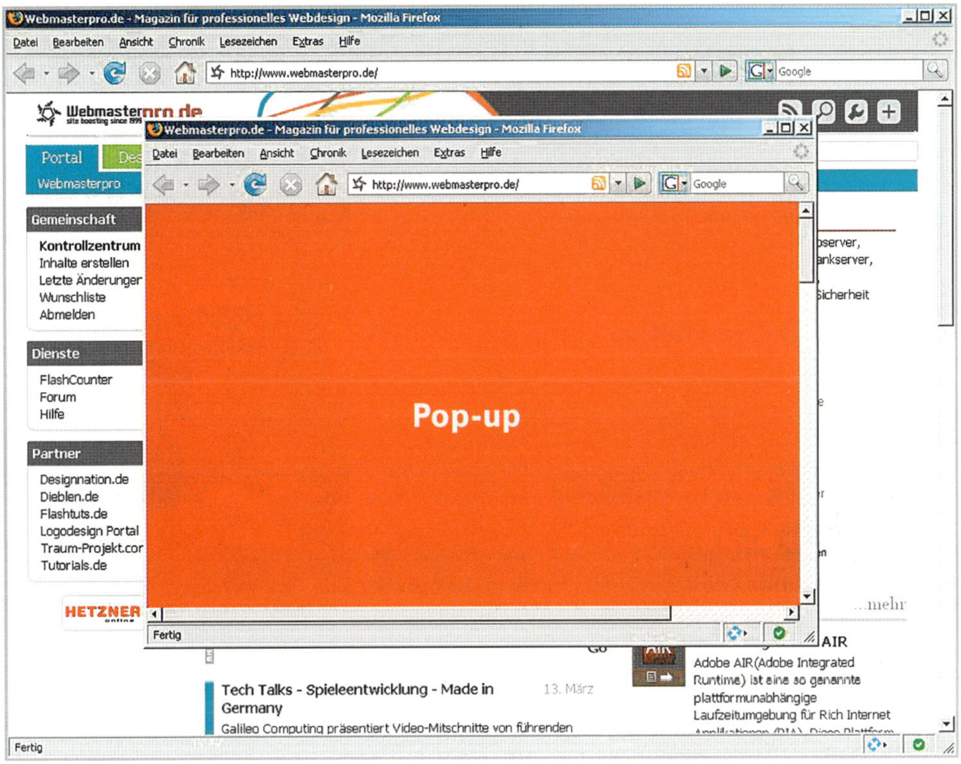

Quelle: http://www.webmasterpro.de/management/article/werbeformen-popup.html

(2) Werbebanner

Werbebanner funktionieren ähnlich wie Werbeanzeigen auf Plakaten oder in einer Tageszeitung. Es wird ein bestimmter Bereich einer Webseite als Werbefläche genutzt, die beim Betrachter/Empfänger die Aufmerksamkeit für Produkte und Dienstleistungen wecken und anschließend zum Anklicken animieren soll.

Werbebanner können nicht nur auf **Internetseiten,** sondern **auch** auf **mobilen Geräten,** wie z. B. einem Smartphone und Tablet, „geschaltet" werden. Diese Werbung wird **„Mobile Advertising"** genannt, was so viel wie Werbung auf mobilen Geräten bedeutet und bei vielen deutschen Einzelhandelsunternehmen mittlerweile einen sehr hohen Stellenwert einnimmt.

(3) Vor- und Nachteile von Display-Werbung

Vorteile	Nachteile
• Große Reichweiten und direkte Zielgruppenanimation. • Markenbekanntheit und -image werden gesteigert. • Einfache Messbarkeit. • Gute Platzierung und mobile Nutzbarkeit.	• Hoher Streuverlust. • Adblocker-Programme. • Banner werden von Konsumenten einfach ausgeblendet. • Reizüberflutung.

5.2.5 Kundenbewertungen

Kundenbewertungen spielen beim Onlineshopping eine große Rolle und haben entscheidenden Einfluss auf das Kaufverhalten der Kunden. Denn oftmals schenken Kunden den Bewertungen von anderen Käufern mehr Vertrauen, als den Beschreibungen auf den Webseiten vieler Hersteller. Daher ermöglichen immer mehr Onlineshops ihren Kunden, Urteile und Meinungen zum Einkaufserlebnis abzugeben bzw. die erworbenen Produkte und Dienstleistungen direkt auf der Webseite zu bewerten.

Infobox

Laut einer repräsentativen Umfrage im Auftrag des Digitalverbands Bitkom lesen zwei Drittel der Onlinekäufer Kundenbewertungen in Onlineshops (65 %). Damit rangieren die Onlinebewertungen noch vor Preisvergleichsseiten wie Idealo oder Check24 (51 %) und persönlichen Gesprächen mit Freunden, Familie und Kollegen (50 %).[1]

Online-Kundenbewertungen sind demnach für die Verbraucher das **wichtigste Entscheidungskriterium** beim Onlineshopping. Bewertungen, die von unabhängigen Kunden durchgeführt wurden, sind ein guter Gradmesser bei der großen Auswahl, die im Onlinehandel zu finden ist. Pflegen Onlineshops diese Bewertungen auf ihrer Homepage regelmäßig und sind diese für die Kunden transparent und nachvollziehbar, können auf diesem Weg viele Neukunden gewonnen werden. Gleichzeitig können sich Onlineshops auf diese Weise von der Konkurrenz absetzen.

Vier von zehn Käufern, die ihre Waren online beziehen, haben weniger Vertrauen zu angebotenen Waren, bei denen keine Produktbewertung vorgenommen wurde. In den meisten Fällen entsprechen die von den Käufern vorgenommenen Produktrezensionen auch den tatsächlichen, persönlichen Einschätzungen der späteren Käufer.

Laut der o.g. Studie schreibt fast jeder Zweite selbst Online-Kundenbewertungen. Die Gründe für solch eine Beteiligung sind dabei sehr unterschiedlich. Grundsätzlich lassen sich vier verschiedene **Kundenbewertungstypen** unterscheiden:

Der Helfer	Möchte andere potenzielle Käufer unbedingt dabei unterstützen, die richtige Produktentscheidung zu treffen.

1 Vgl. https://www.bitkom.org/Presse/Presseinformation/Kundenbewertungen-sind-wichtigste-Kaufhilfe.html (Zugriff 18. 03. 2019).

Der Optimierer	Möchte mit Vorschlägen und Anregungen Betreibern eines Onlineshops dabei helfen, ihre angebotenen Produkte und Dienstleistungen zu verbessern.
Der Emotionale	Will sich mit seinen Bewertungen bei den Betreibern von Onlineshops über die online bezogenen Produkte und Dienstleistungen zurückmelden, um bei dieser Gelegenheit seinen „Dank auszusprechen" oder „seine Unzufriedenheit zu äußern".
Der Motivator	Möchte andere Besucher des Onlineshops vom Kauf der angebotenen Produkte und Dienstleistungen abraten – oder sie zum Kauf zu motivieren.

Sollte ein Onlineshop von den Kunden nach einem Kauf größtenteils **schlecht bewertet** werden, wirkt sich dies sehr **negativ** auf das **Vertrauen** potenzieller Neukunden aus. Hat ein Onlineshop nur sehr wenige Bewertungspunkte auf seiner Webseite, kaufen dort nachweislich weniger Kunden ein. Auf der anderen Seite können auch nur positive Bewertungen auf den Internetseiten der Onlineshops bei vielen Kunden sogar Misstrauen erwecken und im schlimmsten Fall dazu führen, dass diese Kunden ihren Einkauf in einem anderen Onlineshop erledigen.

Infobox

- Viele Kunden, die ursprünglich ein Produkt nicht kaufen wollten, entschließen sich nach dem Lesen einer positiven Kundenbewertung oftmals doch noch zu einem Kauf.
- Sind die Mehrzahl der Bewertungspunkte überwiegend positiv, erhöhen aber auch schlechtere Produktrezensionen durchaus die Kaufbereitschaft der potenziellen Kunden. Produkte mit **4,5 Sternen** verkaufen sich in der Regel bis zu dreimal besser, als Produkte, die alle 5 Sterne aufweisen.
- Zudem erhöhen zahlreiche Kundenrezensionen die **Klickraten** der Online-User – und führen damit unweigerlich zu einem **besseren Google-Ranking**.

Wenn Käufer in einem Onlineshop zusätzlich zu ihrer Produktbewertung noch einen ausführlichen **Erfahrungsbericht** auf der Webseite hinterlassen, so ist dies für Onlinehändler besonders wertvoll, da sie so direkte Rückmeldung zu ihren Produkten und Dienstleistungen erhalten und zudem auch auf die geäußerten Meinungen unmittelbar eingehen können.

Sollte ein Onlineshop von seinen Kunden **negativ** bewertet werden oder fällt ein Feedback zu einem Produkt besonders negativ aus, sollten Händler **nicht** mit einer **Löschung** dieser schlechten Kommentare reagieren. Denn vom Onlinehändler gelöschte Kommentare verursachen bei den Usern, die sich extra die Zeit genommen haben, um ein Feedback bzw. eine Bewertung zu schreiben, eine große Verbitterung und Unverständnis. Stattdessen bieten auch negative Kommentare eine Gelegenheit, um Probleme (z.B. bei der Funktionalität eines Produktes oder bei schlechtem Kundenservice) zu lokalisieren und schnell abzustellen.

Die **Auswertung von Kundenbewertungen,** seien diese nun positiv oder negativ, gehört zu den Hauptaufgaben bei der **Pflege eines Onlineshops** und nimmt viel Zeit in Anspruch. Eine schnelle Reaktion und Stellungnahme auf eine schlechte Produktbewertung des Shops – möglichst noch am gleichen oder darauffolgenden Tag – erhöht die Kundenzufriedenheit und signalisiert bei anderen Kunden eine hohe Souveränität.

5.2.6 Gutschein-Marketing

Sicher ist es für den Onlinehändler nicht immer leicht, seine Produktpreise am Markt ausrichten zu können oder immer der günstigste Anbieter zu sein. Aber Besucher eines Onlineshops können beispielsweise durch **Rabattaktionen** oder durch das Anbieten von **Gutscheincodes** im Webshop gehalten und zum Einkaufen motiviert werden.

Infobox

Studien haben gezeigt, dass die Mehrheit der Deutschen in **Gutscheinen** einen erheblichen Mehrwert sehen, da sie erst durch einen Gutschein auf einen bestimmten Onlineshop aufmerksam geworden sind. Durch einen **Rabattgutschein** haben sich viele Menschen schon oft ein Produkt gekauft, was sie ansonsten nicht gekauft hätten.

5.3 Website-Marketing

5.3.1 Leadgenerierung

Um einen Onlineshop erfolgreich betreiben zu können, bilden alle neugewonnen Kunden die Grundlage des Geschäftsbetriebes im Internet (besonders im B2B-E-Commerce). Die sogenannte **Leadgenerierung** bildet den Grundbaustein bei der gezielten **Suche nach Neukunden.**

- Ein **Lead** ist ein Interessent, der sich für ein Produkt oder eine Dienstleistung eines Unternehmens interessiert und in diesem Zusammenhang freiwillig seine Kundendaten hinterlässt (z. B. E-Mail-Adresse, Telefonnummer oder Unternehmensname).
- Bei der **Leadgenerierung** werden persönliche Daten für eine weitere Kontaktaufnahme gesammelt.

Werbetreibende Unternehmen haben verschiedene Möglichkeiten, Leads zu generieren, z. B.

- Anmeldung zum Newsletter,
- konkrete Kundenanfrage,
- Eingabe von Kontaktdaten für einen Download,
- Ausfüllen eines Formulars für ein Gewinnspiel.

Beispiel:

Von Seiten der Unternehmen wird immer häufiger die **indirekte Methode** gewählt, d. h. Leads in Form von E-Mail-Adressen, Telefonnummern, Unternehmensnamen und -daten, Ansprechpartnern etc. Grundsätzlich muss sich der Onlinehändler fragen, wie er an die Kontaktdaten (Leads) der Besucher seiner Webseite kommt. Möchte er über ausgewählte Kanäle nur Leads einer bestimmten Qualität erzeugen oder sind möglichst viele Leads (Quantität) mit einer klar gewählten Strategie (Push/Pull) sein Ziel?

Bei der Leadgenerierung ist besonders wichtig, die richtigen **Kanäle** für die richtige Interessengruppe auszuwählen, um qualitativ hochwertige Leads zu generieren:

Online	Webseiten, Suchmaschinenmarketing, Blogs, Social Media
Messe	Handels- und Hausmessen, Promotionsstände, Verlosungen
Telefon	Telefonischer Kontakt z. B. über Callcenter
Klassische Werbung	Anzeigen in Fachzeitschriften, Broschüren, Fernsehwerbung, Werbebriefe
Sonstige	Affiliate-Marketing, E-Mail-Marketing, Sponsoring, Video Ads, Content-/ Inbound-Marketing (Näheres hierzu siehe nachfolgende Kapitel)

Zu den **wichtigsten Kanälen** zum Aufbau von Kundenbeständen zählen insbesondere die eigene Unternehmenswebseite, Social-Media-Kanäle und E-Mail-Marketing.

Um potenzielle Interessenten zu gewinnen, können bei der Leadgenerierung sogenannte **Incentives**[1] eingesetzt werden, wie beispielsweise kostenlose Testangebote, Produktzugaben, spezielle Rabatte oder bestimmte Sonderaktionen. Der Kunde muss bei den speziellen Angeboten immer seine **Zustimmung** abgeben und bei vielen Arten der Leadgenerierung sind **rechtliche Aspekte** zu beachten (z. B. Opt-in- oder Opt-out-Verfahren bzw. das in diesen Fällen häufig eingesetzte Double-Opt-in-Verfahren, siehe hierzu auch Kap. 5.5.2).

Leadgenerierung wird bei werbetreibenden Unternehmen immer beliebter. Zum einen hinterlassen die Nutzer ihre persönlichen Daten **aus eigenem Antrieb** und zum anderen ist hierbei die Wahrscheinlichkeit auch größer, den **Interessenten tatsächlich als Neukunden** zu gewinnen.

5.3.2 Content-Marketing

Um mit einem Onlineshop erfolgreich sein zu können, ist ein **guter Content (Inhalt)** von großer Bedeutung und entscheidet häufig über eine langfristige Bindung von Kunden an das Unternehmen. In Zeiten von sinkender Aufmerksamkeitsspanne und Informationsflut (z. B. Text, Bild, Video) ist Content-Marketing für Unternehmen eine Lösung, um ihren Bekanntheitsgrad zu steigern und neue Kunden zu gewinnen.

- **Content-Marketing**[2] umfasst die Erstellung und Verbreitung von **hochwertigen** bzw. **nützlichen** Inhalten (z. B. Artikelbeschreibungen, Produktbilder, Blogbeiträge, Videos, Tutorials, Umfragen, Infografiken), der von vielen Menschen online gesucht wird.
- Content-Marketing verfolgt das **Ziel,** Kunden zu informieren, zu beraten und zu unterhalten, um sie als Kunden zu gewinnen oder zu halten.

1 **Incentives** (engl.): Anreize. Die Aufgabe besteht darin, neue Kunden zu generieren und Kaufanreize zu schaffen, indem die Aufmerksamkeit erhöht wird und für die potenziellen Käufer motivierende Mehrwerte geschaffen werden.

2 **Content-Marketing** wird auch als **Inhaltsmarketing** bezeichnet.

Statt Werbebotschaften, die viele Internetnutzer meist aktiv wegblocken oder ignorieren, wird **nützlicher Content** verwendet und so aufbereitet, dass er gefunden wird. Das heißt, nicht nur Besucher eines Onlineshops, sondern auch **Suchmaschinen** müssen die auf der Webseite zur Verfügung gestellten Informationen interessant finden und diese wiederrum als relevant für andere User einordnen.

Beispiel

Ein **Anzeichen** für die **Bedeutsamkeit** des eigenen Onlineshops ist u. a. die Absprungrate von Shopbesuchern **(Bounce-Rate).** Aufgrund dieser Rate lassen sich Webseiten besser pflegen und in vielen Punkten (z. B. Länge einer Beschreibung, Bilder eines Produktes) deutlich verbessern.

Statt Werbetricks werden potenzielle Kunden beraten und begleitet. Mit Content-Marketing werden folgende **Ziele** verfolgt:

- Vertrauen aufbauen und Fehlkaufrisiko minimieren,
- neueste Informationen bereitstellen und Möglichkeit zur persönlichen Weiterentwicklung bieten,
- Kundenzufriedenheit erhöhen durch unterhaltsame und nützliche Inhalte,
- Synergien auslösen und den Website-Traffic steigern,
- Verweildauer erhöhen und Kundenbeziehung fördern.

Worüber interessante und lustige Inhalte geteilt werden

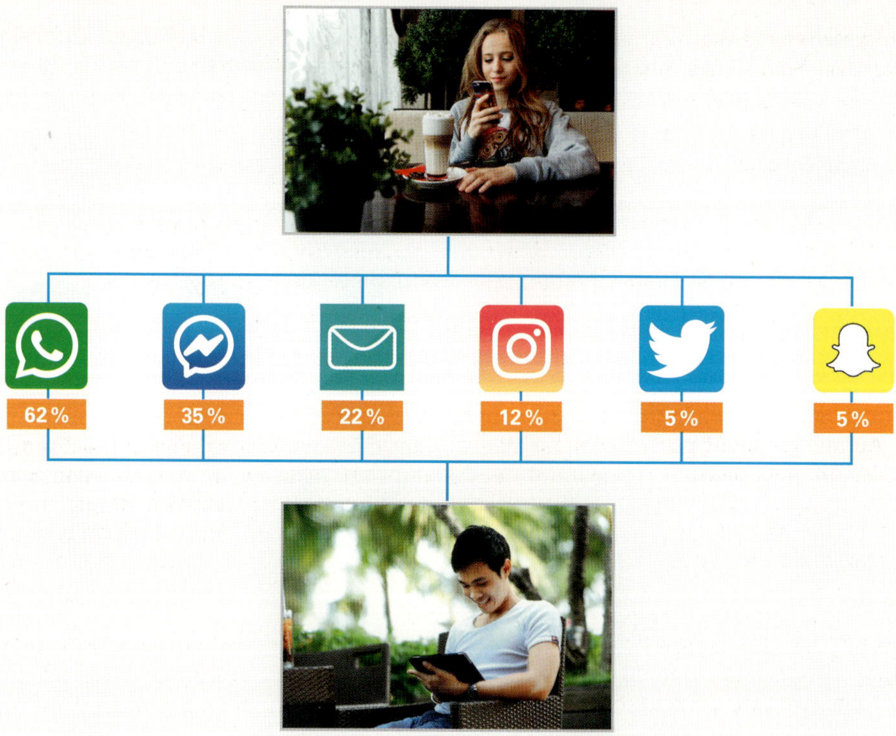

Eigene Darstellung; Datenquelle: www.messengerpeople.com/de/whatsapp-im-content-marketing-studie-beweist-viralitaet-und-aufmerksamkeit/ (Zugriff: 15.03.2019).

Um wirklich **guten Content** zu erstellen, sollten folgende **Aspekte** beachtet werden:

- Formulierung (Stil),
- Formatierung,
- Gestaltung,
- Rechtschreibung,
- Verwendung von SEO-Kriterien (Produktbilder, Produktvideos, Grafiken u. a.).

Frage- bzw. Problemstellungen sollten so formuliert werden, dass sich **unterschiedliche Käuferschichten** sofort angesprochen fühlen und einen Mehrwert darstellen. Textinhalte benötigen eine besondere Tiefe, um langsam aber stetig eine in sich geschlossene Themenwelt hervorzubringen und sich im Sinne einer gut gepflegten Datenbank als schlüssig zu ergänzen.

Um dies zu ermöglichen, sind vor allem **interne Verlinkungen** sehr wichtig, da diese für eine inhaltliche Zusammengehörigkeit bei den potenziellen Käufern sorgen. Um eine erhöhte Aufmerksamkeit für die Produkte und somit auch für die Themenwelten des eigenen Onlineshops bei den möglichen Kunden zu erzielen, ist ein hohes Maß an Präsenz, zum Beispiel durch reichweitensteigernde Influencer[1] in den sozialen Netzwerken wie Facebook, Twitter und Instagram, notwendig.

Zusammengefasst sind mit Content-Marketing insbesondere folgende **Vorteile** verbunden:

- weniger aufdringlich als klassische Werbung,
- Erhöhung des Bekanntheitsgrades des Unternehmens,
- mehr Traffic durch zusätzliche Leads,
- Verringerung von Streuverlusten durch direkte Zielgruppenansprachen,
- Einsparung von Kosten durch Nutzung von Synergieeffekten mit sozialen Medien.

Immer mehr Unternehmen erkennen die Bedeutung von Content-Marketing als Voraussetzung für eine erfolgreiche Leadgenerierung, sodass Content-Marketing schon jetzt für viele Unternehmen ein **fester Bestandteil** ihrer **Marketingkommunikation** ist.

5.3.3 Inbound-Marketing

Beim Inbound-Marketing geht man – ebenso wie beim Content-Marketing – davon aus, die **Aufmerksamkeit** potenzieller Kunden zu gewinnen, wenn **nützliche** und **auffindbare Inhalte** im Netz platziert werden. **Inbound-Marketing** geht hier aber noch einen Schritt weiter als Content-Marketing: Der potenzielle Kunde muss „mitgenommen" und zu einer bestimmten **Aktion** aktiviert werden, damit aus einem Lead ein Verkauf, eine Bestellung, ein Download etc. wird.

Beim **Inbound-Marketing** geht es darum, dass potenzielle Kunden bei der Recherche im Internet den eigenen Onlineshop finden, durch Inhalte, Themen und Problemlösungen überzeugt und zu einer bestimmten Handlung (z. B. Bestellung, Download) bewegt werden, um sie letztlich zu Kunden oder sogar Fans zu machen.

1 **Influencer** (engl.): Beeinflusser. Sind Personen, die aufgrund eines starken Images und einer sehr hohen Präsenz in bekannten sozialen Netzwerken als Träger für Werbung fungieren. Näheres siehe Kap. 5.7.

Der **Inbound-Marketing-Prozess** läuft in verschiedenen **Phasen** ab:

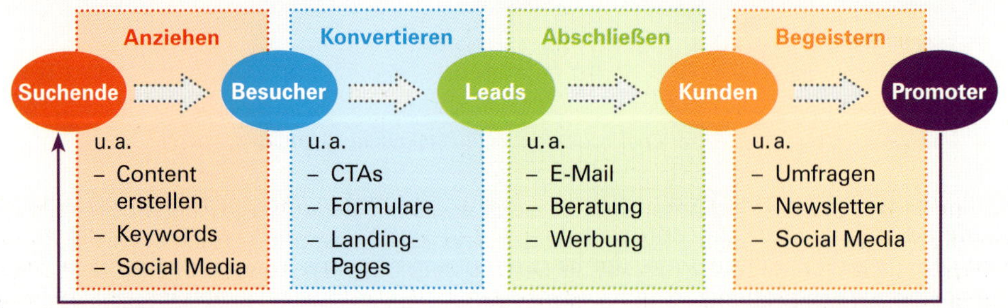

(1) Anziehen

In dieser Phase geht es darum, dass unbekannte Nutzer bereits im Online-Rechercheprozess (z. B. über einen Social-Media-Beitrag, eine Verlinkung oder über Suchmaschinenergebnisse) mit ansprechenden Inhalten erreicht und angesprochen werden. Das Ziel ist, möglichst viel Traffic ohne großen Werbeaufwand zu erreichen.

(2) Konvertieren (umwandeln)

In dieser Phase geht es um den Übergang vom **Besucher zum Lead.** Damit die Besucher ihre Kontaktinformationen abgeben, müssen wertvolle Inhalte als Gegenleistung angeboten werden. Diese können sehr vielfältig sein (u. a. Tutorials, Checklisten, Präsentationen).

Beispiel

Hat z. B. jemand ein Problem mit einer Digitalkamera, könnte auf der Webseite des Shops ein Tutorial gegen Angabe der E-Mail-Adresse des Besuchers angeboten werden.

(3) Abschließen

In der Abschlussphase wird versucht, die gewonnenen Leads möglichst so zu betreuen und zu entwickeln, dass diese zu neuen Kunden des Onlineshops werden. Dazu erhalten die Leads nützliche und hilfreiche Informationen zu den vorher gesuchten Produkten oder zu attraktiven Kaufangeboten (z. B. durch E-Mail-Benachrichtigungen).

(4) Begeistern

In der Begeisterungsphase werden die neugewonnenen Kunden, z. B. durch Weiterempfehlung der gekauften Produkte an Freunde oder Arbeitskollegen oder durch Teilen von Inhalten auf Social-Media-Kanälen via Twitter oder Facebook, zu treuen Fans der Produkte oder Dienstleistungen des Onlineshops.

Grundsätzlich können im Inbound-Marketing viele verschiedene **Kanäle und Instrumente** eingesetzt werden, u. a.

- Google Ads,
- Landing-Pages,
- Content-Marketing,
- Podcasts,
- Blogging,
- E-Mail,
- Newsletter,
- Suchmaschinenoptimierung (SEO).

Inbound-Maßnahmen sind aufgrund der langfristigen Auslegung und Pflege sehr zeitaufwendig, da die potenziellen Kunden **nicht sofort kaufen,** sondern sich erst einmal nur informieren wollen. Inbound-Marketing setzt darauf, dass die Kunden das Produkt oder die gesuchten Informationen finden, sie diese überzeugen und zufriedenstellen und die Kunden sich dann zu langfristigen **Fans** bzw. Botschaftern der Marke oder des Produktes weiterentwickeln.

5.4 Suchmaschinenoptimierung (SEO)

Suchmaschinenoptimierung (Search Engine Optimization, SEO) umfasst die Gesamtheit aller Maßnahmen, die darauf abzielen, die Platzierung einer Webseite in den Suchergebnissen zu verbessern, um dadurch öfter von Usern besucht zu werden.

Ziel ist es, die **Sichtbarkeit der Webseite** in der „normalen Trefferliste" zu **erhöhen.** Dabei gibt es verschiedene Faktoren, die die Platzierung einer Webseite beeinflussen und somit relevant sind, um bei Google „oben" zu stehen.

Einflussfaktoren für das Ranking bei Suchergebnissen	Erläuterung
Linkfaktoren	Anzahl und Links, die auf die Homepage des Onlineshops hinweisen
Keywords	Qualität und Quantität der Seiteninhalte und deren Eigenschaften
Inhaltsbezogene Faktoren	Lesbarkeit, Ladegeschwindigkeit, Einzigartigkeit
Markenfaktoren	Berücksichtigung der Domain in Nachrichten, Medien und Presse
Nutzungsbezogene Daten	Klickraten, Verweildauer, Bounce-Raten
Soziale Medien	Interaktionen auf sozialen Netzwerken

Gewichtung der Google-Ranking-Faktoren

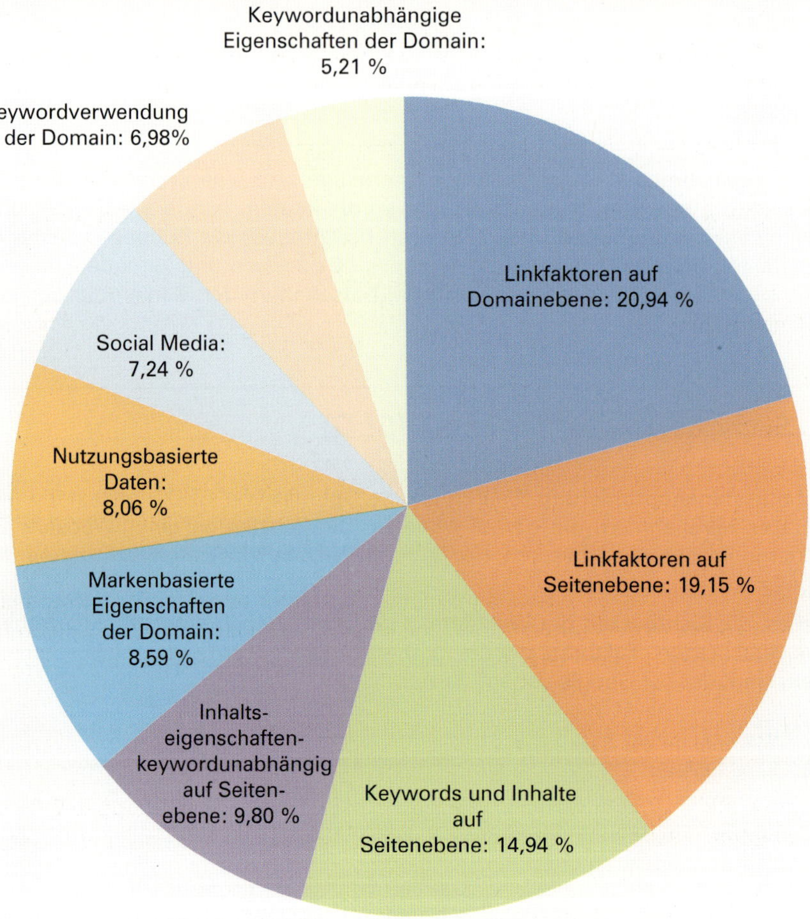

Quelle: https://www.seo-suedwest.de/492-gewichtung-google-ranking-faktoren.html (Zugriff 07.03.2019)

Infobox

Google-Geschwindigkeitsupdate: Seit dem Sommer 2018 hat es eine wichtige Änderung hinsichtlich des **Rankings** bei Google gegeben. Die Ladegeschwindigkeit von mobilen Webseiten ist zu einem offiziellen Rankingfaktor geworden und ab diesem Zeitpunkt werden nur noch Webseiten ganz oben gelistet sein, die eine sehr schnelle Ladegeschwindigkeit haben. Grund sind die Benutzer von Smartphones, die von Google die gleiche Qualität und Geschwindigkeit wie auf den Webseiten eingefordert haben.

5.5 E-Mail-Marketing

5.5.1 Begriff und Formen

E-Mail-Marketing wird dazu genutzt, Kunden per E-Mail auf neue Produkte und Angebote aufmerksam zu machen und die Kundenbindung zu stärken.

Unter E-Mail-Marketing fallen folgende Anwendungsformen:

(1) Newsletter

Newsletter werden regelmäßig in Form von **E-Mails** an Kunden bzw. Abonnenten[1] gesendet und enthalten **Angebote, Infos und Neuigkeiten.**

Newsletter können kostenlos oder kostenpflichtig sein. In beiden Fällen muss der Empfänger dem Versand von Newslettern an die eigene E-Mail-Adresse zustimmen.

(2) Trigger-E-Mail

Trigger-E-Mails (Trigger-Mails) sind **automatisierte und anlassbezogene E-Mails,** die bei Eintreffen eines bestimmten Ereignisses an Kunden versendet werden.

Beispiele für Trigger-Mails

- **Willkommensnachrichten**
  Nach erfolgter Registrierung oder Neuanmeldung erhält der Kunde eine Bestätigungs-E-Mail.
- **Transaktionsnachrichten**
  Nach einem getätigten Kauf wird eine Bestellbestätigung oder eine Versandbestätigung (z.B. mit Versendungsnummer zur Verfolgung des Warentransports) geschickt.
- **Auszeichnungsnachrichten**
  Glückwunsch-Mails oder Dankeschön-Mails zur Bekräftigung der getätigten Kaufentscheidung.
- **Bewertungsnachrichten**
  Kundenbefragungen und Kundenbewertungen als „Afterbuy-Mails" zur Abfrage der Kunden- bzw. Produktzufriedenheit.
- **Aktivierungsnachrichten**
  Nach dem Kauf kann der Kunde sein Produkt registrieren und erhält bei der Verwendung und den Funktionen kostenlose Hilfe.
- **Verhaltensbezogene Nachrichten**
  Anhand der Kundenhistorie und der Kundendaten werden Reaktivierungs-Mails an inaktive Kunden geschickt („Wir vermissen Sie als Kunde").

1 **Abonnent:** jemand, der regelmäßig eine Leistung bezieht.

- **Zeitbezogene Nachrichten**
  Kunden erhalten an Geburtstagen Glückwünsche und Geschenke (personalisierte Einkaufsgutscheine, elektronische Geburtstagskarten) per E-Mail gesendet.

(3) Broadcast-E-Mail

Broadcast[1]-E-Mails sind **Nachrichten,** die **gleichzeitig an mehrere Teilnehmer** eines Netzwerkes (Computernetzwerke, WhatsApp[2]) gesendet werden, wobei der Empfänger nicht erkennen kann, wer außer ihm angeschrieben wurde.

Einrichtung einer Broadcast-E-Mail-Anmeldung (z. B. mithilfe von WhatsApp):

- **Firmentelefonnummer** und **mobiles Gerät** auswählen, von dem die Nachrichten versendet werden.
- **Formular** auf der **Homepage** bereitstellen, in das sich Kunden mit ihrer Mobilfunknummer eintragen können.
- **Kunden** fügen die angezeigte **Firmentelefonnummer** zu ihren **Telefonkontakten** hinzu.
- **Aktivierung** der Broadcast-E-Mails mit einem Keyword (z. B. Start, Beginn) durch den Anwender.
- Durch eine **Begrüßungsnachricht** (z. B. „Welcome", „Hallo") tritt das Unternehmen in Kontakt mit dem Nutzer.

Die Einrichtung von Broadcast-E-Mails eignet sich besonders für **individuelle und persönliche Antworten,** z. B. auf Anfragen oder Anliegen von Kunden, da diese in einem **Privatchat** und nicht in einer Gruppenliste angezeigt werden.

(4) Autoresponder[3]

Autoresponder ist eine Software-Anwendung für E-Mail-Programme, die **auf eingehende E-Mails automatisch vorformulierte Antworten** versendet.

Werden in Einzelhandelsunternehmen Autoresponder genutzt, muss auf den Inhalt dieser Mitteilungen bzw. Antworten geachtet werden, um Kunden nicht zu verärgern. Zum Beispiel gehen Texte wie *„Vielen Dank für Ihre Anfrage"* oder *„Wir werden uns bei Ihnen melden"* nicht direkt auf den Kundenwunsch nach Informationen ein, sondern hinterlassen weitere offene Fragen beim Empfänger.

Ein **Autoresponder** sollte beim Kunden keine offenen Fragen hinterlassen, sondern als **zusätzlicher Service des Unternehmens** angesehen werden.

1 **Broadcast** (engl.): Sendung, Übertragung, Ausstrahlung.

2 35 Mio. Deutsche nutzen WhatsApp als SMS-Ersatz sowie als Messenger- und Chat-Werkzeug. Es ist kostenlos und einfach zu bedienen. Privatpersonen benötigen nur die Mobilfunknummer des Empfängers, um Nachrichten zu verschicken.

3 **Autoresponder** (engl.): automatische Antwort.

Regeln bei der **Anwendung von Autoresponder:**

- Die **Betreffzeile** in der E-Mail nutzen, um einen Bezug zur Anfrage oder Bestellung herzustellen.
- **Persönliche Ansprechpartner** und vollständige **Kontaktinformationen** zur Verfügung stellen.
- Einen **Status** mit vollständiger Angabe des zeitlichen Ablaufs nach Bestellungen **posten.**
- **Abwesenheitsnotizen** (Text: *„Herr Müller arbeitet nicht mehr in unserem Unternehmen"* oder *„bis zum 15.07.20.. befinde ich mich in meinem Jahresurlaub"*) benötigen weitere Kontaktinformationen (Mobilnummer von Ansprechpartnern oder Urlaubsvertretungen) für die Kunden.

Sind Autoresponder Inhalt einer **E-Mail-Kampagne,** wird häufig auch die Bezeichnung **„Follow-Ups"** verwendet. Diese bestehen aus einer **festgelegten Abfolge** von unterschiedlichen **E-Mails.**

- Auf eine Kundenbestellung folgt eine Bestätigungsmail,
- darauf eine Mail zur Versandankündigung,
- anschließend eine Mail, dass das Produkt versendet wurde,
- nach erfolgtem Versand wird eine Mail mit einer Aufforderung für eine Bewertung der Produkte oder des Kundenservices verschickt.

5.5.2 Rechtliche Rahmenbedingungen für den Versand von Werbe-E-Mails

In Deutschland regelt u.a. das **Gesetz gegen den unlauteren Wettbewerb [UWG]** das Marktverhalten der einzelnen Unternehmen und schützt die Verbraucher und die Allgemeinheit mit diesen Gesetzen vor irreführender Werbung.

Liegt eine Einverständniserklärung des Empfängers vor und besteht zudem eine Geschäftsbeziehung, darf dem Kunden eine Werbe-E-Mail geschickt werden.

Infobox

Ein **Werbebrief** darf an jede Adresse geschickt werden – bei einer **Werbe-E-Mail** ist dies **ohne vorheriges Einverständnis** des Empfängers **nicht erlaubt** [§ 7 UWG].

In der kaufmännischen Praxis gibt es unterschiedliche Verfahren, um das „Einverständnis des Kunden" zu erhalten:

(1) Einfacher Opt-In[1]

Der Empfänger muss ausdrücklich sein Einverständnis geben, regelmäßig Werbe-E-Mails zu erhalten. Dabei hinterlässt der Kunde seine E-Mail-Adresse. Es ist **keine Bestätigungsmail** notwendig und die Anmeldung wird sofort wirksam.

Der Versender kann nicht beweisen, dass der Inhaber der E-Mail-Adresse sich tatsächlich persönlich angemeldet hat – und nicht ein unbekannter Dritter. Auch die Gültigkeit der E-Mail-Adresse des Konsumenten kann bei diesem Verfahren nicht bestätigt werden.

1 **(to) opt (for) sth.** (engl.): optieren, sich für etwas entscheiden.

(2) Double-Opt-In

Der Empfänger meldet sich bei einem Anbieter an und erhält anschließend eine **Begrüßungsnachricht.** Die Registrierung wird erst nach dem Antworten auf die Begrüßungsnachricht (mit dem **Bestätigungslink**) abgeschlossen. Dies hat für den Versender den Vorteil, dass die Qualität der Adressenlisten durch ausschließlich gültige E-Mail-Adressen deutlich erhöht wird. Allerdings kann der erhöhte Aufwand des Anmeldevorgangs dazu führen, dass interessierte Kunden vergessen, den Registrierungslink zu bestätigen, oder das Anmeldeverfahren nicht verstehen und dadurch nicht zu Abonnenten werden. Eine Anmeldung durch Dritte gegen den Willen des Empfängers ist bei diesem Verfahren nicht möglich.

(3) Confirmed-Opt-In

Beim Confirmed-Opt-In wird im Anschluss an ein Abonnement die E-Mail-Adresse des Empfängers angegeben und an diese eine **Bestätigungsmail** geschickt – allerdings **ohne** einen **zusätzlichen Link** wie beim Double-Opt-In. In dieser Mail wird zum Beispiel das Abonnement und die abschließende Registrierung des Kunden noch einmal wiederholt. Anschließend erhält der Empfänger eine Erklärung über seine Kündigungsmöglichkeiten. Spam oder eine Anmeldung durch Dritte kann bei diesem Verfahren nicht wirkungsvoll verhindert werden. Daher gilt das Confirmed-Opt-In als eine **Mischung** aus dem einfachen Opt-In und dem rechtssicheren Double-Opt-In.

In Deutschland muss sichergestellt werden, dass der Empfänger sein **Einverständnis für Werbe-E-Mails und Newsletter** zu jeder Zeit auch **widerrufen** kann. Sollte der Empfänger einen Widerruf leisten – also den Newsletter abbestellen, muss dieser sofort wirksam werden.

Eine Werbe-E-Mail darf beim Versand nicht den Eindruck einer privaten E-Mail vermitteln und muss klar als Werbung erkennbar sein. Daher muss die Betreffzeile werbewirksam formuliert werden. Das „verstecken" von Einwilligungen für den Empfang von Newslettern innerhalb der AGB oder Datenschutzerklärungen ist nicht zulässig.

5.5.3 Gefahren beim Versand von Werbe-E-Mails

(1) Junk/Spam[1]

Spam- oder Junkmails sind größtenteils **werbende** und **unverlangt zugestellte Nachrichten,** die i.d.R. per E-Mail **massenhaft** durch sogenannte Spammer versendet werden.

Diese ungewollt kommerzielle Werbung wird an Hunderttausende Empfänger geschickt – in der Hoffnung, dass ein geringer Prozentsatz ein Produkt erwirbt und in die „Spam-Falle" tappt. Aufgrund dieser großen Mengen an unerwünschten Nachrichten entsteht jährlich ein Schaden in mehrfacher Milliardenhöhe, der durch die Kosten für die Datenübertragung und der damit verursachten Mehrarbeit entsteht.

Infobox

Spam ist ein Kürzel für eine Sorte Dosenfleisch („Spiced Ham"), das von der Firma Hormel Foods seit den 1930er-Jahren hergestellt wird.

(2) E-Mail-Harvester[2]

E-Mail-Harvester sind **Computerprogramme** (sogenannte **Bots**), die das Internet **nach E-Mail-Adressen durchsuchen und speichern,** um im Anschluss daran **Massenmails** an diese Empfänger zu verschicken.

Diese Programme durchsuchen Webseiten, Newsgroups und sogar Chatkonversationen anhand ihrer Verknüpfungen per Links. Der Inhalt dieser Internetseiten ist für die Software nicht von Interesse, sondern nur die darauf angegebenen E-Mail-Adressen. Aus diesem Grund nennt man diese Computerprogramme auch **„Erntemaschinen"** und den Ausgangspunkt für Spam im Internet. Nur durch die Verschlüsselung der eigenen E-Mail-Adresse (z. B. mit JavaScript) oder durch die veränderte Schreibweise (z. B. „info(at)merkur-verlag.de") ist ein Schutz gegen diese Programme möglich.

(3) Bulk-E-Mail[3]

Eine Sonderform des **Spam** bilden die Bulk-E-Mails, die in großen Massen und Stückzahlen Werbung versenden. Suchroboter ermitteln die E-Mail-Adressen von Empfängern bzw. erhalten diese von Listbrokern, die Adresslisten zum Kauf anbieten.

Bulk-E-Mails werden zu unterschiedlichsten Zwecken an Empfänger geschickt, die nicht ihr Einverständnis für diese Nachrichten gegeben haben.

1 **Junk** (engl.): Abfall, Plunder.

2 **Harvest** (engl.): Ernte; **harvester** (engl.): Erntemaschine.

3 **Bulk** (engl.): Masse.

8 Lucas - ISBN 978-3-8120-0640-8

5.5.4 Analyse und Auswertung

Das E-Mail-Marketing ist über Kennzahlen messbar. Es liefert ein zuverlässiges Zahlenmaterial. Die Reaktionen der Abonnenten lassen messbare Rückschlüsse zu und der Erfolg jedes Mailings kann genau bewertet werden.

Folgende **Kennzahlen** können zur Analyse und Auswertung des E-Mail-Marketings herangezogen werden:

(1) Zustellrate

Die Zustellrate gibt an, wie vielen Empfängern die Mailings wirklich zugesandt wurden.

$$\text{Zustellrate} = \frac{\text{Anzahl der Empfänger} - \text{Bounces}}{\text{versendete E-Mails}} \cdot 100$$

Infobox

Konnte eine E-Mail einem Empfänger nicht zugestellt werden (z. B. da die E-Mail-Adresse ungültig ist), wird dies als **Bounce**[1] bezeichnet.

Beispiel

Ein Lebensmitteleinzelhändler möchte im Großraum Stuttgart mithilfe von Werbe-E-Mails auf eine Rabattaktion hinweisen. Er erhält im Anschluss folgende Zahlen zur Analyse der Aktion im Internet:

Die Anzahl der Empfänger belief sich auf 180450. Es gab 53600 Bounces.

Aufgabe:

Berechnen Sie die Zustellrate der Onlineaktion des Lebensmitteleinzelhändlers!

Lösung:

$$\frac{180\,450 - 53\,600}{180\,450} \cdot 100 = \underline{\underline{70{,}29\,\%\ \text{Zustellrate}}}$$

(2) Öffnungsrate

Mithilfe der Öffnungsrate kann ermittelt werden, ob eine E-Mail geöffnet wurde. Im Folgenden wird davon ausgegangen, dass nur die erste Öffnung gezählt und prozentual in Beziehung gesetzt wird zur Anzahl der Empfänger-Bounces **(Unique[2]-Öffnungsrate).**

$$\text{Unique-Öffnungsrate} = \frac{\text{Unique-Öffnungen}}{\text{Anzahl der Empfänger} - \text{Bounces}} \cdot 100$$

1 **(to) bounce** (engl.): abprallen, zurückwerfen.

2 **Unique** (engl.): einzigartig.

Fortführung des vorangegangenen Beispiels

Anzahl der Empfänger 180450, Bounces 53600, Unique-Öffnungen 32981.

Aufgabe:

Berechnen Sie die Unique-Öffnungsrate der Onlineaktion des Lebensmitteleinzelhändlers!

Lösung:

$$\frac{32981}{180450 - 53600} \cdot 100 = \underline{\underline{26\,\%\text{ Unique-Öffnungsrate}}}$$

(3) Effektive Unique-Klickrate

Die effektive Unique-Klickrate setzt die Unique-Klicks prozentual ins Verhältnis zu den Unique-Öffnungen des Mailings. Damit können unterschiedliche Werbemittel, Angebote und Themen der Mailing-Kampagne miteinander verglichen und so Erkenntnisse für künftige Aktionen gewonnen werden.

$$\text{effektive Unique-Klickrate} = \frac{\text{Unique-Klicks}}{\text{Unique-Öffnungen}} \cdot 100$$

Fortführung des vorangegangenen Beispiels

Anzahl der Empfänger 180450, Unique-Klicks 6103, Unique-Öffnungen 32981.

Aufgabe:

Berechnen Sie die effektive Unique-Klickrate der Onlineaktion des Lebensmitteleinzelhändlers!

Lösung:

$$\frac{6103}{32981} \cdot 100 = \underline{\underline{18{,}5\,\%\text{ effektive Unique-Klickrate}}}$$

(4) Bounce-Rate

Alle E-Mails, die nicht zugestellt werden konnten, werden als Rückläufer (Bounces) bezeichnet. Die Bounce-Rate gibt an, wie hoch der prozentuale Anteil aller nicht zugestellten E-Mails bezogen auf alle vollständig versendeten E-Mails (Anzahl der Empfänger) ist.

$$\text{Bounce-Rate} = \frac{\text{Bounces}}{\text{Anzahl der Empfänger}} \cdot 100$$

Fortführung des vorangegangenen Beispiels

Anzahl der Empfänger 180450, Bounces 53600.

Aufgabe:

Berechnen Sie die Bounce-Rate der Onlineaktion des Lebensmitteleinzelhändlers!

Lösung:

$$\frac{53600}{180450} \cdot 100 = \underline{\underline{29{,}70\,\%\text{ Bounce-Rate}}}$$

(5) Abmeldequote

Die Abmeldequote gibt an, wie viele Empfänger sich nach dem Mailingversand abgemeldet haben. Zum Beispiel nimmt das Interesse an Mailings beim Empfänger nach einem beendeten Gewinnspiel wieder ab und erreicht Abmeldequoten von 0,25 bis 0,5 Prozent. Sind die Abmeldequoten bei über einem Prozent, lässt das Rückschlüsse bei der Auswertung auf zu häufig versendete Mailings oder deutliches Desinteresse der Empfänger zu.

$$\text{Abmeldequote} = \frac{\text{Abmeldungen}}{\text{Anzahl der Empfänger} - \text{Bounces}} \cdot 100$$

Fortführung des vorangegangenen Beispiels

Anzahl der Empfänger 180450, Abbestellungen 560, Bounces 53600.

Aufgabe:

Berechnen Sie die Abmeldequote der Onlineaktion des Lebensmitteleinzelhändlers!

Lösung:

$$\frac{560}{180450 - 53600} \cdot 100 = \underline{\underline{0{,}44\,\%\ \text{Abmeldequote}}}$$

Infobox

Um **Erfolg** bei einer Mailing-Kampagne z. B. für Newsletter zu haben, sollte Folgendes beachtet werden:

- unkomplizierte und einfache An- und Abmeldung der Newsletter,
- effiziente Kontaktverwaltung und regelmäßiger Versandrhythmus,
- Newsletter flexibel gestalten,
- Newsletter nur an Empfänger senden, die dies auch ausdrücklich wünschen,
- rechtssicherer Versand (Double-Opt-In),
- Erfolgsmessung durch Analyse und Auswertung von Kennzahlen.

5.6 Social-Media-Marketing (SMM)

Social-Media-Marketing ist eine Form des Onlinemarketings, bei dem soziale Medien für die eigenen Zwecke genutzt werden.

Die Mehrheit der im Internet aktiven Kunden im Einzelhandel nutzen Social-Media-Angebote täglich, um auf Erkenntnisse und Erfahrungen anderer Kunden bei **Kaufentscheidungen** zuzugreifen. Der Stellenwert der sozialen Medien hat bezüglich der Konsumentenentscheidungen eine große Bedeutung gewonnen.

Die bekannten Marketinginstrumente stoßen bei vielen Unternehmen hinsichtlich ihrer Reichweite und der damit verbundenen Kosten an ihre Grenzen, da klassische Massenmedien wie Zeitungen, Radio und Fernsehen nicht mehr allein im Fokus der Kunden stehen. Daher ist es von großer Bedeutung, sich mit den **Zielgruppen** und der **Kommunikation** im Rahmen des Social-Media-Marketings (SMM) auseinanderzusetzen.

(1) Soziale Medien/Netzwerke

In den sozialen Medien/Netzwerken werden Meinungen, Erfahrungen, Informationen und Eindrücke mit unterschiedlichen Internetnutzern ausgetauscht und für eigene Zwecke genutzt. Es gibt viele Möglichkeiten, diese Medien auch im **Einzelhandel** sinnvoll anzuwenden – beispielsweise

- für die Pflege des Images oder
- um den Bekanntheitsgrad eines Unternehmens zu steigern.

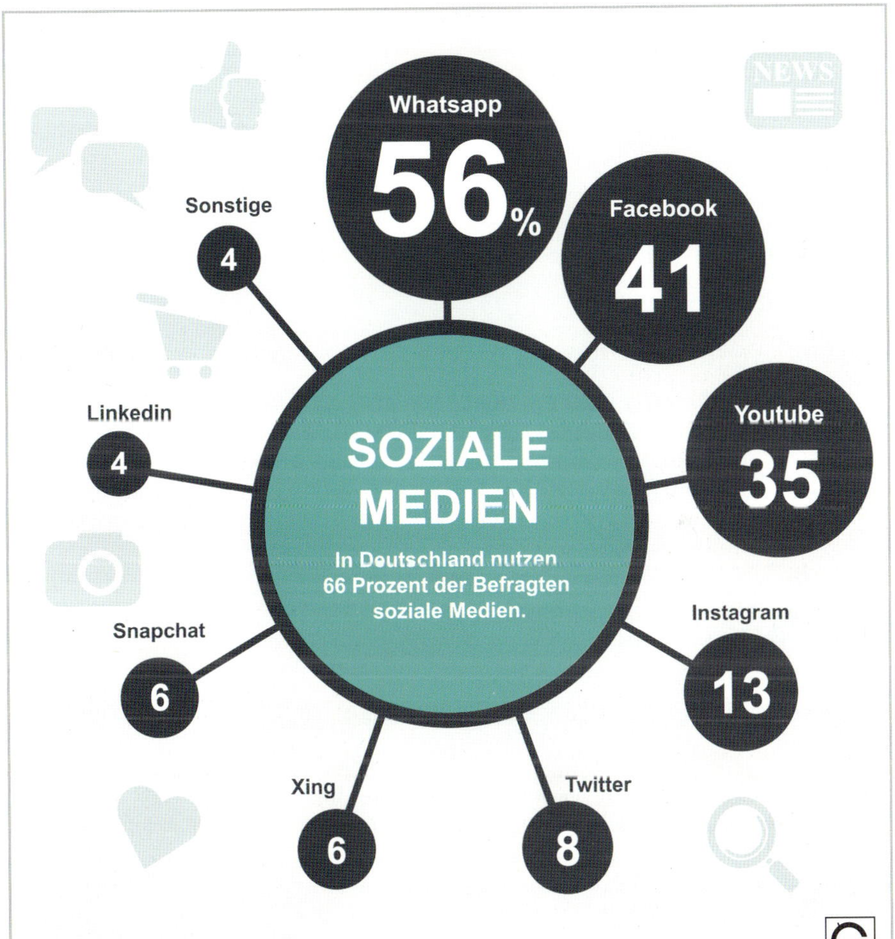

Befragung von 20 406 Personen ab 14 Jahren von August 2017 bis Juli 2018 in Deutschland
Quelle: D21-Digital-Index 2018/2019

© Globus 13036

Die Nutzung ist sehr vielfältig, da mithilfe der sozialen Medien nicht nur ein Austausch zwischen Privatpersonen, sondern auch unter Firmen und deren Mitarbeitern oder Stadtverwaltungen und Bürgern stattfinden kann.

Die nachfolgende Abbildung zeigt das Ergebnis einer Umfrage, welche Social-Media-Instrumente und -Plattformen Unternehmen einsetzen.

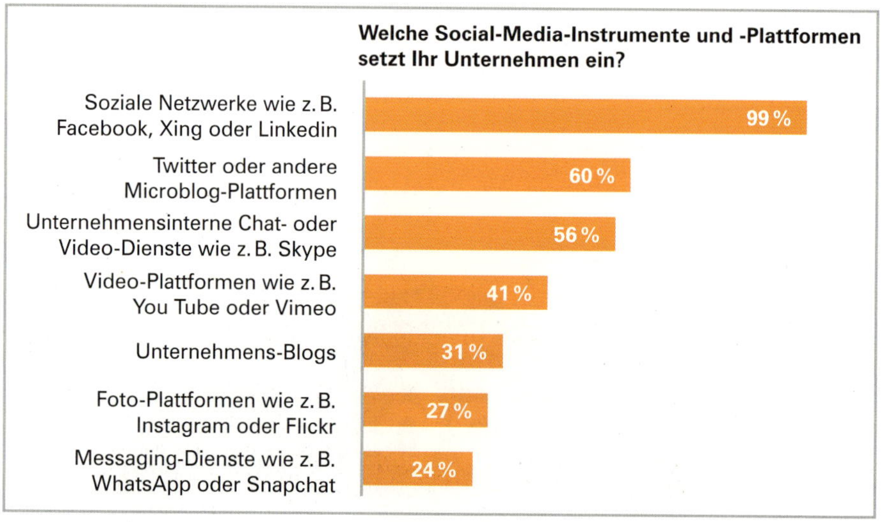

Quelle: BITKOM, 2017

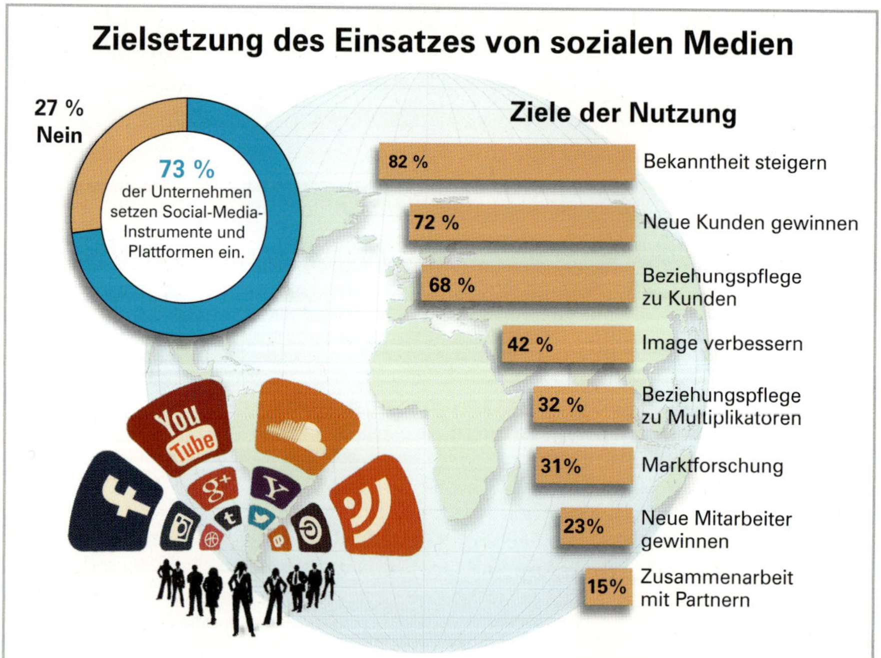

Eigene Darstellung, Datenquelle: Bitkom 2017

(2) Facebook als Social-Media-Plattform

Seit Jahrzehnten stellt sich der Einzelhandel immer wieder neuen Herausforderungen – die sozialen Medien und Netzwerke gehören im Moment zu den wichtigsten Plattformen, da immer mehr Kunden auf diesen präsent sind.

Infobox

Facebook wurde am 4. Februar 2004 vom Studenten Mark Zuckerberg an der Harvard Universität zu Cambridge (USA) gegründet.

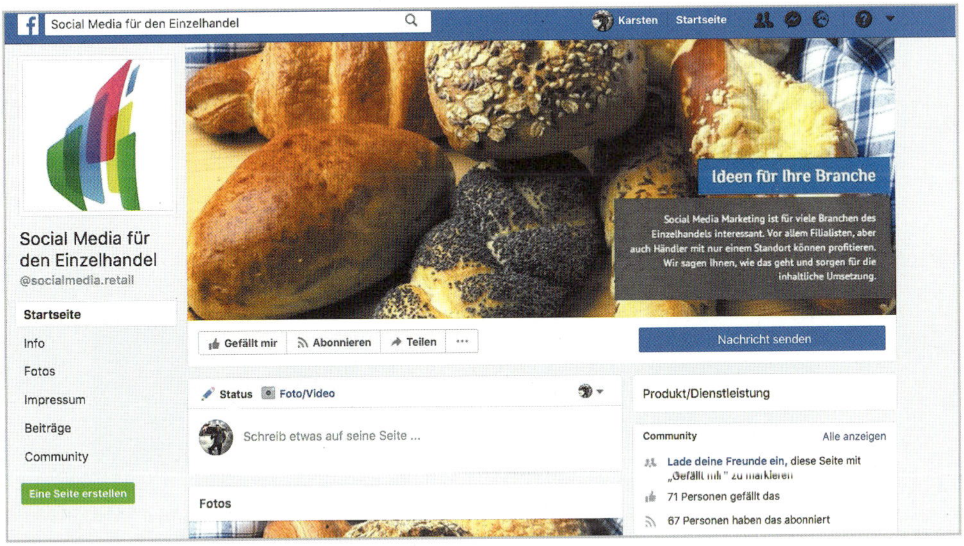

Quelle: https://facebook.de

Facebook ist Deutschlands Social-Media-Kanal mit der größten Reichweite von ca. 28 Millionen Nutzern. Im Durchschnitt hat jeder Nutzer etwa 350 Freunde und verbringt täglich ca. 20 Minuten auf der Seite. Es gibt weltweit 50 Millionen Seiten von mittelständischen Unternehmen – von denen aber nur 2,5 Millionen Unternehmen für Werbung zahlen.

Die Werbemöglichkeiten sind für Unternehmen durch Kommunikationsformen wie Texte, Bilder und Videos sehr groß, und es sind viele Werbekampagnen (Gewinnspiele, Verlosungen) möglich. Durch Aktionen und Werbekampagnen auf Facebook wird eine **hohe Kundenbindung** und **Imagepflege** erreicht.

Fast 50 % aller Nutzer „liken" eine Facebook-Seite, um eine Marke zu unterstützen, die ihnen gefällt. Dadurch entstehen eine enge Bindung und eine starke Identifikation mit dem Unternehmen. Seit 2012 hat Facebook fast 30 Milliarden US-Dollar bezahlt, um Wettbewerber wie **Instagram, WhatsApp** und **Oculus** aufzukaufen. Bei Facebook darf sich jeder anmelden, der mindestens 13 Jahre alt ist und über eine gültige E-Mail-Adresse verfügt.

Beispiel: Neue Facebook-Funktion für den stationären Handel

Seit Mitte 2017 testet Facebook einen **personalisierten QR-Code**.

Kunden können diesen Code bei einem Einkauf im stationären Handel einlösen, um Rabatte und spezielle Angebote zu erhalten.

Laut einer Studie des Online-Marktforschungsunternehmens „Research Now" aus dem Jahr 2014 werden von Kunden digitale Plattformen vor und während des Einkaufens genutzt.

Konsumenten recherchieren meist erst am Tag des tatsächlichen Kaufs (i. d. R. mit ihrem Smartphone), bevor sie eine tatsächliche Kaufentscheidung treffen.

WIRTSCHAFT

BILANZ KARRIERE DIGITAL GELD

WEBWELT & TECHNIK SPEZIELLE ANGEBOTE

Facebook testet Rabattfunktion für den Einzelhandel

Von Kim Rixecker | Veröffentlicht am 02.05.2017 | Lesedauer: 2 Minuten

Facebook-Funktion soll stationären Handel bei der Kundenbindung unterstützen

Quelle: dpa/tha pzi fgj wst

Quelle: https://www.welt.de/wirtschaft/webwelt/article164169235/Facebook-testet-Rabattfunktion-fuer-den-Einzelhandel.html

Facebook-Werbung bringt die folgenden Vor- und Nachteile mit sich:

Vorteile	Nachteile
• Aus Fans werden Kunden. • Hohe Kundenbindung durch große Interaktivität. • Einfache Pflege der Inhalte. • Werbeeinblendung nur für Zielgruppen und Regionen. • Gute Erreichbarkeit der Kunden. • Gute Abrechnungsmöglichkeit über PPC.[1]	• Keine unmittelbaren Kaufabsichten der Nutzer. • Negatives Kundenfeedback wird sehr schnell verbreitet. • Online gestellte Inhalte lassen sich nicht bzw. kaum noch aus dem Internet entfernen. • Funktionsweise ist noch unausgereift. • Wenig Beachtung im B2B-Bereich. • Hohes Spamrisiko.

1 **PPC**: Pay per Click. Siehe S. 92.

(3) Grundregeln für die Kommunikation in sozialen Medien

Um in sozialen Medien **kommunikationsethisch** und ehrlich mit anderen Teilnehmern (Kunden, Unternehmen) umzugehen, sollten wichtige **Prinzipien** eingehalten werden. Eine Basis zum richtigen Verhalten in sozialen Medien bildet die **Online-Ethik-Pyramide.**

Online-Ethik-Pyramide

© Karsten Lucas

Erläuterungen:

Wertschätzung und Respekt: Die Basis für den Dialog in sozialen Medien und Netzwerken ist der respektvolle und wertschätzende Umgang untereinander. Der Schutz der eigenen Privatsphäre und die richtige Wiedergabe von Meinungen oder Botschaften sind der Schlüssel für ein gutes Gelingen. Anderen Nutzern falsche Motive oder gar Lügen zu unterstellen, führt häufig zu sogenannten „shit storms", die mit reiner Höflichkeit und Verständnis nicht zu beenden sind.

Verantwortung und Moderation: Die Auftritte in eigenen Unternehmensblogs mit zugehöriger Kommentarfunktion oder auf der eigenen Facebook Seite müssen vom Unternehmen eigenständig gepflegt und betreut werden. Sollten Nutzer zum Beispiel persönlich verletzende und schädigende Kommentare posten, müssen diese sofort gelöscht werden. Das Aufstellen von klaren Regeln innerhalb der Kommentarfunktionen ist eine gute Möglichkeit, um dieser Verantwortung gerecht zu werden und Entscheidungen für die Nutzer verständlich zu machen.

Klarheit: Die Kommunikation findet immer auf Augenhöhe mit dem Chat- oder Gesprächspartner statt, d.h., das Recht, seine Meinung sagen zu dürfen, darf nicht eingeschränkt werden. Welches Verhältnis zur Thematik besteht, sollte anderen Nutzern immer offengelegt werden, um Missverständnissen vorzubeugen. Dabei gilt: „Nicht über eine Organisation – sondern im Namen der Organisation sprechen".

Transparenz: Um die Präsenz zu erweitern, ist es mit offenen und reellen Geschäftspartnern einfacher, als mit anonymen oder „erfundenen Identitäten". Bei Kunden und Partnern erhöht sich die gegenseitige Glaubwürdigkeit und dies führt zu einer vertrauensvollen Zusammenarbeit.

Authentizität:[1] Eine negative Eigendynamik entwickeln Kommentare und Bewertungen, die bewusst Marktteilnehmer zum Kauf beeinflussen sollen. Die Gefahr, dass eigene, übertrieben positive Darstellungen als „Fälschungen" entdeckt werden, ist im Internet groß und führt zu Aufrufen, die Produkte oder Dienstleistungen nicht mehr zu kaufen.

Fairness: Beim Umgang mit anderen Marktteilnehmern ist die richtige Darstellung der online gestellten Sachverhalte von großer Bedeutung, damit kein falscher oder schadhafter Eindruck vom Partner entsteht. Bewusste Falschmeldungen oder emotionale Angriffe können großen wirtschaftlichen Schaden verursachen.

1 **Authentizität:** Echtheit, Zuverlässigkeit.

5.7 Influencer-Marketing (Online-PR)

Handlungssituation

Im Berliner Sportwarengeschäft Jump & Run OHG unterhalten sich die beiden Auszubildenden zum Kaufmann im Einzelhandel, Julian Neubert und Malte Kaus, während ihrer Mittagspause über eine Verkaufssituation, die sich am Vortag bei Julian in der Fitnessabteilung zugetragen hatte.

Julian: *„Gestern Abend hatte ich eine ganz interessante Verkaufssituation mit einer Mutter und ihrer 11-jährigen Tochter."*

Malte: *„Na, da bin ich aber gespannt."*

Julian: *„Es ging um eine Gymnastikturnmatte, die die Tochter unbedingt haben wollte. Wie du ja weißt, haben wir eine ordentliche Auswahl an qualitativ hochwertigen Weichbodenmatten, die auch noch preislich sehr attraktiv sind. Allerdings konnte ich machen, was ich wollte, das Mädchen hatte eine so konkrete Vorstellung von der Turnmatte, wie ich es selten zuvor in einem Beratungsgespräch erlebt habe."*

Malte: *„Na ja, meine Kunden, die ich bei den Laufschuhen berate, wissen eigentlich auch immer genau, was sie wollen. Das finde ich nun nicht gerade ungewöhnlich – solch eine Situation habe ich tatsächlich mehrmals am Tag."*

Julian: *„Dann kannst du mir ja sicherlich sagen, wer Mavie Noelle ist, oder?"*

Malte: *„Hmm, der Name sagt mir irgendwas – aber ich komme nicht drauf."*

Julian: *„Siehst du, und die Tochter der Kundin hat mich gestern Abend auch erstmal aufgeklärt. Mavie Noelle ist ein 11-jähriges Mädchen und hat bei YouTube und Instagram einen eigenen Kanal. Und dort hat Mavie für ihre Follower und Fans unter dem Thema ‚What I got for christmas!' ihre Weihnachtsgeschenke in einem Haul gepostet."*

Malte: *„Na toll, das hat mein kleiner Bruder mit seinen fünf Freunden auf Facebook auch besprochen – niedlich."*

Julian: *„Mit dem Unterschied, dass Mavie nicht fünf, sondern fast eine Million Freunde hat. Stell' Dir mal vor, über 250 000 Menschen haben sich ihr Weihnachtsgeschenkevideo angeschaut. Und bei der Gelegenheit hat sie die neue klappbare Weichbodenturnmatte CCLIFE in der Farbauswahl lila ausprobiert und vorgestellt. Und ganz genau diese Turnmatte möchte jetzt auch die Tochter der Kundin haben. Übrigens: Auch wenn das Mädchen erst 11 Jahre alt ist – sie ist mit ihren ganzen Freunden die perfekte Werbefigur für die Zielgruppe für Kinder von 4 bis 14 Jahren. Influencer nennt sich doch diese neue Form der Werbung über YouTube und Co."*

Malte: *„Habe ich auch schon mal gehört – wusste aber bisher nicht, was damit gemeint war. Haben wir diese spezielle Turnmatte denn überhaupt bei uns im Sortiment?"*

Julian (lacht): *„Ja, haben wir bei uns im Onlineshop in allen möglichen Farbpaletten und in drei unterschiedlichen Größen vorrätig. Das Mädchen hat sich sehr gefreut. Die Turnmatte wird in den nächsten Tagen zu ihr nach Hause geliefert. Und wenn ich sie richtig verstanden habe, möchte auch sie ein Video mit verschiedenen Turnübungen bei YouTube einstellen. Übrigens hat mir die Tochter der Kundin noch erzählt, dass sie nicht nur die Turnmatte, sondern auch noch andere von Mavie in den letzten Monaten vorgestellte und empfohlene Produkte, wie beispielsweise Farbstifte für die Schule oder Flechtmaschinen für die Haare, für sich bestellt hat."*

Malte: *„Vielleicht hat sie ja dann auch bald viele Follower und kann sich als Influencerin bei den Firmen anbieten. Bei meinem Bruder kann ich mir das so gar nicht vorstellen – aber wer weiß, so richtig beschäftigt habe ich mich mit diesem Thema bisher noch nicht. Das ist schon sehr interessant."*

Aufgaben:

1. Überlegen Sie, warum Hersteller und Unternehmen sich Privatpersonen, die im Internet viele Freunde (Follower) haben, als Träger für Werbung und Vermarktung ihrer Produkte auswählen!
2. Welche Risiken könnten bei der Werbung mit einem sogenannte Influencer für einen Onlineshop bestehen? Begründen Sie Ihre Meinung!

(1) Begriff Influencer

Als **Influencer** werden Personen bezeichnet, die in sozialen Netzwerken in Form von Videos, Fotos und Textbeiträgen für Marken, Produkte oder Unternehmen werben und diese an ihre Fans und Follower weiterempfehlen.

Influencer (Meinungsmacher) gehören heute zur digitalen Welt. Influencer lassen ihre Fans und Follower an ihrem Alltag teilhaben und gelten in ihrer Community als vertrauenswürdige Vorbilder. Auf ihre Meinungen und Empfehlung legen die Fans großen Wert und so gewinnen Influencer an Reichweite und Einfluss.

Auch wenn Influencer-Marketing heute noch oft belächelt wird, konnten Studien zeigen, dass es sich für Werbungtreibende lohnt, die **Reputation** (den guten Ruf) von Influencern zu nutzen.

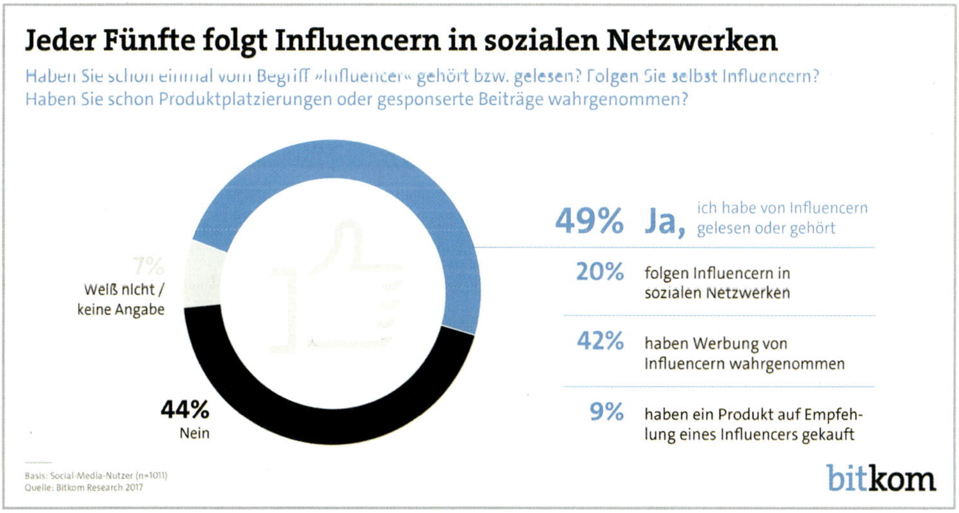

Laut einer repräsentativen Umfrage im Auftrag des Digitalverbands Bitkom hat bereits jeder zweite Social-Media-Nutzer schon von Influencern gehört oder gelesen und 9 % haben ein Produkt auf Empfehlung eines Influencers gekauft.[1]

1 Vgl. www.bitkom.org/Presse/Presseinformation/Jeder-Fuenfte-folgt-Online-Stars-in-sozialen-Netzwerken.html (Zugriff 15.03.2019).

(2) Influencer-Marketing

Beim Influencer-Marketing werden Meinungsmacher für Marketing und Kommunikationszwecke eingesetzt. Durch Influencer, die im Internet und vor allem in sozialen Netzwerken die Entscheidungsprozesse von potenziellen Käufern (Followern) beeinflussen können, wird zunehmend die **Kundenkommunikation** im **E-Commerce** stattfinden.

Mit dem großen kommerziellen Erfolg von Internetplattformen wie YouTube, Instagram oder Twitter sind die **Trendsetter** wieder verstärkt in den Blickwinkel von erfolgreichen Unternehmen geraten, da klassische Werbekanäle, wie z.B. Zeitungsanzeigen, TV-Spots oder Werbebriefe mittlerweile sehr große Streuverluste verursachen.

Beim **Influencer-Marketing** profitieren Unternehmen von der engen Zusammenarbeit mit einem populären Influencer, der in seiner Community angesehen ist und die Produkte des Unternehmens anderen potenziellen Käufern weiterempfiehlt. So kann der Influencer Einfluss auf deren Bewertung, Beurteilung und den Verkauf ausüben.

Berichtet ein Influencer möglichst positiv über ein Produkt in den sozialen Netzwerken, dann ist die Chance sehr groß, dass nicht nur Follower diese Rezensionen lesen, sondern auch „normale" im Web nach einem bestimmten Produkt suchende Kunden. Auf diese Weise werden sogenannte **Hashtags** oder **Buzz** in den Suchmaschinen hinterlassen, die dann unter Umständen zu einem neuen Markentrend eines bestimmten Produktes führen könnten.

Infobox

- **Hashtag** (engl.) besteht aus den englischen Wörtern „hash" für das Schriftzeichen # (Doppelkreuz) und „tag" für Markierung. Hashtags sorgen in den sozialen Netzwerken dafür, bestimmte Inhalte oder Themen wieder auffindbar zu machen.
- Mit **Buzz** sind das Gerede oder die Gerüchte über ein bestimmtes Produkt gemeint, die durch „Mund-zu-Mund-Propaganda" verbreitet werden.

Ein weiterer Grund, warum immer mehr Unternehmen auf die Zusammenarbeit mit Influencern setzen, ist der ausgeprägte **Kontakt zu einer jungen Zielgruppe,** die mit dieser Methode sehr gut zu erreichen ist. Die Tipps der Influencer wirken meist nicht wie eine typische Werbeaktion, sondern sind eher liebenswürdig gemeinte Ratschläge für gute Freunde. Viele Kunden lassen sich nicht mehr von großen Werbebannern faszinieren, sondern setzen auf den heutigen Zeitgeist und nehmen die authentischen, aber dennoch dezenten Werbebeiträge der Influencer dankend an – da diese Empfehlungen meist gar nicht als Werbebotschaften wahrgenommen werden.

Möchte man nun einen **passenden Influencer** für sein Unternehmen finden, sind diese z. B. über spezielle **Datenbanken** (reachhero.de oder buzzbird.de) für eine Kampagne zu buchen. Dabei sollten sich Unternehmen fragen,

- ob der Influencer zu seinem Unternehmen passt,
- welchen Stellenwert er in der Branche hat (Fachexperte oder bekanntes Gesicht) und
- wie hoch seine Reichweite ist.

Allerdings sind solche Kampagnen sehr kostenintensiv und belaufen sich i. d. R. auf 10 000,00 EUR bis über 100 000,00 EUR.

(3) Influencer-Typen

Berühmte Influencer wie z. B. Kim Kardashian haben die Fähigkeit, Trends zu steuern. So können sie ihre Botschaften an viele Millionen Follower via Instagram verbreiten.

Innerhalb des Influencer-Marketings können drei unterschiedliche **Influencer-Typen** unterschieden werden:

Fachexperte	Der Fach- bzw. Markenexperte gilt in der Produktszene als **anerkannter Spezialist** und steht vielen Interessierten bei „seinen" Produkten als Experte beratend zur Verfügung. Seine Meinungen und Bewertungen sind grundsätzlich neutral und fachbezogen.
Markenliebhaber	Eine prinzipiell **positive Einstellung,** bedingt durch viele gute und umfassende Erfahrungen mit einem **Produkt** oder einer **Marke,** zeichnen den Markenliebhaber aus. Zudem hat er eine besonders **starke Bindung** zu dem Produkt und pflegt diese auch.
Markenkritiker	Der Markenkritiker macht vor allem mit seinen **negativen bzw. schlechten Erfahrungen** mit einem Produkt auf sich aufmerksam. Zudem reagiert er mit seinen Posts auf Themen, wie beispielsweise die Produktpolitik von Unternehmen, und nimmt mit seinen kritischen Äußerungen unmittelbar Einfluss auf die Kaufentscheidung der interessierten Leser.

Beispiel

Eine der erfolgreichsten Influencerinnen in Deutschland ist Bianca Heinicke (25), die mit ihrem YouTube-Kanal **BibisBeautyPalace** (Bibis Schönheitspalast) ca. 400 Videos veröffentlichte, über vier Millionen Abonnenten und mehr als zehn Millionen Fans weltweit hat. Bibi ist mittlerweile mehrfache Millionärin mit einem geschätzten monatlichen Verdienst von über 200 000,00 EUR im Monat.

Neben den finanziellen Aspekten erwarten Influencer meist noch detaillierte und **exklusive Hintergrundinformationen** über die beworbenen Produkte. Zudem möchten sie auf **Firmenevents** eingeladen werden oder die Ausgabe von **kostenlosen Produktausführungen,** um diese dann ausgiebig testen zu können. Nicht zuletzt hilft dies dem Influencer, seine **Haul-Videos** zu verbessern und so den guten Ruf bei den Followern auszubauen und zu festigen. Zudem gilt der von den Influencern erstellte Content als sehr langlebig und erfordert neben dem nötigen Fachwissen auch viel Erfahrung und Zeit.

Infobox

Ein **Haul-Video** ist ein auf Internetportalen (z. B. YouTube) vorgestelltes Onlinevideo, bei dem Privatpersonen Produktneuheiten (z. B. Kosmetik, Kleidung) vorstellen oder ausprobieren.

(4) Weitere Beispiele für Influencer-Marketing

LookBooks	Sammlung von Fotografien, die zusammengestellt wurden, um unterschiedliche Outfits zu den derzeitigen modischen Trends zu zeigen.
Musik-Tutorials	Bekannte Musiktitel werden von Musikern mit Instrumenten namhafter Hersteller bzw. Musikhäuser erklärt und aufgeführt.
Reviews	Neue Produkte werden (schriftlich oder mündlich) vorgestellt und meist subjektiv und sehr kritisch bewertet (Rezensionen).
Challenge	Bekannte Möbelhäuser (Beispiel: IKEA) lassen ein Wohnzimmer mit bekannten Influencern innerhalb von drei Stunden einrichten.

6 Erfolgsmessung im Onlinehandel

Kennzahlen erleichtern die Analyse und Auswertung der Daten im Onlinehandel. Um im Onlinehandel erfolgreich zu sein, sollte die eigene Website mithilfe von Kennzahlen ausgewertet werden. Auf diese Weise können Erfolge nicht nur sichtbar gemacht werden, sondern es lassen sich auch unnötige Ausgaben vermeiden. Nicht zuletzt helfen sie bei einer effizienten Planung der Marketingstrategie.

6.1 Zieldefinition

Die Aussagekraft einer Kennzahl im Onlinehandel ist nur dann relevant, wenn diese auch **zielgerichtet** ist. Erst wenn man weiß, was man erreichen möchte, kann man messen, ob man erfolgreich ist.

Beispiele

Möchte man seinen **Umsatz erhöhen,** dann kann die **Conversion Rate** gemessen werden.

Möchte man wissen, ob eine bestimmte **Rabattaktion** von den Besuchern angenommen wurde, dann kann man messen, wie oft die Seite durch das Anklicken des CTA-Buttons aufgerufen wurde **(Page Views).**

Dabei können die **Ziele** in unterschiedliche **Kategorien** eingeordnet werden. Im Onlineshop sind diese zum einen auf den Umsatz und den Gewinn und zum anderen auf den Traffic, also die reinen Besucherzahlen bezogen. Um aussagekräftige Kennzahlen zu erhalten, ist es sinnvoll, immer mehrere Kennzahlen gleichzeitig zu messen.

- Beispielsweise ist nicht gesagt, dass sich die Kaufbereitschaft von Besuchern der Webseite nur auf ein hohes Ranking bei Google zurückführen lässt.
- Ebenso wenig bedeutet ein steigender Umsatz des Onlineshops, dass auch gleichzeitig mehr Gewinn gemacht wird.

Derartige Zusammenhänge werden nur bei gleichzeitiger Betrachtung **mehrerer Kennzahlen** sichtbar.

6.2 Website-Kennzahlen

Es ist von Branche zu Branche unterschiedlich, welche Kennzahlen wirkliche Erfolgsmesser sind. Im Folgenden werden einige grundlegende Kennzahlen vorgestellt.

Sehr gute Anzeichen für eine erfolgreiche Website sind **Kaufabschlüsse** oder die **Anmeldung** für den **Newsletter** des Unternehmens. Zudem sind die Aktionen der Besucher einer Webseite, wie z. B. die **Häufigkeit des Besuches** oder das **Teilen von Beiträgen** des Shops über Social-Media-Kanäle, mess- und analysierbar.

(1) Besucher der Webseite

Hat ein Onlineshop viele Besucher, die sich die Waren und Dienstleistungen anschauen, ist die Chance sehr groß, möglichst viele Produkte zu verkaufen. Nur durch die Erhöhung der Anzahl der Besucher lässt sich dies umsetzen.

Nicht ausschließlich die Gestaltung der Webseite oder nützliche Tweets erhöhen den Verkauf, sondern der **Traffic (Besucherstrom)** ist der Schlüssel zum Erfolg. Natürlich muss die Seite auch qualitativ gut gestaltet sein, damit die potenziellen Kunden auch überzeugt werden, die angebotenen Produkte zu kaufen.

Infobox

Mit **Google Analytics** (siehe Kap. 6.2 Analysewerkzeuge) lassen sich die Besucherzahlen schnell und einfach untersuchen.

(2) Page Views (Seitenaufrufe)

Da die Preise im Onlinemarketing häufig über den Tausend-Kontakt-Preis (TKP) ermittelt werden, ist das Anklicken des CTA-Buttons, z. B. für eine bestimmte Rabattaktion, eine sehr gute Möglichkeit, diese Kennzahl zu messen und anschließend auszuwerten. Wird dagegen der CTA-Button von den Besuchern zum Produktangebot auf der Startseite nicht gedrückt, ist dies ein Hinweis auf mangelndes Interesse – und die nächste Aktion kann präziser geplant werden.

(3) Conversion Rate (Umwandlungsrate)

Conversion (engl.) heißt übersetzt „Umwandlung". Dabei geht es im Allgemeinen um die **Umwandlung von Traffic,** d. h. die Wandlung von einem Webseitenbesucher zu einem, der eine Aktion ausführt.

Beispiele

Es gibt viele verschiedene Beispiele für Conversions:

- Ein Besucher gelangt durch das Anklicken eines Suchmaschinenergebnisses auf eine Webseite.
- Ein Besucher klickt auf einen Link.
- Ein Besucher legt ein Käuferkonto an.
- Ein Nutzer meldet sich für einen Newsletter an.

Die **Conversion Rate (CR)** beschreibt das Verhältnis einer Conversion zur Anzahl der jeweiligen Besucher.

$$\text{Conversion Rate (CR)} = \frac{\text{Anzahl der Erfolge} \cdot 100}{\text{Anzahl der Besucher}}$$

Die Conversion Rate steigt, wenn der Besucher der Shopseite eine vom Seitenbetreiber gewünschte Aktion ausgeführt hat. Beispielsweise wurde ein bestimmtes Produkt gekauft oder ein Kontaktformular vom Besucher der Webseite ausgefüllt.

Diese Kennzahl ist für den Gewinn des Onlineshops von großer Bedeutung, da sie den prozentualen Anteil der User anzeigt, der vom interessierten Besucher zum zahlenden Kunden wechselt.

Beispiel

$$\text{Conversion Rate} = \frac{3\text{ Verkäufe} \cdot 100}{100\text{ Besucher}} = \underline{\underline{3\,\%}}$$

Infobox

Die **Messung** der Conversion Rate erfolgt in der Regel mithilfe von **Web-Analyse-Tools** wie z. B. Google Analytics oder Webtrekk.

(4) Cost per Action (CPA)

Bei dieser Kennzahl werden die Kosten einer Werbeaktion ins Verhältnis zu den erfassten Conversions gesetzt. Eine gewünschte Conversion kann z. B. ein Kaufabschluss, die Übermittlung eines Formulars oder das Abonnieren eines Newsletters sein.

Die Ermittlung der CPA ist für einen Shopbetreiber besonders wichtig, da er so kalkulieren kann, wie viel finanzieller Werbeaufwand nötig ist, um eine Bestellung zu generieren.

(5) Return on Investment (ROI)

Dies ist eine der **wichtigsten wirtschaftlichen Kennzahlen.** Der ROI gibt Auskunft über das Verhältnis von Gewinn zum eingesetzten Maßnahmenbudget.

Grundsätzlich gilt, ist der erwirtschaftete Gewinn größer als das eingesetzte Kapital, war die durchgeführte Aktion gewinnbringend.

6.3 Webanalyse-Tools

(1) Begriff Web Analytics

- **Web Analytics**[1] ist das **Messen** von **Besucherbewegungen** auf der eigenen Webseite.
- **Ziel von Web Analytics** ist, Informationen zu einem Onlineangebot zu sammeln und daraus Rückschlüsse über das Verhalten von Besuchern zu ziehen.

Mithilfe von Protokolldateien (sogenannten **Logfiles**) des eigenen Servers oder mit **Webanalyseprogrammen,** die auf der Betreiberwebseite installiert werden, können u. a. folgende **Informationen** gesammelt werden:

- Wie hoch war die Anzahl der Webseitenbesucher?
- Wie viele Seiten haben die Besucher aufgerufen?
- Wie lange haben sich die Besucher auf der Seite aufgehalten?
- Woher sind die Besucher gekommen (von welchen Suchmaschinen, Adressen oder Webseiten)?
- Welcher Browser wurde verwendet?
- Welche Bildschirmauflösung haben die Besucher?
- Welche Seiten wurden von den Besuchern häufig aufgerufen?

1 **Web Analytics:** Betrachtung bzw. Auswertung der Webseite.

9 Lucas - ISBN 978-3-8120-0640-8

(2) Analysewerkzeuge

Um Daten von Besuchern eines Onlineshops erheben und anschließend analysieren zu können, haben sich folgende Tools (Werkzeuge) für die Analyse von Webseiten durchgesetzt:

- Page Tagging,
- Server-Logfiles-Analyse und
- A/B-Testing-Tools.

Page Tagging

Die am häufigsten eingesetzte und erfolgreichste Methode ist das Page Tagging. Bei dieser Technik wird auf jeder Webseite ein Code (sogenannter Tag) eingesetzt, der beim Aufrufen der Seite aktiviert wird und die Aktionen des Besuchers, wie z. B. die **Aufenthaltsdauer** auf der Seite, dokumentiert. Aufgrund der gesammelten Daten werden anschließend grafische Auswertungsdiagramme angezeigt.

Beispiel

Das bekannteste und deutschlandweit am häufigsten eingesetzte Programm für die Auswertung dieser Daten ist **Google Analytics**. Häufig wird eine Integration des Programms in die Benutzeroberfläche von Google Ads vorgenommen, damit der Betreiber des Onlineshops eine einfache und effiziente Erfolgskontrolle seiner einzelnen Werbekampagnen vornehmen kann.

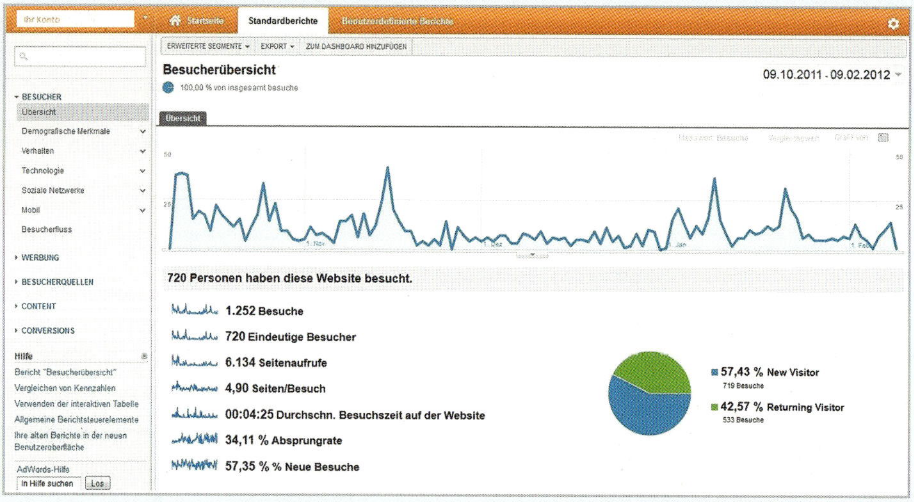

Quelle: http://webdesignangelo.at/wp-content/uploads/2012/02/analytics.jpg

Infobox

Bei der Nutzung von Google Analytics ist darauf zu achten, dass auf der Webseite des Onlineshops eine **Datenschutzerklärung zur Verwendung des Programms** zu finden ist. Fehlt dieser Hinweis, kann ein Ordnungsgeld von bis zu **250000,00 EUR** oder eine **Ordnungshaft bis zu 6 Monaten** angedroht werden.

- **Server-Logfiles-Analyse**

Bei einer Analyse der **Server-Logfiles** (Diensttagebuch oder Tagebuch des Programms) wird **jede Aktivität eines Besuchers** des Onlinegeschäftes sorgfältig protokolliert. Das Tagebuch **(Logfile)** des Webservers übermittelt beispielsweise die Internetadresse oder die anschließend aufgerufenen Internetseiten des Besuchers.

Ein Mangel ist, dass das Programm einzelne Nutzer der Seite nicht voneinander unterscheiden kann. Zudem besteht die Möglichkeit, dass mehrere Besucher die gleichen IP-Adressen nutzten (Familienmitglieder, Firmen). Aussagekräftige Auswertungen der Statistiken sind daher sehr schwierig.

- **A/B-Testing-Tools**

Um auf die **Reaktionen von Besuchern** bei Veränderungen der Webseite des Onlineshops (Produkte, Nutzerfreundlichkeit) reagieren zu können, werden verschiedene **Tests** durchgeführt. Ausgewählte Personen z.B., die die Webseite besuchen, werden in **zwei Gruppen** aufgeteilt und treffen auf **unterschiedliche Versionen** einer Webseite. Dabei reagieren beide Testgruppen ganz individuell auf einen Werbeslogan oder ein neues Produkt. Bei der Gruppe, wo die Reaktionen am deutlichsten bzw. positivsten sind, wird die Änderung einer Webseite vorgenommen. Bei dieser Technik ist wichtig, dass die Testgruppen untereinander vergleichbar sind.

7 Rechtliche Grundlagen im E-Commerce

Für Onlinehändler gelten in Deutschland die gleichen rechtlichen Rahmenbedingungen wie für stationäre Händler. Hinzu kommen jedoch noch zahlreiche spezielle Vorgaben, die Händler bei der Einrichtung eines Onlineshops beachten müssen.

7.1 Fernabsatzvertrag

Im **stationären Handel** gelten beim Handelskauf die Regelungen des **allgemeinen Kaufvertragsrechts** [§§ 433ff. HGB] und beim Kauf zwischen einem Kaufmann und einem Verbraucher (Verbrauchsgüterkauf) die §§ 474ff. BGB.

Für die Abwicklung des **Onlinehandels** Business to Consumer (B2C)[1] gelten die rechtlichen Bestimmungen über **Fernabsatzverträge** [§ 312c–g BGB].

Fernabsatzverträge sind Verträge über die **Lieferung von Waren** oder über die **Erbringung von Dienstleistungen,** die zwischen einem **Unternehmer** und einem **Verbraucher** unter **ausschließlicher Verwendung** von **Fernkommunikationsmitteln** im Rahmen eines für den Fernabsatz organisierten **Vertriebs- oder Dienstleistungssystems** abgeschlossen werden [§ 312 c I BGB].

Fernkommunikationsmittel sind z.B. Briefe, Kataloge, Telefonanrufe, Telefaxe, Internet-Homepages, SMS-Nachrichten, E-Mails [§ 312c II BGB].[2] Der Fernabsatzvertrag knüpft allein an die **Art und Weise seines Abschlusses** und nicht an einem bestimmten Vertragsinhalt an.

7.2 Allgemeine Informationspflichten

Sobald Produkte und Dienstleistungen online angeboten werden, müssen bestimmte **Informationen** grundsätzlich für Kunden auf der Webseite **gut sichtbar** angezeigt und **eindeutig** bezeichnet werden.

(1) Impressum

Jeder Onlineshop hat die **Verpflichtung,** ein **Impressum** auf seiner Webseite zur Verfügung zu stellen. Dies gilt auch für die sozialen Netzwerke wie beispielsweise Facebook, Twitter oder Google.

Inhalte eines Impressums sind:

- Name und die Anschrift des Unternehmens,
- Namen der Vertretungsberechtigten (Geschäftsführer, Vorstand)
- E-Mail-Adresse, Telefon- und Faxnummer,
- Handelsregisternummer und Rechtsform des Unternehmens,
- Umsatzsteueridentifikationsnummer.

1 Auf die Rechtsgrundlagen beim übrigen Onlinehandel wird im Folgenden nicht eingegangen.

2 Zwischen Unternehmer und Verbraucher dürfen folgende Bereiche nicht in der Form eines Fernabsatzvertrags abgeschlossen werden: Vermittlung von Versicherungen, Immobiliengeschäfte, Fernunterricht, Lieferung von Lebensmitteln, Getränken und sonstigen Haushaltsgegenständen des täglichen Bedarfs (vgl. § 312 II bis VI BGB).

Die **Anbieterkennzeichnung** – so wird das Impressum auch genannt – darf nicht in den Allgemeinen Geschäftsbedingungen (AGB) „versteckt“ werden, sondern muss von **jedem** Punkt der Webseite aus mit einem Klick über einen **Link** erreichbar sein.

(2) Informations- und Preisangaben

Bevor Kunden in einem Onlineshop Waren bestellen, müssen sie als Verbraucher über Folgendes informiert werden:

- Widerrufs- und Rückgaberechte,
- Versand- und Transportkosten,
- Gewährleistungsbedingungen,
- gesetzliche Mehrwertsteuer,
- Kundendienste,
- Kündigungsbedingungen,
- Eigenschaften der Waren und
- akzeptierte Zahlungsmittel.

Darüber hinaus muss der **Bestellbutton** (zahlungspflichtig bestellen oder kaufen) gut lesbar und mit der richtigen Beschriftung versehen sein. Nicht „gekauft wie gesehen“, sondern „gekauft nachdem angeklickt“ gilt als Grundsatz bei Käufen im Internet.

(3) Onlineschlichtung

Onlinehändler müssen auf der Seite ihres Onlineshops auf die **Möglichkeit einer Onlineschlichtung** hinweisen. Erforderlich ist hier die Angabe des Links http://ec.europa.eu/consumers/odr.

Diese strenge Informationspflicht gilt nur für **entgeltliche Verträge** [§ 312 I BGB].

(4) Widerrufsrecht

Dem Verbraucher steht ein **14-tägiges Widerrufsrecht** zu [§ 312 g i.V.m. § 355 I BGB]. Die Widerrufsfrist beginnt mit dem **Erhalt der Ware.** Den Widerruf muss der Verbraucher gegenüber dem Unternehmer **ausdrücklich erklären.** Aus Gründen der Beweissicherheit sollte grundsätzlich per E-Mail, Fax oder auf dem Postweg und nicht am Telefon widerrufen werden. In der Praxis genügt es für einen wirksamen Widerruf, der Rücksendung ein Widerrufsschreiben oder -formular beizulegen.[1]

(5) Rückabwicklung nach Widerruf

Bei Widerruf muss der Kaufvertrag binnen **14 Tagen rückabgewickelt** werden [§ 357 BGB].

Das bedeutet, dass der **Käufer** die Ware **innerhalb von 14 Tagen zurücksenden** und der **Unternehmer** den **Kaufpreis in der gleichen Zeit zurückerstatten** muss. Allerdings darf der Händler die Rückerstattung des Kaufpreises so lange **verweigern,** bis er die **Ware zurückerhalten** hat oder der Verbraucher **nachweist,** dass er die **Ware abgesandt** hat [§ 357 IV BGB].

1 Für die Erklärung des Widerrufs durch den Verbraucher gibt es ein EU-einheitliches Formular (siehe Anlage 2 zu Art. 246a Nr. 1 EGBGB). Der Unternehmer muss dem Verbraucher das Musterformular zur Verfügung stellen und ihn informieren. Der Verbraucher kann, muss es aber nicht nutzen.

(6) Hin- und Rücksendekosten

Bis zur Höhe einer günstigen **Standardsendung** muss der **Unternehmer** dem Verbraucher die **Hinsendungskosten** bei einem Widerruf **erstatten** [§ 357 II BGB].

Für die **Rücksendung** trägt **grundsätzlich der Verbraucher die Kosten,** vorausgesetzt, der Unternehmer hat ihn hierüber vorab **unterrichtet.** Für den Unternehmer besteht auch die Möglichkeit, die Kosten der Rücksendung freiwillig zu übernehmen [§ 357 VI BGB].

Infobox

- Kein **Widerrufsrecht** besteht bei bestimmten Fernabsatzverträgen, z.B. bei schnell verderblichen Waren, Sonderanfertigungen, Audio-/Videoaufzeichnungen und Software (sofern die gelieferten Datenträger vom Verbraucher entsiegelt wurden), Lieferung von Zeitungen, Zeitschriften und Illustrierten [§ 312g II BGB].
- Von den **verbraucherschützenden Rechtsvorschriften** zu den Fernabsatzverträgen darf grundsätzlich **nicht zum Nachteil des Verbrauchers** oder Kunden abgewichen werden.

7.3 DSGVO – Datenschutz im E-Commerce

Datenschutz betrifft den Schutz personenbezogener Daten zur Wahrung der Persönlichkeitsrechte. Die Datenschutz-Grundverordnung [DSGVO] soll die Datenschutzrechte innerhalb der EU vereinheitlichen.

Die DSGVO schützt die **Grundrechte und Grundfreiheiten natürlicher Personen** und insbesondere deren **Recht auf Schutz personenbezogener Daten** [Art. 1 Abs. 2 DSGVO].

Personenbezogene Daten sind Daten, die sich auf natürliche Personen beziehen und Rückschlüsse auf deren Identität erlauben (vgl. Art. 4 Abs. 1 DSGVO), wie z.B. Name, Anschrift, Geburtsdatum sowie E-Mail-Adresse, Telefonnummer.

Mit der DSGVO gelten nun überall in Europa die gleichen Datenschutzstandards. Nutzer bekommen einen leichteren Zugang zu ihren Daten und können nun erfragen, welche Informationen über sie im Laufe der Zeit gespeichert wurden.

(1) Bereiche der DSGVO

Die Europäische Union hat mit der DSGVO eine einheitliche Regelung für **Unternehmen, Behörden** und **Vereine** geschaffen. Werden Daten von Usern aus der EU erhoben, gelten diese Regelungen nicht nur für Unternehmen innerhalb der Europäischen Union, sondern sind auch international gültiges Recht.

Wie umfangreich die DSGVO ist, zeigt sich in ihren vielfältigen **Anwendungsbereichen,** u. a.

- Einwilligung für die Verarbeitung personenbezogener Daten,
- Datenschutz für Beschäftigte,
- Datenschutzbeauftragte für Unternehmen,
- Datensicherheit,
- Data Breach Notification (Meldepflichten bei Datenpannen),
- Pflichten für Webseitenbetreiber,
- Datenverarbeitung von Kindern und Jugendlichen,
- Datentransfer ins Ausland,
- Auftragsdatenverarbeitung,
- Datenschutz bei der Marktforschung.

Auch **Onlineshop-Betreiber** sind **verpflichtet,** die **DSGVO umzusetzen.** Ein besonders wichtiges Thema beim Onlinehandel ist der **Umgang mit Kundendaten.**

(2) Grundsätze für die Verarbeitung personenbezogener Daten

In **Artikel 5 DSGVO** sind die Grundsätze für die Verarbeitung von personenbezogenen Daten festgeschrieben. Darin heißt es u. a.:

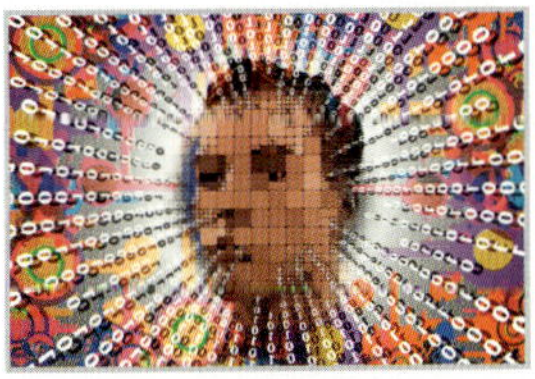

Personenbezogene Daten

- müssen auf einer für die betroffene Person **nachvollziehbaren Weise,** d. h. rechtmäßig nach Treu und Glauben transparent, verarbeitet werden. Die Daten dürfen nur so verarbeitet werden, wie dies vorher abgesprochen wurde.
- dürfen nur für **eindeutige, vorher festgelegte und legale Zwecke** erhoben und weiterverarbeitet werden. Werden die Daten beispielsweise im öffentlichen Interesse archiviert oder für wissenschaftliche Zwecke weiterverarbeitet, gilt dies als Rechtfertigungsgrund und ist somit zulässig.
- müssen **gelöscht** werden, wenn sie unrichtig, fehlerhaft oder nicht auf dem neuesten Stand sind.
- dürfen nur so lange gespeichert werden, wie es für die Zwecke, für die sie verarbeitet wurden, erforderlich ist. Diese sogenannte **Speicherbegrenzung** bedeutet, dass nach einer vollständigen Datenerhebung alle Informationen und Fakten von betroffenen Personen unmittelbar zu löschen sind.
- müssen vor unbefugtem Zugriff oder nicht rechtmäßiger Verarbeitung bzw. unbeabsichtigtem Verlust **geschützt** werden. Unternehmen müssen organisatorische und geeignete technische **Maßnahmen** ergreifen, um die Integrität und Vertraulichkeit gewährleisten zu können.

Besonders wichtig ist bei der Umsetzung der Verordnung auch das **Recht auf Vergessen,** d. h., alle bereits veröffentlichten personenbezogenen Daten im Internet müssen auf Wunsch des Nutzers unwiderruflich gelöscht werden.

Wenn sich Jugendliche unter 16 Jahren auf Internetportalen wie Instagram oder Facebook ohne Einwilligung der Eltern anmelden, handeln diese nach den aktualisierten Datenschutz-Grundsätzen rechtswidrig, denn die DSGVO sieht als Altersgrenze 16 Jahre vor.

Halten Unternehmen diese Grundsätze für die Verarbeitung von personenbezogenen Daten nicht ein, können hohe Strafen drohen (z. B. in Form von Bußgeldern i. H. v. bis zu 4 % der Jahresumsätze).

7.4 Geoblocking-Verordnung

Trotz der scheinbaren Grenzenlosigkeit des Internets wurden viele Onlinehändler durch das sogenannte Geoblocking eingeschränkt.

Beim **Geoblocking** werden Kunden, die online Waren und Dienstleistungen beziehen wollen, aufgrund ihres Aufenthaltsortes (meist anhand ihrer IP-Adresse) vom Zugriff auf eine bestimmte Webseite ausgeschlossen.

Verbraucher und Unternehmen waren dadurch nicht in der Lage, grenzüberschreitend innerhalb der Europäischen Union Waren und Dienstleistungen zu erwerben bzw. anzubieten. Daher will die EU nun mit der Geoblocking-Verordnung [Geoblocking-VO] **digitale Grenzen** im Onlinehandel **beseitigen.**

Geoblocking haben viele Internetnutzer beim Onlineshopping schon einmal erlebt.

Beispiel

Möchte ein Kunde, der seinen Wohnsitz in Deutschland hat, bei einem italienischen Onlineshop einen besonders schönen Mantel kaufen, wird er von der italienischen Webseite auf eine deutsche Seite weitergeleitet, die den gewünschten Mantel zwar auch anbietet – aber zu einem deutlich höheren Preis.

Mit der **Geoblocking-Verordnung,** die Ende 2018 in Kraft getreten ist, sollen Onlinekunden nun **grenzüberschreitend** Waren und Dienstleistungen unproblematisch erwerben können. Weiterleitungen bzw. Sperrungen von Webseiten für ausländische Besucher aus der EU dürfen nicht mehr erfolgen.

Die Geoblocking-VO gilt für Anbieter (Onlinehändler), die für die Zwecke ihrer gewerblichen, geschäftlichen, handwerklichen oder beruflichen Tätigkeit tätig werden. Die Verordnung gilt aber nicht nur für den eigenen **Onlineshop,** sondern auch für Angebote auf **Internetmarktplätzen** wie Amazon oder eBay (B2C). Im B2B-Bereich gilt die Verordnung für das verkaufende Unternehmen jedoch nur, wenn das kaufende Unternehmen Waren zum Eigengebrauch erwirbt (wie z. B. Büromaterialien). Privatverkäufe (C2C) sind von der Verordnung nicht erfasst.

Onlinehändler sind **verpflichtet,** die Geoblocking-VO **umzusetzen,** d. h. ihre Waren und Dienstleistungen nun auch grenzüberschreitend in der EU zu den gleichen Bedingungen (einschließlich Preisen und Lieferbedingungen), wie sie für Kunden mit Wohnsitz im eigenen Land gelten, anzubieten.

Infobox

Die **Einhaltung** der Geoblocking-VO wird in Deutschland von der **Bundesnetzagentur** überwacht. Bei Verstößen drohen Onlinehändlern empfindliche Geldbußen bis zu einer Höhe von 300 000,00 EUR.

Dies bedeutet u. a. auch, dass allen Kunden eines Onlineshops die gleichen **Zahlungsarten** angeboten werden müssen. Zahlungsmethoden nur auf bestimmte Nutzergruppen zu beschränken, z. B. aufgrund der Zugehörigkeit zu einem bestimmten Land, ist verboten. Dies gilt insbesondere dann, wenn beispielsweise der Zahlungsvorgang über eine elektronische Transaktion durch Überweisung oder Lastschrift innerhalb derselben Zahlungskategorie und in einer vom Anbieter akzeptierten Währung erfolgen. Der Onlineshop-Betreiber hat dabei das Recht, seine verkauften Waren oder Dienstleistungen bis zur vollständigen Bezahlung des angeforderten Betrages zurückzubehalten. Bei Zahlungen mit bestimmten EC- oder Kreditkarten kann der Onlinehändler die Gebühren, die für diese Zahlungsmethoden anfallen, verlangen. Diese dürfen dann nur die Kosten für die Transaktion abdecken, aber nicht zu einem Gewinn beim Onlinehändler führen.

8 Übungsaufgaben mit Lösungen

Hinweis: Zu den Lösungen siehe S. 146

Übungsaufgaben

1 Begriff E-Commerce

Erläutern Sie den Begriff E-Commerce/Onlinehandel!

2 Wechselwirkungen zwischen Onlinehandel und stationärem Handel

1. Suchen Sie im Internet nach Einkaufsmöglichkeiten für Bekleidung, Lebensmittel und Unterhaltungselektronik. Achten Sie dabei auf den Umfang des Angebots, die Präsentation der Ware und vergleichen Sie die Internetpreise mit den Preisen des stationären Einzelhandels. In welchen Branchen könnte der Onlinehandel zu einer starken Konkurrenz für den stationären Einzelhandel werden?

   Lösen Sie die Aufgabe in Gruppenarbeit und präsentieren Sie anschließend die Ergebnisse in Ihrer Klasse!

2. In einer Filiale des Unternehmens Jungberg Markenschuhe OHG in Bad Dürrenberg betritt an einem Montagmorgen unmittelbar nach der Öffnung eine junge Kundin das Schuhgeschäft und bittet den Auszubildenden zum Einzelhandelskaufmann Mats Thomsen freundlich um Hilfe.

   Kundin: *„Guten Morgen, können Sie mir bitte helfen?"*

   Mats Thomsen: *„Guten Morgen, natürlich, was kann ich für Sie tun?"*

   Kundin: *„Ich war gestern Abend auf der Internetseite Ihres Betriebes und mir haben die Stiefeletten von ‚La Bella Strada' aus Italien mit dem 2,5 cm hohen Absatz, dem Außenschaft mit Gummi und der herausnehmbaren Sohle in der Größe 38 sehr gut gefallen. Könnten Sie mir bitte den Stiefel einmal zum Anprobieren heraussuchen?"*

   Mats Thomsen: (lacht) *„Meine Güte, Sie sind aber gut über unser Sortiment informiert, da könnten Sie sofort als Aushilfe bei uns anfangen. Aber Spaß beiseite, ich werde schauen, ob die Stiefel auch tatsächlich im Lager vorhanden sind, und Ihnen dann Ihre gewünschte Größe zur Anprobe heraussuchen."*

   Nachdem Mats Thomsen den Stiefel in der Größe 38 im Lager gefunden und der Kundin zur Anprobe überreicht hat, unterhalten sie sich über die Vor- und Nachteile des Onlinehandels.

   Mats Thomsen: *„Die Möglichkeit, dass Kunden über das Internet in unser Warenwirtschaftssystem schauen können, wird tatsächlich sehr häufig genutzt."*

   Kundin: *„Die Gefahr, dass dann nur online bestellt wird, der Kunde also das Einzelhandelsgeschäft nicht mehr vor Ort besucht, ist aber auch gegeben."*

Mats Thomsen: *„Das ist richtig, trotzdem verlieren wir den Kunden ja nicht, sondern müssen uns vor diesem Hintergrund die Frage stellen, wann und wie die Bestellungen zwischen unserem Lager und dem Kunden erfolgen soll."*

Kundin: *„Ich habe gelesen, dass die Online-Einzelhandelsumsätze bereits in die Milliarden gehen sollen. Ist das nicht eher eine Gefahr für die Einzelhändler, die in den Städten ihre Geschäfte betreiben?"*

Mats Thomsen: *„Generell ist es eher eine große Chance, denn wenn ich an die Jahre denke, in denen Expansion bedeutete, sein Unternehmen durch zusätzliche Geschäftsräume zu erweitern, waren diese Investitionen vor allem eine sehr hohe finanzielle Belastung. Weltweit gesehen verfügt heute dagegen bereits jeder zweite Mensch über einen Internetzugang. Das heißt, die E-Commerce-Landschaft wird sich in den nächsten Jahren vor allem in den noch unterentwickelten Ländern stark verändern."*

Kundin: *„China und Indien haben laut einem aktuellen Bericht im Moment die höchsten Wachstumsraten im B2C-E-Commerce weltweit. Auch in Deutschland werden für die nächsten Jahre zweistellige Wachstumsraten prognostiziert[1]."*

Mats Thomsen: *„Europaweit gesehen liegt Deutschland, was den Umsatz im Onlinehandel angeht, ganz weit vorne. Das heißt, die Infrastruktur[2] in den einzelnen Gebieten und Ländern spielt bereits heute eine übergeordnete Rolle im Bezug auf den Onlinehandel. Convenience[3] wird die Entwicklung des Einzelhandels unmittelbar bestimmen."*

Kundin: *„Ja, da haben Sie recht. Der Kunde von morgen wird immer bequemer und möchte nach Möglichkeit alles direkt nach Hause geliefert bekommen. Da müssen sich die Einzelhändler tatsächlich neue Strategien überlegen, um den Veränderungen durch Onlinehandel wirtschaftlich zu begegnen."*

Mats Thomsen: *„Mittlerweile können die Kunden in Ländern mit einem entwickelten Onlinehandel aus den unterschiedlichen Vertriebsströmen, wie dem stationären Handel oder dem Internet, den bequemsten Weg beim Einkauf, der Anlieferung und der Rücksendung von Waren für sich selbst nutzen. Das erhöht in allen Ländern mit einer hohen Online-Handelsrate die Nachfrage nach geeigneten Lager- und Umschlagsflächen. Hier sind gute Beziehungen der Einzelhändler zu den Lieferern und Logistikunternehmen gefragt."*

Kundin: *„Und wie ist Ihre Meinung zum Thema Chance oder Gefahr im Hinblick auf die immer größere Verbreitung des Onlinehandels in den Einzelhandelsmärkten?"*

Mats Thomsen: *„Wie ich bereits sagte, sehe ich vor allem eine Chance für die Einzelhändler, die sich diesem Thema bewusst stellen. Ich glaube, dass der Onlinehandel jedem Einzelhändler die Chance bietet, neue Kunden zu erreichen, die nur schlecht bzw. gar nicht vom*

1 **Prognostizieren**: vorhersagen.

2 **Infrastruktur**: notwendiger wirtschaftlicher und organisatorischer Unterbau einer hoch entwickelten Wirtschaft (z. B. Verkehrsnetz, Schulsystem, Energieversorgung).

3 **Convenience**: Bequemlichkeit.

	stationären Handel bedient werden können, oder sich bewusst für unsere Waren interessieren und von zu Hause aus eine gezielte Auswahl treffen wollen."
Kundin:	*„Stimmt, so wie ich zum Beispiel. Die Schuhe passen mir übrigens nicht. Sie fallen etwas kleiner als normal aus. Könnten Sie mir diese bitte in einer Nummer größer heraussuchen?"*
Mats Thomsen:	*„Sehen Sie, das wäre jetzt im Onlinehandel nicht so schnell möglich gewesen. Warten Sie bitte einen kurzen Moment, ich werde Ihnen die Schuhe in Ihrer Größe nun holen."*

Aufgaben:

2.1 Erklären Sie, was unter dem B2C im E-Commerce verstanden wird und bilden Sie ein Beispiel!

2.2 Beschreiben Sie, was unter Convenience verstanden wird. Erläutern Sie, warum diese Entwicklung zu grundlegenden Veränderungen im Einzelhandel führen kann!

2.3 Notieren Sie sich jeweils drei Punkte für Chancen und für mögliche Gefahren des Onlinehandels und diskutieren Sie anschließend im Klassenverbund, wie der Einzelhandel Ihrer Meinung nach auf diese Entwicklungen reagieren sollte!

3 Planung und Anmeldung eines Onlineshops

1. Das Bekleidungshaus Lina Fischbach e. Kfr. möchte einen Teil seines Sortiments in einem Internetshop anbieten.

   Aufgaben:

   1.1 Nennen Sie Gründe, die für die Einrichtung eines Internetshops sprechen!

   1.2 Unterbreiten Sie zwei Vorschläge zum möglichen Warenangebot!

   1.3 Nennen Sie zwei Vorteile und zwei Nachteile aus Sicht des Kunden, die der Einkauf über das Internet mit sich bringt!

   1.4 Nennen Sie zwei Vorteile und zwei Nachteile, die dem Verkäufer aus dem Angebot seiner Produkte und Dienstleistungen im Internet entstehen können!

2. Beschreiben Sie, wie die Anmeldung eines neu eröffneten Onlineshops in Deutschland erfolgt!

4 Shopsystem und Webhoster

1. Nennen Sie Vor- und Nachteile bei der Erstellung eines Onlineshops mithilfe eines Baukastensystems!
2. Erklären Sie, was unter einem Open-Source-System verstanden wird!
3. Nennen Sie typische Standardfunktionen eines Open-Source-Shopsystems!
4. Erklären Sie, was unter dem Begriff des Webhostings zu verstehen ist!

5 Cloud-Computing im E-Commerce

1. Cloud-Computing wird weltweit von vielen Onlineshops genutzt. Erklären Sie, welche Einsatz- und Nutzungsmöglichkeiten mit dieser Dienstleistung verbunden sind!

2. Beim Cloud-Computing erfolgt der Zugriff auf die verschiedenen Dienste über ein Netzwerk. Dabei wird zwischen drei Cloud-Typen unterschieden.

   Benennen Sie die drei unterschiedlichen Cloud-Typen!

3. SaaS (Software as a Service) ist eine bereitgestellte Software, die nicht direkt installiert werden muss, aber eine feste Onlineverbindung benötigt.

   Erläutern Sie Vor- und Nachteile, die sich daraus für den Betreiber eines Onlineshops ergeben!

6 Gestaltung, Pflege und Optimierung eines Onlineshops

1. Die professionelle Gestaltung eines Onlineshops ist aufgrund der hohen Konkurrenzsituation im Internet unabdingbar. Unterbreiten Sie Vorschläge, was für die Umsetzung eines erfolgreichen Onlineshops Ihrer Meinung nach wichtig ist!

2. Erläutern Sie, wovon der Arbeitsaufwand bei der Pflege eines Onlineshops abhängt und von wem dieser i. d. R. ausgeführt wird. Begründen Sie Ihre Meinung!

3. Beschreiben Sie, was unter einem Call-to-Action-Button zu verstehen ist und wie dieser aufgebaut ist!

4. Um Kaufabbrüche im Onlineshop zu vermeiden, sollte der Warenkorb möglichst nutzerfreundlich gestaltet sein.

   Erläutern Sie, was einen nutzerfreundlichen Warenkorb ausmacht!

5. Die Seriosität und Qualität von besuchten Webseiten lassen sich für Neukunden nur schwer einschätzen. Aus diesem Grund arbeiten viele Onlinehändler mit Vertrauenssiegeln, wie z. B. „Trusted Shops“ oder „EHI Geprüfter Online-Shop“.

   Suchen Sie im Internet nach weiteren Anbietern von Trust-Siegeln und untersuchen Sie diese in Bezug auf ihre **Vertrauenswürdigkeit, Freundlichkeit** und **Kundenorientierung**!

   Lösen Sie die Aufgabe in Gruppenarbeit und stellen Sie Ihre Ergebnisse den anderen Mitschülern in Form einer **Mindmap** vor!

6. Um bei der Optimierung des Onlineshops keine wichtigen Punkte zu übersehen, erstellen viele Betreiber eine Checkliste, die sie regelmäßig durchgehen, um die dort aufgeführten Punkte auf ihre Wirksamkeit hin kontrollieren zu können. Nennen Sie die fünf Check-up-Punkte, die bei der Optimierung eines Onlineshops überprüft werden sollten!

7 Bezahlsysteme im E-Commerce

1. Mit welchen Zahlungsmitteln werden Online-Einkäufe von Kunden in Deutschland bezahlt? Nennen Sie die am häufigsten eingesetzten Zahlungsarten!

2. Laut unterschiedlichen Studien ist PayPal einer der am häufigsten genutzten Online-Bezahldienste. Beschreiben Sie, welche Vorteile das Bezahlen mit dieser Zahlungsweise für die Kunden im Internet hat!

3. Digitale Kryptowährungen sind ein großes Thema im Internet – der Einsatz von Bitcoin als Zahlungsmittel für Waren und Dienstleistungen hat in den letzten Jahren zugenommen. Erklären Sie, wie diese Kryptowährung funktioniert!

4. Erklären Sie, welche Vor- und Nachteile mit der Kryptowährung Bitcoin verbunden sind!

8 Versand

Zu den wichtigsten Aufgabenbereichen im E-Commerce gehört das Versenden der verkauften Waren des Onlineshops. Beschreiben Sie, welche Kriterien bei den Kunden im Onlineshop bzgl. des Versands von großer Bedeutung sind. Begründen Sie Ihre Meinung!

9 Kanalübergreifende Vertriebsstrategien

1. Kunden im Einzelhandel können verschiedene Off- und Onlinewerbekanäle nutzen. Das heißt, sie haben die Möglichkeit, auf unterschiedlichen Kommunikationswegen ihre Waren und Dienstleistungen zu erhalten. Der Begriff Multi-Channel-Marketing hat sich in den letzten Jahren vermehrt durchgesetzt und meint die Verknüpfung von stationären Ladengeschäften mit dem Onlinehandel.

   Bilden Sie Gruppen und wählen Sie eine der nachfolgenden Aufgaben aus!

   Aufgaben:

   1.1 Nehmen Sie einen Perspektivenwechsel vor und versetzen Sie sich in die **Kundengruppe der Senioren.** Beschreiben Sie, wie sich diese Kundengruppe innerhalb der *Multi-Channel-Strategie* bewegt und sich ihre Waren und Dienstleistungen über die unterschiedlichen Kanäle beschafft!

   1.2 Nehmen Sie einen Perspektivenwechsel vor und versetzen Sie sich in den **gesundheits- und umweltbewussten Konsumtypen** („Lohas"[1]). Beschreiben Sie, wie sich dieser Konsumtyp innerhalb der *Cross- und Omni-Channel-Strategie* bewegt und sich seine Waren und Dienstleistungen über die unterschiedlichen Kanäle beschafft!

2. Erklären Sie, was unter dem Begriff „Click & Collect" verstanden wird!

10 Begriff Onlinemarketing

Erläutern Sie den Begriff Onlinemarketing!

11 Online-Werbung

1. Beschreiben Sie die Vor- und Nachteile von Displaywerbung im Internet!
2. Erklären Sie, was unter dem Begriff Adblocker verstanden wird!
3. Im Internet gibt es viele Möglichkeiten, geschaltete Werbeanzeigen abzurechnen. Im Gegensatz zu klassischen Medien wie Zeitungsanzeigen oder TV-Spots werden diese nicht über die Größe oder Dauer der Anzeige, sondern über **Aktivitäten** abgerechnet. Die Abrechnungsmodelle basieren auf dem Prinzip der Vermittlungsprovision.

   Nennen Sie die Abrechnungsmethoden, die im Onlinemarketing eingesetzt werden!
4. Geben Sie den Fachausdruck für ein im Internet geführtes Tagebuch bzw. Magazin an, das in regelmäßigen Abständen von einer bestimmten Person oder von einem bestimmten Unternehmen, z. B. aus dem Einzelhandel, verfasst wird!
5. Eines der wichtigsten Entscheidungskriterien beim Kauf im Onlinehandel sind die Kundenbewertungen. Erläutern Sie, warum diese Bewertungen einen so großen Einfluss auf die Kaufentscheidungen haben!

1 **Lohas:** engl. für „Lifestyles of Health and Sustainability".

12 Website-Marketing

1. Beschreiben Sie, was unter einem sogenannten Lead verstanden wird!
2. Alle neugewonnenen Kunden eines Onlineshops bilden die Grundlage eines erfolgreichen Geschäftsbetriebes. Nennen Sie fünf wichtige Kanäle, um neue Leads zu generieren!
3. Immer mehr Unternehmen erkennen die Bedeutung von Content-Marketing. Stellen Sie dar, welche Ziele mit Content-Marketing verfolgt werden!
4. Nennen Sie Kriterien, die bei der Erstellung von gutem Content beachtet werden sollten!
5. Erläutern Sie die Hauptaufgabe des Inbound-Marketings!
6. Benennen Sie die vier Phasen des Inbound-Marketing-Prozesses!

13 Suchmaschinenmarketing

1. Mit dem Suchmaschinenmarketing wird versucht, möglichst viele Besucher auf die Internetpräsenz des Onlineshops zu lenken. Dabei gilt: SEM = SEA + SEO.

   Recherchieren Sie, welche Bedeutung diese Formel bei der Kundengewinnung im Internet hat!
2. Das Werbeprogramm Google Ads bietet Werbetreibenden die Möglichkeit, in den Google-Suchergebnissen gefunden zu werden.

   Beschreiben Sie die Merkmale von Google-Ads-Textanzeigen!
3. Ziel der Suchmaschinenoptimierung ist es, die Sichtbarkeit der Unternehmenswebseite in der „normalen Trefferliste" zu erhöhen.

   Nennen Sie die Einflussfaktoren, die für das Ranking in den organischen Suchergebnissen von Bedeutung sind!

14 E-Mail-Marketing

1. Trigger-E-Mails werden als automatisierte und anlassbezogene E-Mails an Kunden bezeichnet.

   Nennen Sie mindestens fünf Anwendungsbeispiele für Trigger-Mails!
2. Ein weiteres Anwendungsbeispiel für E-Mail-Marketing ist der Newsletter. In Zeiten der Informationsbeschaffung gibt es viele Kritiker, aber auch viele Befürworter für den Einsatz von Newslettern.

   Suchen Sie im Internet nach Möglichkeiten, wie Newsletter gekündigt bzw. abbestellt werden können. Achten Sie dabei auf Ausnahmen, die als nicht kundenfreundlich gelten!
3. Beim Versenden von Newslettern werden häufig vorformulierte, automatische Antworten verschickt.

   Beschreiben Sie, welche Regeln bei der Anwendung sogenannter Autoresponder beachtet werden müssen!
4. Erklären Sie, für welche Anlässe sich Broadcast-E-Mails besonders eignen!

15 Rechtliche Aspekte im E-Mail-Marketing

1. Nennen Sie das Gesetz, welches in Deutschland das Marktverhalten der einzelnen Unternehmen regelt und die Allgemeinheit und die Verbraucher vor irreführender Werbung schützt!
2. Wenn Geschäftsbeziehungen zu Kunden bestehen, können verschiedene Einverständniserklärungen eingeholt werden, um Werbe-E-Mails zu versenden.

   Unterscheiden Sie folgende Verfahren: einfacher Opt-In, Double-Opt-In und Confirmed-Opt-In.

   Gehen Sie auch auf die Möglichkeit des Widerrufs von Werbe-E-Mails und Newslettern ein!
3. Beschreiben Sie, welche Gefahren beim Versenden von Newslettern und E-Mails entstehen können!
4. Erklären Sie, welche Möglichkeiten es gibt, unerwünschte E-Mails zu blockieren!

16 Kennzahlen im E-Mail-Marketing

Zur Analyse und Auswertung von Werbe-E-Mails können verschiedene Kennzahlen ermittelt werden.

1. Benennen Sie diese Kennzahlen!
2. Einem Einzelhändler liegen folgende Daten einer E-Mail-Sonderaktion vor: Anzahl der Empfänger 1300000, Bounces 385000, Unique-Öffnungen 915000, 650750 Unique-Klicks.

   Berechnen Sie die effektive Unique-Klickrate, Zustellrate und Bounce-Rate!

17 Social-Media-Marketing

1. Rund drei Viertel der Unternehmen setzen soziale Medien/Netzwerke ein.

   Erläutern Sie den Begriff soziale Medien/Netzwerke und geben Sie an, welche Ziele Einzelhandelsunternehmen beim Einsatz sozialer Medien verfolgen!
2. Beschreiben Sie die Vor- und Nachteile von Facebook-Werbung im Internet!
3. Benennen Sie die sechs Grundregeln der Online-Ethik-Pyramide!

18 Influencer-Marketing

1. Erläutern Sie, was unter Influencer-Marketing zu verstehen ist!
2. Unterscheiden Sie die Ihnen bekannten unterschiedlichen Influencer-Typen voneinander!

19 Erfolgsmessung im Onlinehandel

1. Wie lässt sich der Erfolg eines Onlinehandels messen? Beschreiben Sie die Ihnen bekannten Methoden bzw. Kennzahlen!
2. Beschreiben Sie, was als Web Analytics bezüglich der Auswertung von Kennziffern im Onlinehandel verstanden wird!
3. Um auf der Webseite eines Onlineshops Besucherbewegungen auszuwerten, kommen unterschiedliche Techniken zum Einsatz.

   Nennen Sie Techniken für die Auswertung von Daten im Onlinehandel und erläutern Sie diese!

20 Rechtliche Grundlagen

1. 1.1 Erläutern Sie den Begriff des Fernabsatzvertrags!
   1.2 Nennen Sie zwei Pflichten, die der Unternehmer gegenüber dem Verbraucher beim Abschluss von Fernabsatzverträgen beachten muss!
   1.3 Erläutern Sie die Rechtsfolgen, die sich für den Verbraucher ergeben, wenn er einen abgeschlossenen Fernabsatzvertrag fristgerecht widerruft!

2. *„Wenn ich im Internet bei einem seriösen Einzelhändler Produkte kaufe, ist meine Rechtsstellung besser als bei einem Einkauf im stationären Einzelhandel."*

   Nehmen Sie Stellung zu dieser Aussage!

3. Hanno Häring arbeitet beruflich als Verkäufer in einem Elektromarkt. In seiner Freizeit stellt er Mause- und Marderfallen her und bietet diese regelmäßig und ausschließlich auf einer Internetplattform an. Da die Schließautomatik nicht in jedem Fall einwandfrei funktioniert, steht in den Lieferbedingungen der Satz: *„Die Lieferung erfolgt unter Ausschluss jeglicher Haftung."*
   3.1 Nehmen Sie Stellung zu dieser Lieferbedingung!
   3.2 Begründen Sie, ob sich die rechtliche Situation ändert, wenn Hanno Häring seine Mause- und Marderfallen nur gelegentlich und in großen Zeitabständen auf einer Internetplattform anbietet!

4. Sie haben am 15. März 20.. bei der Internetfirma Computer-Versand GmbH nach deren Katalog ein Notebook zum Preis von 418,00 EUR bestellt. Die Lieferung erfolgt nach vier Werktagen. Nachdem Sie das Notebook am Empfangstag gestartet haben, um dessen Qualität zu prüfen, entschließen Sie sich, dieses unter Berufung auf das BGB wieder zurückzugeben. Am nächsten Tag senden Sie das Notebook per Post unfrei an den Versender zurück.

   Nach einer Woche erhalten Sie von der Computer-Versand GmbH einen Brief mit der Aufforderung, den Kaufpreis von 418,00 EUR und die bisher entstandenen Versandkosten in Höhe von 14,00 EUR innerhalb von 7 Tagen zu überweisen, da Ihre Rücksendung der Ware nicht berechtigt gewesen sei.
   4.1 Begründen Sie, ob Sie das Notebook abnehmen und die entstandenen Kosten zahlen müssen!
   4.2 Begründen Sie, ob sich die rechtliche Situation ändert, wenn Sie anstelle des Notebooks ein versiegeltes Softwareprogramm bei der Computer-Versand GmbH bestellt, getestet und zurückgegeben hätten!

21 Datenschutz

1. Erklären Sie, was unter der DSGVO in Europa verstanden wird!
2. Nennen Sie mindestens drei Grundsätze für die Verarbeitung personenbezogener Daten!

22 Geoblocking

Beschreiben Sie, was unter dem sogenannten Geoblocking beim Handel mit Waren und Dienstleistungen im Internet verstanden wird! Gehen Sie dabei auch auf die Geoblocking-Verordnung der EU ein!

10 Lucas - ISBN 978-3-8120-0640-8

Lösungen

Übungsaufgabe 1

Beim **E-Commerce/Onlinehandel** werden weltweit Produkte und Dienstleistungen über elektronische Medien präsentiert und vertrieben.

Übungsaufgabe 2

1. Individuelle Lösungen.

2. 2.1 **B2C:** Business to Consumer. Die Geschäftsbeziehung berührt auf der Verkäuferseite ein Unternehmen, auf der Käuferseite eine Privatperson.

Beispiel: Eine Privatperson wählt auf der Homepage des Verkäufers die gewünschte Ware aus und legt sie in den elektronischen Einkaufswagen (Warenkorb). Anschließend füllt sie das elektronische Bestellformular aus und schickt die Bestellung per Mausklick ab.

2.2 **Convenience** (engl.) bedeutet übersetzt **Bequemlichkeit.**

Aus der Handlungssituation heraus erklärt der Kunde, dass *„der Kunde von morgen immer bequemer wird und alles nach Möglichkeit direkt nach Hause geliefert bekommen möchte."* Diese Entwicklung führt im Einzelhandel dazu, dass der Kunde jetzt und hier das Produkt seiner Wahl angeboten bekommen möchte. Convenience-Kunden passen daher in die heutige, schnelllebige Zeit, weil der Aufwand für Einkäufe (die zum Teil sogar als lästig empfunden werden) auf ein Minimum reduziert werden kann.

2.3 Chancen und Gefahren des Onlinehandels:

Mögliche Schülerantworten:

Chancen	Gefahren
• Einfach und bequem von zu Hause aus bestellen.	• Durch hohe Transparenz beim Kunden entsteht ein erhöhter Wettbewerbs- und Preisdruck.
• Angenehme und befriedigende Kauferfahrung sorgt für hohe Kundenbindung.	• Große Gefahr für den Einzelhandel, da er vom Kunden umgangen werden kann.
• Informationen können mittels Onlinehandel zwischen Unternehmen und Kunden schnell und einfach ausgetauscht werden.	• Die Pflege eines Onlineshops wird unterschätzt und Kunden fühlen sich schnell von der Seite gelangweilt.
• Betreuung des Kunden ist schnell, effizient und benutzerfreundlich.	• Die rechtlichen Aspekte werden vernachlässigt – dies führt häufig zu Abmahnungen und hohen Kosten.
• Kunden können sich online selbstständig informieren und brauchen keinen Verkäufer – dadurch arbeitet der Einzelhändler sehr kostengünstig.	• Extrem großer Aufwand für das Versenden und die Abwicklung von Retouren.
• Steigerung der Kundenzufriedenheit und besseres Image durch guten Kundenservice.	• Informatik- und Programmierkenntnisse müssen erst erlernt werden.

Grundsätzlich werden die **Chancen des Onlinehandels** für den Einzelhandel **höher eingeschätzt** als die möglichen Gefahren. Weitere Pluspunkte für den Einzelhändler wären:

- neue Geschäftspartner werden gewonnen,
- Differenzierung von Mitbewerbern durch Erschließung neuer Märkte,
- Rationalisierungseffekte,
- Kosteneinsparungen und hohe Reaktionszeiten,
- Kundenbeziehungsmanagement wird optimiert,
- Positionierung des Unternehmens wird vereinfacht,
- individuelle Betreuung von Partnern und Kunden,
- Bestellvorgänge und Bestellprozesse werden beschleunigt,
- zeit- und ortsunabhängige one-to-one Kommunikationsmöglichkeiten,
- gute Werbemöglichkeiten auf der eigenen Homepage.

Übungsaufgabe 3

1. 1.1
- Bedeutet einen zusätzlichen Vertriebsweg.
- Die Ware wird einem großen Kundenkreis angeboten.
- Sonderangebote können schnell präsentiert werden.

1.2
- Katalogware.
- Auslaufmodelle, Saisonware können als Sonderangebote präsentiert werden.
- Fremdartikel können schnell angeboten werden.

1.3/1.4

	Aus Sicht des Kunden	Aus Sicht des Verkäufers
Vorteile	– permanente Öffnungszeiten – umfangreiches Angebot – einfacher Preisvergleich – informationsgestützte Kaufentscheidung – Feedbackkultur	– keine Ladenöffnungszeiten – Kostenersparnis bei der Warenpräsentation, beim Verkaufspersonal usw. – Reichweitensteigerung (weltweites Absatzgebiet)
Nachteile	– mangelnde Sicherheit beim Zahlungsvorgang – berühren des Produktes nicht möglich – Einkaufserlebnis fehlt	– hohe Anfangsinvestitionen – Unsicherheit (z. B. Rücksendung beschädigter Ware) – Gefährdung der Datensicherheit durch Computerviren

2. Die Neugründung eines Onlineshops muss in Deutschland beim zuständigen **Gewerbeamt** angemeldet werden. Des Weiteren müssen die entsprechenden **Behörden** (Finanzamt, Berufsgenossenschaft, IHK und Gesundheitsamt) über die Neugründung informiert werden, z. B. über die gewählte Rechtsform oder die steuerliche Erfassung des Gewerbes.

Übungsaufgabe 4

1. Mit einem **Baukastensystem** ist es möglich, einen Onlineshop ohne Programmierkenntnisse für Webseiten und mit wenig Aufwand zu erstellen.

Vorteile	Nachteile
Sehr schneller Start der Webseite.	Keine individuellen Designmöglichkeiten.
Einfache Handhabung.	Keine Abgrenzung vom Wettbewerb, da direkte Differenzierung fehlt.
Geringes Einstiegsrisiko.	Geringe Flexibilität.
Geringe Investitionskosten.	Eingeschränkte Skalierbarkeit.
Keine Programmierungskenntnisse erforderlich.	Mindestvertragslaufzeiten.
Kostenlose Test- und Demoversionen.	Hohe Abhängigkeiten.

2. Ein **Open-Source-System** basiert auf einer speziellen Anwendersoftware, die von einem Anbieter kostenlos zur Verfügung gestellt wird.

3. Zu den **typischen Standardfunktionen eines Open-Source-Shopsystems** zählen z. B. bestimmte Schnittstellen zu konventionellen Bezahlanbietern oder Lagerungssystemen, Sicherheit durch SSL-Zertifikate, Google-Analytics-Integration, Newsletter- und Mailingfunktionen und verschiedene Bewertungs- und Warenwirtschaftsfunktionen.

4. **Webhosting** ist eine Dienstleistung, bei der Speicherplatz für Internetseiten auf externen Servern gegen Entgelt zur Verfügung gestellt wird. Dieser Speicherplatz, auf dem alle Daten unter einer festen Adresse rund um die Uhr bereitgestellt und abgelegt werden können, wird als **Webspace** bezeichnet.

Übungsaufgabe 5

1. Im **Cloud-Computing** werden verschiedene Dienstleistungen angeboten, die individuell an die eigenen Bedürfnisse angepasst werden können: Bereitstellung von Computersoftware (Apps und Dienste), Analyse von Dokumenten und Dateien, Streamen von Audio- und Videoinhalten, Speichern, Sichern und Wiederherstellen von Dokumenten und Fotos, Webseiten- und Bloghosting. Besonderes Merkmal sind die ständige Verfügbarkeit der Daten auf allen Geräten, wie zum Beispiel dem Tablet oder Handy, und die große Benutzerfreundlichkeit.

2. Es gibt drei unterschiedliche **Cloud-Typen**: öffentliche (public) Cloud, private Cloud und Hybrid-Cloud.

3. Bei der Nutzung von **SaaS-Software** ergeben sich folgenden Vor- und Nachteile:

Vorteile	Nachteile
• Instandhaltung durch den Anbieter: schnelle Umsetzung technischer Erweiterungen durch stets aktuelle Hard- und Software. • Schnelle Inbetriebnahme und Bereitstellung von Service-Dienstleistungen. • Stationäre und mobile Nutzung, da Zugriff über das Internet. • Hohe Sicherheitsstandards durch dezentrale Speicherung. • Effiziente Nutzerorientierung.	• Abtretung vertraulicher Daten. Sicherheitsrisiken einer Cloud: Gefahr des Datenmissbrauchs und Hackerangriffe. • Gefahr bei Anbieterinsolvenz: Verlust sämtlicher Daten und Dokumente. • Konstante und schnelle Internetverbindung ist notwendig. • Bei Wartungsarbeiten bzw. Offlinemodus kein Zugriff auf die Server möglich. • Kompatibilitätszwang mit fremden Betriebssystemen und Browsern.

Übungsaufgabe 6

1.

Merkmale	Umsetzung
Sortiment/ Warenpräsentation	Wie im Ladenhandel sind Qualität, Auswahl und Preise der Waren im Vergleich zu den Mitbewerbern zu beachten und übersichtlich (verschiedene Ansichten und Detailinformationen) zu präsentieren.
Versand	Versandgebühren niedrig halten und die Ware schnell versenden. Angegebene Lieferzeiten müssen eingehalten werden.
Usability	Für die Kunden ist eine intuitive Navigation durch den Shop wichtig, damit sie sich gut zurechtfinden. Eingabeelemente (Bestellung, o. a.) müssen einfach auszufüllen sein.
Zahlungsabwicklung	Ein Onlineshop muss alle gängigen Zahlungsarten (z. B. PayPal, Kreditkarte) anbieten.
Rechtliche Voraussetzungen und Seriosität	Die **Allgemeinen Geschäftsbedingungen** (AGB) müssen an die aktuelle Rechtsprechung fortlaufend angepasst werden. Vertrauen beim Kunden durch Angaben zum **Datenschutz, Umtausch und Rückgaberechten bzw. Garantie oder Gewährleistungsrechte** schaffen.
Open-Source-Software	Zen Cart und osCommerce sind Softwarelösungen, die die technischen und zeitlichen Anforderungen zur Pflege beschränken.
Kundenservice	Zügige Abwicklung von Kundenanfragen während der üblichen Geschäftszeiten im persönlichen Kontakt oder per E-Mail schaffen Vertrauen und bauen mögliche Hemmschwellen ab.
Onlinemarketing	Werbemaßnahmen über das Internet ermöglichen das Auffinden des Onlineshops mit seinen Waren und Angeboten.

2. Der **Arbeitsaufwand,** um einen gut funktionierenden Onlineshop zu pflegen, hängt zum einen von der angebotenen **Warenvielfalt** (je mehr Produkte online angeboten werden, desto größer ist der damit verbundene Arbeitsaufwand) und zum anderen von den internen **Suchfunktionen** (beispielsweise Produkteigenschaften wie Hersteller, Farbe, Formen, Größen), mit denen die Kunden ihre Suche innerhalb des Onlineshops eingrenzen können, ab. In den meisten Fällen wird diese Pflege von den Betreibern des Onlineshops selber übernommen.

3. Ein **Call-to-Action (CTA)** ist ein an den Besucher des Onlineshops gerichteter Aufruf, einem bestimmten Impuls nachzugehen und eine Handlung auszuführen. Dazu zählen zum Beispiel die Eingabe der Kontaktdaten, der Besuch einer weiterführenden Webseite oder die Platzierung eines gekauften Artikels im Warenkorb des Webshops.

Ein CTA besteht aus drei Elementen:

- dem **Lead-In** (einführender Text, der über bzw. vor dem tatsächlichen Button steht, um Vertrauen beim User aufzubauen),
- dem **CTA-Button** mit der unmittelbaren Handlungsaufforderung (z. B. *„Bestellen Sie hier"*) und
- dem **Lead-Out.** Der Lead-Out soll unsicheren Besuchern ein gutes Gefühl vermitteln und nochmals auf die Datensicherheit hinweisen, das Vertrauen in die jeweilige Webseite stärken oder aber den User darauf aufmerksam machen, wofür seine Daten verwendet werden.

4. Ein **nutzerfreundlicher Warenkorb** sollte Links zur Produktseite bereitstellen, Produktdetails mit Bildern anzeigen, das Bearbeiten von Produkten erleichtern (löschen, hinzufügen oder ändern) sowie eine klare Auflistung der Kosten anzeigen. Zudem sollten Call-to-Action-Buttons (*„Zur Kasse gehen"* oder *„Zurück zum Shop"*) gut sichtbar positioniert sein.

5. Individuelle Schülerlösungen!

6. Es sollten fünf **Check-up-Punkte** geprüft werden: Performance, Content, Seitenaufbau, Check-out und Support.

Übungsaufgabe 7

1. Rechnung, PayPal, Lastschrift, Kreditkarte, Vorkasse, Sofort-Überweisung, Amazon Pay, Nachnahme, Paydirekt (vgl. auch Grafik „Bezahlen im Netz", S. 74).

2. Die Zahlungen erfolgen umgehend und stehen für den Empfänger der Zahlung sofort zur Verfügung. Alle Transaktionen sind verschlüsselt und haben eine sehr hohe Datensicherheit. Ein hoher Käuferschutz, keine Gebühren, eine hohe Flexibilität und das effektive Verhindern von Betrugsversuchen sind weitere Vorteile von PayPal.

3. **Bitcoin** funktioniert ohne staatliche Kontrollen und arbeitet dezentral. Durch den Einsatz von Computerprogrammen wird diese digitale Währung hergestellt, aufbewahrt und verrechnet. Jede einzelne Transaktion wird zugeordnet und die zur Verfügung stehende Geldmenge ist auf 21 Millionen Bitcoins festgelegt. Bitcoins gelten als fälschungssicher, wobei alle Transaktionen öffentlich eingesehen und nachverfolgt werden können.

4. Vor- und Nachteile, die mit der Kryptowährung Bitcoin verbunden sind:

Kryptowährung Bitcoin	
Vorteile	**Risiken**
• Unabhängigkeit von Banken. • Keine Beeinflussung durch Staaten. • Weltweites Netzwerk. • Sehr einfache Handhabung. • Fälschungssicher durch Anonymität. • Nur 21 Millionen Bitcoins machen das System inflationssicher.	• Hohes Werteverlustrisiko durch ständig geänderten Wechselkurs. • Als Zahlungsmittel noch keine Akzeptanz im Handel. • Rückabwicklungen von Zahlungen nicht möglich. • Spekulationsobjekt durch Broker. • Hoher finanzieller Schaden bei Verlust des Schlüssels für eine Wallet. • Keine öffentliche Instanz bei Problemen.

Übungsaufgabe 8

Bei der Wahl eines Onlinehändlers achten Kunden besonders auf Liefertreue und Zuverlässigkeit des Lieferanten, Sendungsverfolgung (Tracking), schnelle Lieferzeiten und ein gutes Preis-Leistungsverhältnis.

Übungsaufgabe 9

1. Individuelle Schülerlösungen.

2. In einem Onlineshop Waren kaufen, um diese anschließend im Ladengeschäft abzuholen wird als **„Click & Collect"** bezeichnet. (Wird im Multi-Channel-Marketing bei der Cross-Channel-Strategie umgesetzt.)

Übungsaufgabe 10

Werbemaßnahmen, die über das Internet vorgenommen werden, bezeichnet man als **Onlinemarketing** bzw. Internetmarketing. Ziel ist es, möglichst viele Kunden und Interessenten auf die online angebotenen Waren und Dienstleistungen aufmerksam zu machen. Dabei können verschiedene Online-Marketinginstrumenten eingesetzt werden.

Übungsaufgabe 11

1.

Displaywerbung	
Vorteile	**Nachteile**
• Große Reichweiten und direkte Zielgruppenanimation. • Markenbekanntheit und -image wird gesteigert. • Einfache Messbarkeit. • Gute Platzierung und mobile Nutzbarkeit.	• Hoher Streuverlust. • Adblocker-Programme. • Banner werden von Konsumenten einfach ausgeblendet. • Reizüberflutung.

2. Unerwünschte Anzeigen und Werbeformate lassen sich mit unterschiedlichen Apps und Programmen blockieren. Die **Werbeblocker (Adblocker)** können mit bestimmten Filterregeln Werbung effektiv blockieren und stellen bei der Ausführung der Programme keinen Verstoß gegen das Wettbewerbsrecht dar.

3. Zu den Abrechnungsmethoden in Onlinemarketing gehören:
   - PPS – Pay per Sale
   - CPC/PPC – Cost per Click/Pay per Click
   - PPL – Pay per Lead
   - PPV – Pay per View
   - PPS – Pay per SignUp
   - CPM – Cost per Mille
   - TKP – Tausend-Kontakt-Preis

4. Blog oder auch Weblog.

5. **Kundenbewertungen** spielen beim Onlineshopping eine große Rolle und haben entscheidenden Einfluss auf das Kaufverhalten der Kunden, da Kunden den Bewertungen anderer Käufer oftmals mehr Vertrauen schenken, als den Beschreibungen auf den Webseiten vieler Hersteller.

   Bewertungen, die von unabhängigen Kunden durchgeführt wurden, sind ein guter Gradmesser bei der großen Auswahl, die im Onlinehandel zu finden ist. Pflegen Onlineshops diese Bewertungen auf ihrer Homepage regelmäßig und sind diese für die Kunden transparent und nachvollziehbar, können auf diesem Weg viele Neukunden gewonnen werden. Gleichzeitig können sich Onlineshops auf diese Weise von der Konkurrenz absetzen.

Übungsaufgabe 12

1. Als **Lead** wird ein Kaufinteressent bezeichnet, der sich für ein bestimmtes Produkt oder eine Dienstleistung des Onlineshops interessiert und in diesem Zusammenhang freiwillig seine Kundendaten hinterlässt (z. B. E-Mail-Adresse, Telefonnummer oder Unternehmensnamen).

2. Leads können z. B. über die Webseite des Onlineshops, Social-Media, E-Mail-Marketing, Suchmaschinen, Befragungen, Blogs, Downloads, SEA, Newsletter, Messen, Call-Center, Anzeigen, Sponsoring generiert werden.

3. Ziel des **Content-Marketings** ist, Kunden zu informieren, beraten und unterhalten, um sie als Kunden zu gewinnen oder zu halten. Dies kann u. a. erreicht werden durch vertrauensaufbauende Maßnahmen, Erhöhung der Kundenzufriedenheit durch nützliche Inhalte, Auslösen von Synergien und Erhöhung der Verweildauer.

4. Kriterien sind: Stil, Formatierung, Gestaltung, Rechtschreibung, Verwendung von SEO-Kriterien (Produktbilder, Produktvideos, Grafiken u. a.), Tiefe der Textinhalte, gut gepflegte Datenbanken und interne Verlinkungen.

5. Beim **Inbound-Marketing** geht es darum, dass potenzielle Kunden bei der Recherche im Internet den eigenen Onlineshop finden, durch Inhalte, Themen und Problemlösungen überzeugt und zu einer bestimmten Handlung (z. B. Bestellung, Download) bewegt werden, um sie letztlich zu Kunden oder sogar Fans zu machen.

   Aus diesem Grund sollten die Inhalte des Onlineshops exakt auf die Interessen der möglichen Neukunden abgestimmt werden, um auf diesem Wege einen sogenannten Inbound-Traffic zu schaffen – und damit zufriedene Stammkunden. Die Kunden stehen bei dieser Methode im Mittelpunkt der Interaktionen. Sie sollen nicht aufdringlich wirken, sondern haben das Ziel, eine starke Verbundenheit und ein großes Vertrauen aufzubauen.

6. Die vier **Phasen des Inbound-Marketings** sind: Anziehen, Konvertieren, Abschließen und Begeistern.

Übungsaufgabe 13

1. SEM (Search Engine Marketing) ist die Abkürzung für Suchmaschinenmarketing und wird mit der Formel SEM = SEA + SEO berechnet. SEA steht für Suchmaschinenwerbung und SEO für Suchmaschinenoptimierung. Dabei konzentriert sich SEA auf die Anzeigenteile innerhalb der Suchmaschinen. Beim SEO liegt der Schwerpunkt auf den organischen Suchergebnissen. Die Abrechnung erfolgt entweder durch das erreichte Ranking (SEO) oder mittels Pay per Click (SEA).

2. Merkmale von **Google-Ads-Textanzeigen**:
   - Sie werden durch konkrete Suchanfragen ausgelöst.
   - Sie stehen direkt über den organischen Suchergebnissen.
   - Sie sind gut sichtbar mit „Anzeige" gekennzeichnet und auf vier Anzeigen limitiert.
   - Product Listing Ads (PLA) aus dem Google-Shopping-Bereich werden in einer Spalte am rechten Bildschirmrand angezeigt.

3. Von Bedeutung sind:
   - Linkfaktoren,
   - Keywords,
   - inhaltsbezogene Faktoren,
   - Markenfaktoren,
   - nutzungsbezogene Daten,
   - soziale Medien.

Übungsaufgabe 14

1. Anwendungsbeispiele für **Trigger-E-Mails**:
   - **Willkommensnachrichten**: Nach erfolgter Registrierung oder Neuanmeldung erhält der Kunde eine Bestätigungs-E-Mail.
   - **Transaktionsnachrichten**: Nach einem getätigten Kauf wird eine Bestellbestätigung oder eine Versandbestätigung (z. B. mit Versendungsnummer zur Verfolgung des Warentransports) geschickt.
   - **Auszeichnungsnachrichten**: Glückwunsch-Mails oder Dankeschön-Mails zur Bekräftigung der getätigten Kaufentscheidung.

- **Bewertungsnachrichten:** Kundenbefragungen und Kundenbewertungen als „Afterbuy-Mails" zur Abfrage der Kunden- bzw. Produktzufriedenheit.
- **Aktivierungsnachrichten:** Nach dem Kauf kann der Kunde sein Produkt registrieren und erhält bei der Verwendung und den Funktionen kostenlose Hilfe.
- **Verhaltensbezogene Nachrichten:** Anhand der Kundenhistorie und den Kundendaten werden Reaktivierungs-Mails an inaktive Kunden geschickt *(„Wir vermissen Sie als Kunde").*
- **Zeitbezogene Nachrichten:** Kunden erhalten an Geburtstagen Glückwünsche und Geschenke (personalisierte Einkaufsgutscheine, elektronische Geburtstagskarten) per E-Mail gesendet.

2. Individuelle Lösung.

3. Um einen Bezug zur Anfrage oder Bestellung herzustellen, wird die Betreffzeile in der E-Mail genutzt und ein Status mit allen wichtigen Angaben gepostet. Es müssen die verschiedenen persönlichen Ansprechpartner und alle wichtigen Kontaktinformationen angegeben sein. Wenn Abwesenheitsnotizen verschickt werden, müssen alle relevanten Kontaktinformationen für die Kunden einsehbar sein.

4. Die Einrichtung von Broadcast-E-Mails eignet sich besonders für individuelle und persönliche Antworten, z.B. auf Anfragen oder Anliegen von Kunden, da diese nicht in einem Gruppenchat, sondern vor allem in Privatchats angezeigt werden.

Übungsaufgabe 15

1. Gesetz gegen den unlauteren Wettbewerb [UWG].

2. Beim **einfachen Opt-In** muss der Empfänger explizit sein Einverständnis für den regelmäßigen Erhalt von Werbe-E-Mails und Newsletter zum Ausdruck bringen. Dabei hinterlässt der Kunde seine E-Mail-Adresse und die Anmeldung wird sofort wirksam. Es ist keine Bestätigungsmail notwendig.

Beim **Double-Opt-In** kann kein Kunde gegen seinen Willen Werbe-E-Mails oder Newsletter erhalten, da er einen Registrierungslink in der Bestätigungsmail an den Versender zurückschickt und so eigenständig entscheiden kann, ob er diese Dienste in Anspruch nehmen möchte oder nicht.

Beim **Confirmed-Opt-In** wird im Anschluss an ein Abonnement die E-Mail-Adresse des Empfängers angegeben und an diese eine Bestätigungsmail geschickt – allerdings ohne einen zusätzlichen Link wie beim Double-Opt-In. In dieser Mail wird z.B. das Abonnement und die abschließende Registrierung des Kunden noch einmal wiederholt. Diese Methode gilt als eine Kombination aus dem einfachen Opt-In und dem Double-Opt-In.

In Deutschland muss sichergestellt werden, dass der Empfänger sein Einverständnis für Werbe-E-Mails und Newsletter zu jeder Zeit auch widerrufen kann. Sollte der Empfänger einen Widerruf leisten – also den Newsletter abbestellen – muss dieser sofort wirksam werden.

3. Gefahren beim Versenden von Newslettern:
   - Junkmails
   - Spammails
   - E-Mail-Harvester
   - Bulk-E-Mails

4. Unerwünschte E-Mails können zum Beispiel mit Spamfiltern, Spamprogrammen bzw. durch Veränderung der E-Mail-Adresse (aus herrhase@gmx.de wird herrhase(at)gmx.de) geblockt werden. Weitere individuelle Schülerlösungen sind möglich.

Übungsaufgabe 16

1. Zustellrate, Unique-Öffnungsrate, effektive Unique-Klickrate, Bounce-Rate, Abmeldequote.

2.

Effektive Unique-Klickrate	Zustellrate	Bounce-Rate
$\frac{\text{Unique-Klicks}}{\text{Unique-Öffnungen}} \cdot 100$	$\frac{\text{Anzahl der Empfänger} - \text{Bounces}}{\text{versendete E-Mails}} \cdot 100$	$\frac{\text{Bounces}}{\text{Anzahl der Empfänger}} \cdot 100$
$\frac{650\,750}{915\,000} \cdot 100 = \mathbf{71{,}12\,\%}$	$\frac{1\,300\,000 - 385\,000}{1\,300\,000} \cdot 100 = \mathbf{70{,}38\,\%}$	$\frac{385\,000}{1\,300\,000} \cdot 100 = \mathbf{29{,}62\,\%}$

Übungsaufgabe 17

1. Die bekanntesten sozialen Netzwerke, in denen täglich ein Meinungsaustausch über Erfahrungen und Eindrücke stattfindet, sind Facebook, Twitter, Instagram und Snapchat.

   Im Einzelhandel werden soziale Medien genutzt, um beispielsweise die Pflege des Images zu verbessern oder eine Erhöhung des Bekanntheitsgrades zu erreichen.

2.

Facebook-Werbung	
Vorteile	**Nachteile**
• Aus Fans werden Kunden. • Hohe Kundenbindung durch große Interaktivität. • Einfache Pflege der Inhalte. • Werbeeinblendung nur für Zielgruppen und Regionen. • Gute Erreichbarkeit der Kunden. • Gute Abrechnungsmöglichkeit über PPC.	• Keine unmittelbaren Kaufabsichten der Nutzer. • Negatives Kundenfeedback wird sehr schnell verbreitet. • Online gestellte Inhalte lassen sich nicht bzw. kaum noch aus dem Internet entfernen. • Funktionsweise ist noch unausgereift. • Wenig Beachtung im B2B-Bereich. • Hohes Spamrisiko.

3. Eine Basis zum richtigen Verhalten in sozialen Medien bildet die Online-Ethik-Pyramide. Zu den Grundregeln zählen:
   - Fairness,
   - Authentizität,
   - Transparenz,
   - Klarheit,
   - Verantwortung und Moderation,
   - Wertschätzung und Respekt.

Übungsaufgabe 18

1. Beim **Influencer-Marketing** profitieren Onlineshops von der engen Zusammenarbeit mit einem populären Influencer (Meinungsmacher aus dem öffentlichen Leben), der eine hohe Reputation hat und die Produkte des eigenen Unternehmens anderen, potenziellen Käufern meist auf Kanälen wie YouTube oder Instagram weiterempfiehlt. Aufgrund der sehr hohen Streuverluste klassischer Werbekanäle findet die Kommunikation mit dem Kunden meist in den sozialen Netzwerken statt.

2. Es können drei **Influencer-Typen** unterschieden werden: Fachexperte, Markenliebhaber und Markenkritiker.

Übungsaufgabe 19

1. Neben den erzielten **Kaufabschlüssen** oder der **Anmeldung für den Newsletter** des Webshops lassen sich zudem über die **Häufigkeit des Besuches** der Kunden oder das Teilen von Beiträgen des Shops über Social-Media-Kanäle der Erfolg analysieren und messen. Zudem können mithilfe von **Kennzahlen,** bezogen auf Traffic, Umsatz und Gewinn, Erfolge gemessen werden. Weitere nützliche Kennzahlen sind die Conversion Rate und der ROI (Return on Investment).

2. Als **Web Analytics** wird das Messen von Besucherbewegungen auf der Webseite eines Onlineshops bezeichnet. Diese Bewegungen werden vom Shopbetreiber genau beobachtet und anschließend analysiert. Ziel ist es, Informationen zu einem Onlineangebot zu sammeln und Rückschlüsse über das Verhalten der Besucher zu ziehen.

3. Zu den **Techniken** für die Auswertung im Onlinehandel zählen:
   - **Page Tagging:** Auf der Webseite wird ein Tag (Code) eingesetzt, der aktiviert wird, sobald sich ein Besucher dort aufhält. Google Analytics ist das bekannteste deutschlandweit eingesetzte Page-Tagging-Programm.
   - **A/B-Testing-Tools:** Besucher einer Webseite werden in unterschiedliche Testgruppen aufgeteilt. Je nachdem wie die Reaktionen der Tester auf Veränderungen ausfallen, werden anschließend Veränderungen an der Internetseite durch die Betreiber vorgenommen.
   - **Server-Logfiles-Analyse:** Auf der Webseite werden alle Aktivitäten der Besucher in einem Tagebuch sorgfältig dokumentiert – allerdings kann das Programm die einzelnen Besucher nicht genau zuordnen.

Übungsaufgabe 20

1. 1.1 **Fernabsatzverträge** sind Verträge über die Lieferung von Waren oder über die Erbringung von Dienstleistungen, die zwischen einem Unternehmen und einem Verbraucher unter ausschließlicher Verwendung von Fernkommunikationsmitteln im Rahmen eines für den Fernabsatz organisierten Vertriebs- oder Dienstleistungssystems abgeschlossen werden [§ 312c I BGB].

   1.2 Das Unternehmen muss den Verbraucher über die Einzelheiten sowie über den geschäftlichen Zweck des Vertrags informieren (Näheres siehe S. 132ff.).

   1.3 Der Verbraucher hat keinen Anspruch mehr auf die Lieferung der Sache oder die Erbringung der Dienstleistung.

   Bereits empfangene Leistungen sind innerhalb von 14 Tagen zurückzugewähren. Gegebenenfalls muss der Verbraucher Wertersatz leisten.

2. Die Aussage ist zutreffend. Der „Internetkauf" ist ein Fernabsatzvertrag. Beim Fernabsatzvertrag hat der Käufer ein 14-tägiges Widerrufsrecht [§ 312g II i.V.m. § 355 I BGB]. Diese Rechte stehen einem Käufer beim stationären Einzelhandel nicht zu.

3. 3.1 Es handelt sich um einen **Fernabsatzvertrag,** da Hanno Häring als Unternehmer handelt. Der Haftungsausschluss ist nicht möglich.

   3.2 Hanno Häring handelt jetzt als Privatmann. Es liegt kein Verbrauchsgüterkauf vor. Die Haftung kann ausgeschlossen werden.

4. 4.1 Der Besteller hat ein Widerrufsrecht. Der Besteller muss den Kaufpreis und die Kosten nicht bezahlen.

   4.2 Wurde das versiegelte Softwareprogramm vom Verbraucher entsiegelt, so besteht kein Widerrufsrecht [§ 312g II, Nr. 6 BGB].

Übungsaufgabe 21

1. Die **Datenschutz-Grundverordnung [DSGVO]** ist eine Verordnung der Europäischen Union, die am 25. Mai 2018 in Kraft getreten ist und den freien Datenverkehr innerhalb des europäischen Binnenmarktes regelt. **Ziel** ist der Schutz aller personenbezogenen Daten von jedem einzelnen Mitbürger.

2. Die Grundsätze für die Verarbeitung von personenbezogenen Daten sind in Artikel 5 DSGVO festgeschrieben. Unter anderem müssen diese für die betroffene Person **transparent** und **nachvollziehbar** verarbeitet, für **legale Zwecke** erhoben, bei Fehlern dauerhaft **gelöscht,** begrenzt **gespeichert,** vor Dritten **geschützt** und **bewilligt** werden.

Übungsaufgabe 22

Beim **Geoblocking** werden Kunden, die online Waren und Dienstleistungen beziehen wollen, aufgrund ihres Aufenthaltsortes (meist anhand ihrer IP-Adresse) vom Zugriff auf eine bestimmte Webseite ausgeschlossen.

Mit der **Geoblocking-Verordnung,** die Ende 2018 in Kraft getreten ist, ist jeder Onlinehändler verpflichtet, seine Produkte an jeden Kunden im gesamten europäischen Handelsraum zu den gleichen Bedingungen (einschließlich Preisen und Lieferbedingungen), wie sie für Kunden mit Wohnsitz im eigenen Land gelten, anzubieten. Weiterleitungen bzw. Sperrungen von Webseiten für ausländische Besucher aus der EU dürfen nicht mehr erfolgen.

Stichwortverzeichnis